资溪面包
Bread From ZiXi
中国面包之乡

资溪面包产业发展史

BREAD FROM ZIXI
HISTORY OF
INDUSTRIAL DEVELOPMENT

《资溪面包产业发展史》编纂委员会 编

光明日报出版社

图书在版编目（CIP）数据

资溪面包产业发展史 /《资溪面包产业发展史》编
纂委员会编 . -- 北京：光明日报出版社,2021.10

ISBN 978 - 7 - 5194 - 6352 - 6

Ⅰ.①资… Ⅱ.①资… Ⅲ.①面包—饮食业—产业发
展—研究—资溪县 Ⅳ.① F726.9

中国版本图书馆 CIP 数据核字（2021）第 209345 号

资溪面包产业发展史
ZIXI MIANBAO CHANYE FAZHANSHI

编　　者：《资溪面包产业发展史》编纂委员会

责任编辑：王　娟　　　　　　责任校对：叶梦佳
封面设计：蔡淑娟　　　　　　责任印制：曹　净

出版发行：光明日报出版社
地　　址：北京市西城区永安路 106 号，100050
电　　话：010-63169890（咨询），010-63131930（邮购）
传　　真：010-63131930
网　　址：http://book.gmw.cn
E - mail：gmrbcbs@gmw.cn
法律顾问：北京市兰台律师事务所龚柳方律师

印　　刷：三河市华东印刷有限公司
装　　订：三河市华东印刷有限公司
本书如有破损、缺页、装订错误，请与本社联系调换，电话：010-63131930

开　　本：185mm × 260mm
字　　数：285 千字　　　　　　印　　张：23.5
版　　次：2021 年 10 月第 1 版　　印　　次：2021 年 10 月第 1 次印刷
书　　号：ISBN 978 - 7 - 5194 - 6352 - 6

定　　价：130.00 元

资溪面包创业精神

敢闯天下
勤劳诚信
团结互助
勇于创新

一小块面包，只能让人充饥；千万块面包，则足以使一方百姓致富。这不是抽象的推理，而是资溪人民创造的活生生的现实。

资溪，是江西贫困的山区小县。苦于寻求脱贫致富门路的当地农民，不甘心"冬拢一盆火，夏靠一丘田"，纷纷自发离乡进城闯市场，他们借助不起眼的面包，释放出了中国农民蕴藏的惊人能量。

——人民日报长篇通讯《资溪面包走天下》编者按

《资溪面包产业发展史》编纂委员会

顾　　问　　黄智迅　吴淑琴　饶源中

主　　任　　万　鸣　邓泉兴　黄惠忠

副　主　任　　汤庆慧　占连兴

主　　编　　邓泉兴　汤庆慧　占连兴

执 行 主 编　　陈国林

委　　员　　（按姓氏笔画为序）

叶　莉　卢方亮　帅建忠　李　军　李明华

吴志贵　何铁春　邱资铭　张协旺　张银华

杨晓文　周　划　郑　杨　钟启文　赵亚星

黄吉勇　曾长仔　曾长华　魏建荣

2004年5月16日，全国政协原副主席毛致用视察全龙艺术蛋糕培训中心

2006年2月19日，全国人大农业与农村委员会副主任路明（左二）与省政府副省长胡振鹏在资溪面包协会党委调研

2007年，3月10日面包户王信文携子女与省委书记做客央视《小崔会》客节目

2016年9月25日，智利驻华大使贺乔治夫妇、西班牙驻华大使馆文化参赞明格斯、泰国驻华使馆二等秘书龙国伟等驻华使馆文化官员及外国专家"中国文化行"代表团成员到全龙面包培训学校参观

第三届国际面包文化节
挑战吉尼斯世界纪录

第三届国际面包文化节期间，来自俄罗斯、德国、西班牙、英国、美国等12家外国企业及国内100多家知名企业参加了烘焙展示。同时举行了"万人同庆生日"活动。

2018年5月7日，"资溪面包"成功挑战世界吉尼斯纪录，"中华神龙"巨型蛋糕长3188米、高10厘米、重超8吨，获得世界吉尼斯总部颁发的荣誉证书。

颁发吉尼斯世界纪录证书

　　2018年5月7日，在面包文化广场，由160名蛋糕师在用钢架搭建的临时帆布棚内用鸡蛋45600个、白砂糖1824斤、面粉2052斤等蛋糕面糊配料，耗时6个小时完成的龙造型、名为"神龙"的蛋糕，创下吉尼斯世界纪录。

"神龙"蛋糕

　　2006年12月28日，全国工商联烘焙业公会在资溪县行政中心会议室举行"中国资溪——面包之乡"授牌仪式

2006年，举办安琪酵母资溪面包建生展示会

2016年4月2日，江西省"振兴杯"焙烤职业技能竞赛在大觉山景区举行

2017年第十八届"维益杯"全国装饰蛋糕技术比赛江西赛区预选赛

2018年4月27日，获得技能竞赛证书的学员合影

2019年3月7日，资溪面包小哥周仁杰登上央视星光大道节目

2019年5月26日，在中国抚州WBA世界拳王争霸赛上，资溪面包代言人徐灿，成功卫冕WBA羽量级世界拳王

2019年12月13日，"资溪面包"品牌升级五省（赣、浙、闽、苏、粤）同庆启动仪式

蛋糕，挡不住的诱惑

生日蛋糕

面包1

面包2

面包产业助力生态资源保护——马头山国家级自然保护区

面包产业助力生态资源保护——清凉山国家森林公园

面包产业助力生态资源保护——九龙湖国家湿地公园

面包产业助力绿色产业发展——大觉山山门

面包产业助力绿色产业发展——江家源白茶基地

面包产业助力绿色产业发展——石峡竹海

面包产业助力秀美乡村建设——南源宿集

面包产业助力秀美乡村建设——新红新貌

面包产业助力秀美乡村建设——永胜村文化广场

面包产业助力秀美乡村建设——高田村风光

面包产业助力秀美乡村建设——西牛山荷塘新村

面包产业助力秀美乡村建设——务农风貌

前　言

　　资溪面包的确是一个奇迹。

　　资溪位于江西省抚州市境内东部、武夷山脉西麓，总面积1251.03平方千米，总人口13万，森林覆盖率高达87.7%，是一个山区小县。资溪不生产小麦，也不加工面粉，更不是面包消费最前沿。直至20世纪80年代，当地人都视面包这个舶来品为稀罕物。

　　一个历史性的转变往往取决于某些人的果敢抉择行为。正是改革开放"关键一招"的极大推动，1987年冬，两位退役军人带头"试水"经营面包店获得成功，资溪人纷纷效仿，他们走出大山，融入都市，历经30余年搏击市场，艰辛地探索、打拼，从最初的小家小业发展到现在的规模化、链接式、集约型大公司、大集团，凤凰涅槃般把小面包做成了名闻天下的大产业。如今，从北（京）上（海）广（州）等大都市，到全国各省市区数千个城镇，乃至俄罗斯、法国、越南、缅甸、马来西亚、印尼等许多国家和地区，都有资溪人开的面包店。神州大地不少城市的上空，都氤氲飘逸着资溪人用慧心巧手和诚挚热忱烘焙出的面包馨馥香气。

　　诚如人民日报曾在重磅报道《资溪面包走天下》的编者按中所精辟评价的：资溪面包人"借助不起眼的面包，释放出了中国农民蕴藏的惊人能量"。资溪面包产业已成为全县带动群众最多、产值最高、效益最好、贡献最大的支柱产业（2020年面包产业创产值达200多亿元）。资溪面包产业书写了一段独特发展县域经济和资溪人敢为人先的佳话。20世纪90年代中期，江西社会科学工作学者、专家就开始关注列出专题研究"资溪面包现象"；2005年7月，在全省领导干部会上，省委主要领导把资溪誉为"一个焕发全民创业精神、脱贫致富的先进典型"，号召全省向资溪县学习；2006年4月，资溪县荣膺"中国面包之乡"称号。

　　可以说，如今的"面包之乡"已毋庸置疑成为资溪独有的一张响亮名片；"资溪面包"更是几乎可与"沙县小吃""兰州拉面""柳州螺蛳粉""义乌小商品""正定吉他"等媲美齐名响当当的一块金字招牌。

"艰难方显勇毅，磨砺始得玉成。"资溪面包产业数十年发展的不凡成就，正是众多资溪面包人艰苦奋斗、玉汝于成的血汗结晶。他们在创业历程中所形成并践行的"敢闯天下、勤劳诚信、团结互助、勇于创新"的"资溪面包创业精神"，既是其成功秘籍的"葵花宝典"，也正是山城资溪人民潜在的品格素质并赋予时代印记的亮彩彰显。

尤值一提的是，改革开放以来，资溪县委、县政府一届接一届地积极探索转型发展，摒弃千百年来一直"靠山吃山"、单纯砍伐林木粗放发展经济的旧观念、旧模式，确立"生态立县、绿色发展"战略；特别是党的十八大以来，更加自觉践行"绿水青山就是金山银山"的发展理念，坚实地走出一条自觉呵护绿水青山、致力生态文明建设的发展新路。今天，"纯净资溪"更显颜值，"面包之乡"颇具价值。于此，资溪面包创业者们功不可没，功莫大焉！

鉴于上述，为全方位、多视角地展示资溪面包产业发展历史、现状和成果，挖掘资溪面包深厚的文化内涵，彰显资溪面包精神、品牌效应和企业家风采，并记述资溪县各级党政组织因势利导地服务面包产业发展使之做大做强的经验，特组织编纂《资溪面包产业发展史》。该书记述上自1987年，下讫2020年（为叙述完整，部分延至本书定稿前）；按内容设上、下篇共九章及附录，辑录面包产业发展历程、代表人物创业事迹及相关资料，共约25万字；以文字为主干，插图为枝叶，力求图文并茂。

新时代呼唤新担当，新征程更需新作为。我们要继续弘扬资溪面包创业精神，同心戮力地描绘好新时代资溪改革发展新画卷，为实现中华民族伟大复兴中国梦，创造辉煌新业绩，谱写精彩新华章。

目　录

上　篇

第一章 产业起源

第一节 两个退伍军人的创业探索

20世纪80年代中期，改革开放的政策如春风吹拂大地，人们解除了思想上的桎梏，农民从"大锅饭"的体制中解放出来。在资溪农村，广大农民摆脱贫困、思变求富的欲望如春潮涌动，"海阔凭鱼跃，天高任鸟飞"的致富之路在农民脚下铺就。

张协旺，1964年11月出生于资溪县原饶桥公社（现马头山镇）杨坊大队（村）双门石生产队（村小组）。双门石离县城30多千米，山高水冷，林多田少。张协旺世代务农，靠耕种几亩山地维持简单生活。

洪涛，1966年3月出生于浙江省淳安县。因新安江大型水利枢纽建设，1969年随父亲移民至江西省资溪县原高田公社（现高田乡）翁源大队（村）落户。

1984年，张协旺和洪涛同时应征入伍，在福建省武装警察部队漳州支队服役，均被分配到龙海县（现龙海市）消防中队。在部队几年，他们受到良好教育，增长见识，开阔眼界，也立下高远志向。1987年8月，部队在士兵退伍前，举办军地两用人才实用技术培训班，以解决退伍后的就业问题，张协旺选择学习面包制作技术。10月，他俩一同从部队退伍。回到家乡，看到父老乡亲仍然过着"养猪为过年，卖鸡买油盐，冬天拢着一盆火，夏天靠着一棵树"的日子，张协旺思忖着利用在部队学到的面包制作技术走出大山，到外面开面包店，探索一条创业致富之路，来改变眼前这种落后的现状。

洪涛回到家乡的第三天，得知张协旺的打算，立即找到张协旺要求合伙开面包店。他俩商量每人出资6500元，到与资溪相邻的铁路枢纽城市鹰潭开面包店。经多方筹措启动资金，10月初，两人离开资溪来到鹰潭。几天不知疲倦满城奔波找店面，总算功夫不负有心人，在胜利西路看中一家40平方米的店面，以月租金800元租下。面包店取名为"鹭江面包店"，与张协旺当年学艺的面包店店名"鹭岛"只差一字，寓意面包技艺师承。

鹰潭鹭江面包店

经过一个多月的紧张筹办，12月26日，阳光灿烂，天气晴好，面包店正式开业，这是资溪人经营的第一家面包店。"噼噼啪啪"的鞭炮声吸引不少路人购买。面对热闹的场面，他们把筹备过程中遇到的各种艰辛抛之脑后，期待着致富之路从这里启航，心里喜滋滋的。

谁知事不遂人意，创业之路并不是想象得那么简单。由于第一次独立开店，经验不足，对做面包的"套路"没有完全摸熟，无用功耗费多，做事效率不高，以致每天需要工作十七八个小时，身心极度疲惫。加之面包制作技术学得不透彻，烤制过程中经常出现整炉面包被烤焦的情况，这让他们感到非常失望和烦躁。劳累了一整天，晚上躺在案板上想到借来的钱、贷来的款，张协旺这个七尺男儿常常忧思难寐。

俗话说，开弓没有回头箭。路是自己选的，面对困难，没有退路可走，再苦再累也要干下去。三个月后，他们一盘点，发现没有多少盈利。怎么办，是放弃还是坚持？放弃，在外没有其他谋生技能，只能回到村里，既没面子，也意味着面包制作技术白学。坚持，在面包创业路上继续走下去，或许还有一线希望。他们思前想后，再三权衡后商定，既然目前无钱可赚，就不能把两人都困在这里，两人分开经营或许是不错的选择。于是，洪涛回资溪开店，张协旺留守鹰潭。

为了尽快扭转面包店经营不佳的状况，张协旺抽空赶往部队所在地请教师父，学习提高面包制作技术和经营管理水平。回来后，认真按照师父的指点，在改进面包制作技术、提高产品质量、增加花色品种及营销方式、营销宣传等方面下功夫。在精心打理下，面包店起死回生，半年下来，盈利2万多元。张协旺悬着的心终于放下了，脸上露出久违的笑容。

洪涛回到资溪，很快在县城建设中路资溪饭店租下一间30多平方米的店铺，开面包店。这是资溪县有史以来第一家面包店，面包店仍取名"鹭江"。面包店开业后，洪涛认真吸取在鹰潭开店的经验和教训，重视加工生产过程中的每道工序，精心操作，注重产品质量，丰富产品品种。由于面包、蛋糕新鲜好吃，消费者争相购买，销售旺盛，第一个月的利润就达到7000余元。到当年年底，扣除原材料成本和工资，纯利润达到3万余元。

谁也没料到，他们的这次勇敢探索，冥冥之中为资溪人推开了一扇产业致富的大门。

第二节　杨坊、翁源两村掀起面包热潮

张协旺在鹰潭初尝开面包店的甜头，心也大了，不再满足于在鹰潭开店。1988年9月，他将鹰潭面包店转给三哥张伙旺经营，让他当老板。三哥是张协旺从杨坊村带出的第一个亲戚。

1988年9月至1989年，张协旺先后到吉安、丰城、赣州等地开设多家面包店。1990年，张协旺又将外甥胡长才、侄子张文才、表兄周华山带出大山，把吉安、丰城面包店交给他们经营，自己则奔赴江苏苏州、常州等地开辟新的市场，在村里先后又带去何永开、周彩兰、大舅子何玉棱、侄女张春花等10多个亲戚、邻居到面包店学做面包。张协旺带出去的这些人中，有一部分人在第二年或第三年就开店当老板。

钟启文是张协旺的邻居，两人从小就是好伙伴，他是第一个受张协旺启发主动走出村寨开面包店的人。1989年春，24岁的钟启文辞去村民兵连长职务，到张协旺在吉安开的面包厂学做面包。学成之后，带弟弟、妻子到广昌县开起自己的第一家面包店。他的运气不错，三个月就收回成本。于是他又来到赣州市大余县开了第二家面包店。

马头山镇杨坊村

榜样的力量是无穷的。看到钟启文连村干部都不当（那时的村干部可是挺受村里人羡慕的"官"），"跑"出去做面包，一个个村民都想着如何跟出去开面包店。一石激起千层浪，村主任江火忠（钟启文姐夫），村民张凤林、周金华等年轻人再也按捺不住求富的渴望，想方设法筹措资金，走出村门去外地开面包店。1989年下半年，张凤林在九江德安县开了第一家面包店；1989年底周金华在波阳县（现为鄱阳）开了一家面包店；江火忠开的第一家面包店是购买钟启文原广昌的店。

亲带亲、邻帮邻，杨坊村民就这样一个跟着一个走出大山做面包。至1990年，杨坊村不少于20人当上面包店老板。到1992年，杨坊村有80%以上的中青年男女劳力都在外从事面包业，杨坊村由此成为中国面包之乡"第一村"。

1988年4月，翁源村的洪涛在资溪的第一家面包店一炮打响后，接着到南城、金溪开店。1989年，他到江苏昆山开当地第一家面包店。1990年，又在苏州、上海等地开面包店。在开店过程中，村里亲戚、邻居纷纷到其面包店做工。这些人通过学中干、干中学，逐渐掌握面包制作技术和基本经营方式，一旦攒够开店资金，就自立门户，自己开店当老板，接着也在村里请人到店里打工。

洪涛开店几年下来，成为20世纪90年代初期"先富起来"的那一部分人。1991年，他在县城繁华路段购地自建一栋600平方米的五层住宅楼。大楼落成、迎娶新娘、面包店开业"三喜同庆"这一天，震天动地的爆竹声吸引了无数路人驻足观看，可谓盛况空前。事先得知消息慕名而来的省、市媒体记者照相机灯光闪烁，争相摄影、采访。此事在当时成为县城大街小巷热议的新闻。从翁源村赶来祝贺的父老乡亲、亲朋好友，面对如此盛大的场面，一致伸出大拇指啧啧夸赞说："做面包这条路走对了。"

"洪涛做面包盖了一栋五层大楼"的消息在翁源村传开，乡亲们纷纷上门拜洪涛为师学习面包制作技术。开面包店、发

高田乡翁源村

面包财，成为村民茶余饭后最热的话题和最热盼的大事。

致富不忘众乡亲。作为受部队教育多年的共产党员，洪涛深深懂得"一个人富不算富，大家富才是富"的道理，对前来求师学艺的人，不管是亲戚、朋友，还是素不相识的人，都热情接待，毫无保留地传授技术，一两年下来，学成技术的有近100人。在他影响下，到1992年，翁源村70%以上的劳力都在外地开面包店或在别人面包店里打工，该村由此成为面包"第二村"。

人们何曾想到，一人带一姓，一姓带一组（自然村），一组带一村……一个名扬全国的面包产业就这样悄然兴起，一支数万人的"面包大军"就在这里诞生，一条数万农民的致富路就从这里延伸。

第二章　发展历程

第一节　艰难初创

20世纪80年代末90年代初，"做面包能赚钱"的消息在资溪县饶桥镇（现马头山镇）和高田乡不胫而走，一传十、十传百，迅速在资溪县乡村传开，胆大一点、敢冒险、有闯劲的人纷纷效仿，陆续走出大山到外地开面包店。

1989年，欧溪乡里木村农民芦木仔等5人合伙到山东省滨州市沾化县开面包店；石峡乡堡上村农民陈永忠到江苏开面包店；饶桥霞阳村农民张辉标到赣州大余县开面包店。1990年，高田乡许坊村付家组农民张建平到河北省邯郸市永年县开面包店。1991年，高田乡王信文，辞去村医生工作到同乡在陕西渭南开的面包店学习。一周后，他就在陕西宝鸡开夫妻面包店。1992年，马头山昌坪村油榨窠村小组年仅18岁的郑欢厚到杭州开面包店。1995年，陈坊林场周青华到河南省南阳市南召县开面包店……

初创阶段，资溪人做面包以夫妻店居多，也有兄弟店、父子店、表亲合伙店、朋友合伙店等合伙创业开店模式；第一批资溪面包人大多都经历过二次或多次创业。

20世纪90年代的面包加工设备技术等级低，以机械化、半机械

化为主。因加工设备需三相电源，所以开面包店多选择在城市粮油
企业闲置的仓库或加工厂，或其他能够提供三相电源的场所。那个
时候的面包店，与其说是"店"不如称之为"作坊"。整个经营过
程就是出货、送货、卖货，以销定产，几乎谈不上任何管理之道，
店与店之间没有必然联系，处于各"店"为"营"的状态。产品以
面包为主，蛋糕次之。面包主要有夹馅面包、油炸面包、实心面包
等；蛋糕以海绵蛋糕和纸杯蛋糕为主；生日蛋糕全为奶油裱花，花
式简单。面包、蛋糕制作的大概工艺流程：和面（打蛋）、分块
（压片）、搓圆、发酵、整形、烘焙、冷却、包装。生产出来的面
包批发送货，少数零售，乡村、街道、学校、工厂、居民区里的小
卖部、小超市成为面包主要销售渠道。初创阶段的面包店收入，从
整体上看，年均毛利率约50%。具体到个体，开第一个面包店实现
微利、保本或微亏的，约占60%；亏本的占20%左右；还有20%左右
的人赚到了人生第一桶金。

"作坊"店摆摊销售

很多人初次开面包店时，都是由于技术因素，浪费大、成本高、利润低。许多人辛苦一年能赚个一两万，虽说绝对值不大，但在当年已属不易，号称"万元户"，这个收入将近当年社会月平均工资的100倍。初次做面包能有这个"业绩"，让这些人对"面包之路"充满信心。还有很多面包户营业收入除却家庭开支基本保本或微亏，尽管初次"入行"没有赚到钱，但他们跨入面包"门槛"，积累"做面包"的经验，也由此保持对面包的"热度"和期许。

多数人面包创业之路并不平坦，可谓跌宕坎坷、一路艰难。

起步难。一是筹资难，缺乏启动资金。那个年代，不要说山里人，就是城市里人要一下子拿出一笔较多的钱，也是很困难的。为了凑足开店的钱，除了向亲戚、朋友等人借，几乎没有其他筹集途径。如1987年，张协旺出去做面包，向未婚妻父母借了2000元，在信用社贷款4000元；1988年，钟启文初创时，只有借来的3000元；鹤城镇三江村的邱森茂，那时他家是村里最穷的四户之一，1989年，为筹足去南昌开面包店的钱，他每家每户50元、100元地借，并用本子一一记好，还向亲戚朋友借，这样七借八凑，才凑足开店的钱；1989年，高田乡翁源村村民王光明揣着父母东拼西凑借来的4000元，和姐夫到河南巩义市开面包店；1992年，马头山镇榨树村28岁的林发生向岳父借了3000元不够，再借2000元高利贷（年利息400元），冒着还不起高利贷的风险，与弟弟、同学一起踏上去四川的路。这样的例子数不胜数。二是学技术难。那个时候，没有专业的学习渠道，每个出门做面包的人，只要碰到同行，就会抓住机会想方设法向别人学点技术，或花点钱拜师，或在面包店打工半年至一年，在干中学。学技术难，这让一些刚入行的人走了不少弯路。三是找店难。开店，首先要找店铺，如果有亲戚、朋友提供信息，有明确目标，则找店可能会快些。但没有确切"情报"，常常要在各省、市（县）之间到处"流窜"，以寻找最适合开店之地。那时候，只要有同乡开面包店的地方，就有人去"找店"。"找店"是一个非常辛苦的"差事"，是让人身心俱疲的体力劳动和脑力劳动。每到一个城市，就要用一双脚去"丈量"这个城市的每一条街道、每一个工矿企业、每一片居民住宅小区。无论酷暑还是严寒，走得腿发软、脚起泡、心发焦，还得继续走下去，直到找到店为止。很多人盘缠花光，店又没有着落，只得回家。休息一段时间后，重新筹钱再出发。四是用电难、办证难。那个年代营商环境还不够"友好"，有关职能部门"吃拿卡要"现象时有发生，门难进、脸难看，要在期望时间内尽快把电接通、把证办下来很难。

生活难。吃、住生活条件差。一个面包店小的10多平方米，大的50多平方米，和面、发酵、烤面包、打蛋糕、吃饭、睡觉等都在店里进行。店里的烤箱就像一个大火炉，店内温度常年在30℃以上，冬天还能承受，到了夏天，身上汗滴像水一样淌。做面包的人，几乎没有"床"的意识，晚上铺、白天卷，睡案板、睡阁楼、打地铺，是面包人睡觉之常态。吃的方面，由于人手紧张，没有时间从从容容炒菜做饭，多数时候是将菜囫囵一锅煮，吃大杂烩。睡一个完整的觉，吃一顿悠闲的饭，成为当时面包人的一种奢望。行走在"江湖"的面包人，经常自嘲：睡得比狗晚，起得比鸡早，吃得比猪差。

经营难。第一次开店是一个很受煎熬的过程。因为生意压力而紧张。开张前，每个人总是那么充满期待。一旦生意不好，失望、沮丧充满心间，同时还得想方设法扭转经营上的"颓势"。当生意红火时，又担心别人"插店"，还怕遇到滋事生非者。总之，心中那根"弦"难得松弛下来。有的人在做面包之前，从来没走出过资溪，几乎说不来一句标准的普通话，因此，在经营中不善与人打交道，最怕碰到有关管理单位派人来检查。

1990年，21岁的陈胜莲，与丈夫一起到河南许昌开面包店。刚开始时任何事都要自己亲力亲为，一整天忙忙碌碌，没完没了，白天卖面包，晚上和面发酵，凌晨三四点钟就要起床烤面包、打蛋糕、装盘等。高强度的劳动后，往往是靠在哪里，就在哪里睡着。夫妻俩互相鼓励，熬过了最艰难的初创期。

在艰难经营过程中，除要承受高强度劳动和生意压力外，还要面对很多难以预料到的挫折和风险。

有人因面包制作技术不成熟而蚀本。资溪县原罐头厂下岗工人黄念蓬，1993年9月，投资1.5万元在河南渑池县租了一个闲置粮库开面包店，由于技术不到位、面包品种少，惨淡经营4个月，亏3000元回家过年。高田乡龙英村的何炎春，在亲戚开的面包店里学做了两个月的面包，之后，还在朋友那里抄到一个面包配方，自认为有学徒两个月的手工基础，可以开店。1992年9月，何炎春揣着父亲帮借来的1万元，还有哥哥投资的3000元，在湖北宜昌市租下一个门面，开起面包店。由于技术没学透，面包做不成功，每隔几天，整车面包往外面倾倒。辛苦半年，关店盘点，亏损2000多元。高田乡许坊村大港村小组村民黄毛仔，15岁就在乡政府当通讯员，后听说在外面做面包很挣钱，就和本村人周国年合伙，在无锡市滨湖区的一个菜市场租下一个10多平方米的棚子做面包。开张一段时间后，由于技术不过关，两家人起早贪黑从早忙到夜，每天挣的钱除了吃、住等开销，减去原材料成本所剩无几。

有人在租店、买店时被骗得血本无归。鹤城镇泸声村繁华村小组村民邓资安，1995年到南京买别人面包店，由于初次开店没有经验，卖方生意做假（花钱请人买面包，制造生意兴隆假象），没有察觉，花了4.8万元。做了一年亏了2万元。

有人因为被外地同行排挤被迫关门。1997年，高田乡城上村胡家排组村民韩合堂和合作伙伴到四川西昌开面包店，生意逐渐红火。引起当地同行业人妒忌，这些人雇佣地痞流氓上门闹事。一天傍晚，来了6个不速之客，手持砍刀、铁棍，二话不说把卷帘门拉下来就是一通乱砸乱砍，然后扬长而去。第二天重新开张时，这伙人又来闹，第三天他们依然闹个不休。他们要韩合堂把面包店以远低于市场价的价格转让给他们，否则就天天来闹。韩合堂拒绝他们的无理要求，那伙人举刀就向他头上砍来，韩合堂用右手护住脑袋，结果手筋却被砍断，血流如注。韩合堂无奈只得将店面转让。1998年，高田乡龙英村村民左国锋到四川成都开面包店，生意越做越红火。可是好景不长，遭到同行排挤，他们三天两头地到店里敲诈，胁迫他把店面转让出去。左国锋在黑恶势力的逼迫下无奈把店转给他们，好好的生意就这样被搅黄。

有人因结不到账而被迫歇业。1990年，19岁的郑建云带着弟弟郑建华到西安市从事面包批发送货生意。他们将做好的面包和糕点等交给流动小贩销售，跟他们约好一个月结一次账。每天销售一空，两兄弟还筹划着多找些小贩销售。谁知临近月底结账的几天里小贩们不来拿货了，郑建云觉得不对劲，与弟弟出门四处寻找未果，被骗的郑建云就这样关停了在西安的面包作坊。接着他们到郑州做面包糕点批发，这次他们找到一家大型超市合作，每天固定向超市供货，超市每半年结一次账。当满六个月结账时，才被告知要正规发票才能结账，要账无果，被迫关张。

有人因为社会治安环境差付出生命。原欧溪乡下湾村田蓝村小组王姓村民，1993年9月，夫妻俩带着刚初中毕业的女儿在安徽芜湖开面包店，生意属于中偏上水平。国庆节期间，一天晚上将近10点，面包店正要打烊，三个社会青年突然窜进面包店意图抢现金，王拼死抵抗并呼喊，身中七刀，倒在血泊之中，经抢救无效去世，王的人生永远定格在38岁。

有人因安全事故而损失惨重。高田乡里木村一位吴姓村民，1993年8月到河南驻马店开面包店，开张生意挺好。男店主由于白天送货太累，晚上守发酵厨睡着，结果发酵时间到却没有及时断电，导致发酵厨里的水全部蒸干引发火灾，不但自己被烧伤，而且把房东的房子烧得面目全非，钱没赚到，还赔了个"底朝天"。鹤城镇泸声村繁华小组村民邓资安，2001年农历2月在河北霸州胜芳镇盘下一个面包店，接店的第二天，由于对设备不熟悉，在和面的时候右手不慎被卷进和面机，从肘关节处绞断。

创业中种种艰辛，不一而足。

资溪面包人面对困难和失败，不退缩、不言败，为圆致富梦锲而不舍，继续顽强奋斗在面包创业路上。

黄念蓬、何炎春、黄毛仔等都曾因面包制作技术没学透，第一次开店亏损，但他们没有放弃做面包。黄念蓬1995年再出"江湖"，终于在浙江衢州成功，顾客排长队购买面包。前4个月，卖面包卖得手发软、腰发酸。在衢州一开就是20多年，黄念蓬从此过上"财富自由"的生活，先后在衢州和资溪购置多套房产和店面。何炎春经过多方学习，技术成熟后，1995年到重庆万县开店，取得较好的经济效益。黄毛仔与他人合伙开店，没有利润，以抓阄的方式，他留了下来。为了完全掌握技术，他关门歇业前往附近老乡店里学习制作小蛋糕的手艺。一周后重新开张，生意慢慢有起色，日营业额从200元上升到800元。就这样坚持两年，省吃俭用，完成原始积累。

杨旺民，嵩市镇高陂村人，1989年初，贷款5000元，和师兄在山东潍坊开起一家面包店。由于从来没有开过店，缺乏过硬的技术和经营店面的经验，一年下来，只落得个保本。但他没有沮丧，没有气馁，1990年初，他把家里房子做抵押，在信用社贷款2万元，单独在郑州开一家面包店。当时整个郑州没有一家面包店。开店后，生意一直红火，一开就是12年。

韩合堂，1989年与同村的两人合伙外出做面包，由于缺乏市场经验，面包制作技术也不到火候，几个月后血本无归，收拾行李回老家。但他始终没有放弃做面包生意的想法，经过一段时间的休整，1992年春节后，他又借了4000元高利贷，与同村人合伙坐上前往安徽的火车，再次开始面包创业。

1990年，39岁的方春友到同乡面包店学了三天的技术后，到辽宁舅舅上班的毛纺厂里租间小库房，开始做面包，蚀本而归。后来他和两个弟弟合资开面包小作坊，不久小作坊因无证经营而被查处，兄弟三人被迫拆伙关门。两次失败后，他并没有放弃，凭着执着的信念，转战其他6省，最终"风雨过后见彩虹"。

1992年，17岁的左国锋和同乡到湖北合伙做面包生意。虽然条件艰苦，每天只有5个小时的休息时间，但几个年轻人满怀希望。可是市场是无情的，3个月下来，他们生意还是亏损。左国锋没退缩，他坚持到成功。

资溪面包人在创业路上风雨与共，互帮互助。

邓资安右手被机器从肘关节绞断截肢，在洪涛夫妇和阎慧平等朋友的关心、支持、帮助下，度过最难熬的日子。经过不懈努力，她的面包店的生意一天一天好起来，日营业额从200元增长到5000元。3年下来，邓资安攒下一笔财富，2004年创办面包品牌"活力森林"，至2018年旗下拥有7家连锁经营店，资产近千万。

1993年至2003年，资溪县面包行业协会济南分会党支部书记蒋友良在济南成功开办多家面包店，他乐于助人，把自己的面包店作为实验地，让前来学习的人免费学习，对想开店或其他原因缺乏资金的人，总是有求必应。下湾村的胡世华开店缺乏资金，他借给5000元；翁源村洪铁庆被机器轧伤手，他借2万元给予治疗；里木村的郑文义在江苏省镇江开店时亏欠5万多元，他得知后，请郑到济南，除传授经营管理经验和面包制作技术外，还借3万元给郑扩大经营规模，之后，郑年收入10万余元。乌石镇方卫国在山东莱芜开店被人排挤，蒋友良得知后，主动去协调，化解矛盾。

饶桥面包大户吴宗南，在杭州做面包的人都称他为"吴老板"，因为在杭州武林路开面包店生意好，他在杭州出了名。资溪前去杭州周边找店开面包店的人，很多都会慕名到他店里去看看，只要说是资溪人，不管认识的还是不认识的，他都热情接待。有时一天要接待好几拨找店的人。有人问他图什么，他说："哪个没有困难需要帮助的时候？人家能来我店，是看得起我吴宗南，是为店添彩。"朴实的语言透出高尚重义的品格。

千淘万漉虽辛苦，吹尽狂沙始到金。第一代资溪面包人经过七八年的艰苦打拼、磨炼，初步掌握了一整套面包制作技术，提高了经营能力，积累了一定的发展资金。许多人经过多次创业，逐渐摸索到面包生意的门道，实现从"门外汉"到"面包人"的跨越，从此，资溪县城乡居民找到一个"划时代"的谋生出路，很多人因为面包摆脱了贫穷，改变了命运。

第一代资溪面包人为面包产业的长足发展播下了星星之火，奠定了牢固基础。至1996年，全县各类面包从业人员（包括农民、城镇下岗工人、待业青年、闲散居民等）累计约1.4万人，经营面包店约3000家。

第二节 快速发展

经历过顽强打拼，到1996年，第一批资溪面包人渡过了艰难的初创阶段，与此同时为资溪这个山区小县带来了一个全新产业——面包产业。资溪面包产业的雏形也正是在这个时候显现出来。在全国市场经济大潮推动下，1997年起，资溪掀起全民面包创业潮，不但农民、工人做面包，行政事业单位的干部、职工、教师也纷纷停薪留职甚至辞职做面包。说面包，忙面包，人人出去做面包，这是20世纪90年代中期资溪县城乡一幅真实的社会场景图。在此后的十年里，资溪面包产业达到快速发展高潮。面包店的数量呈倍数增加，并且"店"的质量明显提高，资溪面包产业从业人数急剧攀升，产业产值快速增长。

1996年前后，资溪人的面包店逐步从巷子里搬到了主街上，基本告别"送货上门"这种作坊式的粗放经营模式，全面转向门店化直销经营。门店经营实际上就是前店后厂的经营模式，最鲜明的特色就是"现烤现卖，现订现做"，营销上的看点就是新鲜、便利，与顾客零距离接触。此后，资溪面包产业中近80%的面包店是前店后厂的经营模式，也有进入大型超市设点经营的，还有进入学校、社区开店经营的。

后厂制作包装

　　从当时所处的经济大环境来看，这一时期经营方式的转变以及门店直营快速"复制"，是市场因素和设备因素共同作用的结果。一方面，经过10多年的改革开放，市场经济得到迅速发展，老百姓收入增加，消费水平逐年提高，面包已经进入平常百姓家，面包消费市场进入了一个快速扩张通道；另一方面，得益于面包加工设备的更新换代。从1997年以后，面包加工设备已有两相、三相两种电源选择，开店选"点"，不再需要考虑电源问题。同时，伴随着工艺技术的进步，面包原料和食品添加剂产品日益丰富，所有这些为门店经营打开巨大市场空间。从事门店经营，要对门店进行必要的装修，加之设备档次提高，固定资产投资增加，因此，投资比过去翻了一番甚至翻几番，一般都在5万元以上。与初创阶段相比，加工生产的品种日趋丰富，新增添品种主要有吐司（枕形）面包、肉松面包、丹麦面包、羊角面包、戚风蛋糕、虎皮蛋糕、黑森林蛋糕、脆皮蛋糕、抹茶蛋糕、蛋挞、鲜奶裱花生日蛋糕、水果生日蛋糕等。这一时期的面包制作工艺仍然以一次发酵为主，但二次发酵技术也在一些面包店并行采用。门店经营效益比"送货为主"的小作坊面包店效益有明显提高。根据对扬州、盐城、重庆、简阳、上饶、广丰、杭州、绍兴以及资溪当地30家面包门店的调查,经营面积80平方米以上的面包店有5家,月均营业额为15万~18万元;经营面积在40~80平方米的面包店有20家,月均营业额为5万~8万元;40平方米以下的面包店5家,月均营业额为3万~5万元。

随着经验的丰富与财富的增加,许多有实力、懂技术、善经营的资溪面包人,为适应面包市场的变化,已不再满足于单个门店经营,为把面包生意做大做优,他们学习先进经营理念,不断探索创新经营模式。

创新门店直营连锁经营模式。1996年12月,饶桥面包大户童晓琦,在江苏金坛市投资22万元开办"麦香园"品牌面包店。店面装饰上档次,产品技术含量高,品种丰富,琳琅满目。夜晚灯光璀璨,特别吸引人的眼球。开张一炮打响,日销售额达5000元至1万元,年收入达300万元。之后,又开10家直营连锁店,从此,"麦香园"面包店在金坛市有了名气。1997年3月,饶桥杨坊村面包大户钟启文和江火忠在浙江嵊州市投资30余万元,引进国内最先进的生产设备和制作工艺,创办"麦香村"品牌店。因生意越来越好,1999年至2001年,连续在嵊州开了三家"麦香村"连锁店。1999年该店荣获"黎国雄蛋糕研发中心金奖",并在2001年5月荣获首届"全国优秀饼店"和"店面设计金奖",成为当地家喻户晓的烘焙品牌。2003年,鹤城镇三江村面包大户卢方亮,在江苏扬州江都区邵伯镇投资25万元,开设"麦香人家"复合式门店,开业生意火爆,轰动邵伯镇。一年下来,赚到人生第一桶金,2004年7月在真武镇又开办连锁店。这一阶段,钟启文、童晓琦、卢方亮等人为资溪面包人从前店后厂式门店向门店直营连锁经营发展树立了标杆。

创新企业化经营模式。2002年,在江苏昆山开面包店的嵩市镇

嵊州麦香村门店

抚地村的项瑞平，成立昆山三益食品有限公司，创办资溪面包人第一个面包工厂，实行面包产品工厂化生产、配送，直营连锁门店销售，即"工厂化生产+门店"模式经营，实现资溪面包生产销售企业化经营零的突破，为资溪面包人做大做优面包生意开辟了一条新路，树立了可供借鉴的样板。

实行工厂化生产，面包制作技术和工艺的专业化水平得到提

昆山三益面包店

高，实现面包生产过程标准化和产品质量、产品规格标准化。工厂化生产采用机械化生产，降低人员劳动强度，提高生产效率，生产规模和批量较大，便于成本控制，经营利润相比过去更为丰厚。实行工厂化生产后，产品品质与运营过程得到严格管控，为门店提供稳定的供应支持。2003年，金坛麦香园食品有限公司成立。2004年上饶顶好来食品有限公司成立。2005年，山东康利来食品有限公司、林记开心食品有限公司成立。2006年重庆澳麦食品有限公司成立。之后，湖北恩施亚麦食品有限公司、绍兴市资溪面包有限公司、简阳林家食品有限公司、扬州麦香人家食品有限公司、泰州喜米璐食品有限公司等相继成立。至此，资溪面包产业实行企业化经营的企业从无到有，发展到11家，标志着资溪面包产业由门店经营向企业化经营方向发展迈出坚实的一大步，跨上一个新台阶。

处在快速发展背景下，资溪面包人敏锐地看到产业链拓展带来的商机，于是经营范围不再局限于单纯面包加工和销售，而是将产业发展空间向产业链上、下游拓展。

向烘焙原料加工、销售方面拓展。1994年12月，资溪面包创始

协旺（南京）公司

人张协旺创办江苏省南京协旺食品原料有限公司（后更名为"南京协旺食品原料有限公司"），开始从以往单一的面包加工转向烘焙原辅料、包装、器具等多元经营。1996年张协旺创办的江苏南京协力食品厂，是资溪面包人创办的第一个研发、生产及销售食品馅料的工厂。2001年、2003年张协旺先后成立江苏省淮安食品原料有限公司和安徽省合肥食品原料有限公司，主营烘焙食品原辅料、馅料、包材、器具及技术咨询指导等，成为华东地区乃至全国都颇有名气的综合型烘焙原材料公司。1996年，张凤林创办杭州风林食品有限公司，主要从事烘焙原辅料、包装器具销售。1999年9月，马头山镇昌坪村村民郑欢厚正式注册成立辽宁省大连乘风食品原料有限公司（后更名为"大连海升粮油经销有限公司"），经营与面包有关的原料和产品。2000年4月，张凤林、钟启文、周金华投资1500万元创办浙江省杭州艺发食品有限公司，这是资溪面包人创办的第一家生产鲜奶、巧克力的工厂，是当时资溪面包人在大城市创办工厂投资最多、规模最大的工厂，产品畅销全国。2004年，鹤城镇沙苑村墩上村小组元水来在江苏

杭州艺发食品有限公司

常州创办常州市森派食品有限公司，主要从事植脂奶油、淡奶油等生产。张凤林在浙江省杭州创办制作面包所需的油脂加工厂。

　　向糕点食品、食品包装方面拓展。河南郑州桂洲村食品有限公司，成立于1995年，专业生产中式糕点，至2007年，有桃酥、蛋黄酥等30多个品种。高田乡黄坊村鲍才胜（后创办北京鲍才胜餐饮管理公司，任董事长），1997在河南省郑州开了第一家面包店，一路艰辛走来，2005年在北京研发出鲍师傅"肉松小贝"糕点拳头产品，一经推出深受消费者喜爱。鲍才胜不开面包店，转而经营"鲍师傅糕点"店。之后，在北京相继开了13家门店。高田乡枫林村何诚在湖南邵阳创办蛋糕盒生产企业，之后，在邵阳、贵阳两地各拥有一家蛋糕盒生产工厂。

　　向烘焙技术培训方面拓展。随着面包店数量的不断增加，越来越多的人加入面包队伍，很多资溪面包人在经营之余，自费到上海、广州、深圳等大城市参加中高级烘焙技术培训班，学习、吸收韩国、日本、中国台湾等国家市地区烘焙领域的新技术、新工艺，了解一些前沿产品的制作方法与理论知识。日益涌现的面包新人以及面包经营者对技术的不懈追求，催生资溪面包产业巨大的技术培训市场。2001年10月，为顺应面包技术培训需求，在杭州等地做面包致富的资溪县水泥厂下岗工人徐全龙（2005年4月获"全国劳模"称号），回到资溪创办全龙艺术裱花蛋糕技术培训中心（后升级为"资溪全龙面包培训学校"），这是资溪面包人创办的资溪县第一家，也是江西省首家面包培训中心，从此资溪面包人终于有了自己的面包培训基地。2003年7月，在浙江温岭开面包店致富的高田乡龙英村周建生创办资溪县建生西点烘焙技术培训中心。两家技术培训中心的建立，让资溪及其周边区域的

全龙面包培训学校

人学习、掌握面包制作技术更方便、快捷。专业化的面包技术培训渠道，为许许多多想做面包的人消除技术屏障，客观上助推资溪面包产业快速"分蘖"增长。

多元化经营模式和产业链的延伸，构成一个较完整的资溪面包产业链（体系），为资溪面包产业的发展和转型升级打下良好基础。资溪面包人凭着自己勤劳的双手、无穷的智慧和敢闯天下的精神，不断做大做强面包产业。2006年，资溪县已成为全国闻名的"面包之乡"。至2007年，已有7000多家面包店开到全国近千个城镇，资溪面包人的足迹遍布全国。还有资溪面包人开始走出国门，先后涉足马来西亚、越南、俄罗斯、缅甸等国家。全县12万人当中有3.6万人从事面包产业，占总人口近30%，年产值约30亿，中国面包市场"十分天下有其一"。

第三节　全面提升

　　资溪面包产业在坚持中取得快速发展，在创新中实现转型升级。如果说快速发展阶段是量的积累，那么全面提升阶段则主要体现在质的进步上。资溪面包产业经过近10年的初创积累和为期10年的快速发展，2007年，进入一个全面提升阶段，这个时期，几乎所有的优质直营门店，已从店转型为公司；门店经营方式升级为工厂化生产，并且逐渐占据行业主导地位；产业经营范围覆盖面包行业全产业链；企业化管理成为面包企业经营常态；注重企业品牌建设，推行品牌连锁经营，成为每个面包企业发展提升的重要手段；企业文化建设被视为企业必修课。

　　这一阶段面包店和面包企业使用的生产加工设备技术等级有明显提升，设备操作和运行基本实现电气化、智能化。面包制作技术与工艺表现出专业化特点，大数据、云计算逐步应用到面包企业产品研发。电脑、手机等智能化设备广泛运用到门店经营和公司管理。

　　这一阶段，数量上仍占多数的门店以起点高、投入大、技术改善、质量提升、经营规模扩大为特点。由于市场激烈的竞争，资溪面包产业中一部分层次低、规模小、不上档次、技术不足的门店逐渐被淘汰，部分人改行从事餐饮等行业，如开泡粉店、快餐店、烧烤店等。门店数量虽比前期减少，但仍占约70%的比重。为适应市场变化，不被市场淘汰，生存下来的门店纷纷加大投入、更新设备，使用的生产加工设备技术等级明显提升；重新回到面包培训学校学习，提升面包制作技术；不断推出丰富多样的产品，如丹麦面包、法国牛角面包、全麦面包、螺旋藻面包、高纤维面包、意大利披萨、奥地利甜点、日本甜点、甜甜圈、泡芙、慕斯蛋糕、芝士蛋糕、古早蛋糕、蜂蜜蛋糕、枣泥蛋糕、巧克力蛋糕等新品，动物奶油和植脂奶油被广泛用于蛋糕制作，以满足消费者口味。为改变店面形象，吸引顾客眼球，赢得顾客青睐，高标准精装修店面，由简单门店经营向品牌直营店经营发展。马头山镇港东村胡伟，2009年在江苏扬州、淮安、盐城、苏州等地开设麦香村、麦香人家、可米蛋糕、麦香坊四个品牌共计20多家门店。马头山镇杨坊村双门石村小组方俊，1999年随父亲在浙江省湖州市织里镇开了第一家装修高档的面包店。2008年，25岁的他在浙江省安吉县创立亚卡芙品牌精品门店，门面装修时尚前沿，产品和服务做到极致，生意红火，之后，发展7家门店。他在湖州市开得最好的一家门店年营业额从60万元到300万元再到1400万元。2014年、2015年，胡伟和方俊先后创立了公司，实行企业经营模式。据不完全调查统计，到2019年

精品品牌门店

90%的直营门店扩大经营规模，在激烈的竞争市场中站稳脚跟，增加市场占有份额。

　　这一阶段，从事烘焙原料生产经营的企业，整合资源，走内涵挖潜与外延扩大再生产相结合之路，加大投入，扩大企业经营规模，不断提高经济效益。2006年下半年，南京协旺食品有限公司依靠优质客户资源、先进的经营理念和多渠道销售网络，与香港浩恩国际发展有限公司合作，在南京注册成立协旺浩恩（南京）食品有限公司，这是资溪面包人第一家与港资企业合作的企业。该企业规划投入资金700万美元，建设两条国内一流的馅料生产流水线，达到日产40吨食品馅料的能力。前期投资3000万人民币，购地26亩，2006年12月开工建设，建成原材料仓库、生产车间、成品仓库和研发中心，建筑面积近2万平方米，2008年6月竣工投产。此后多年来，该公司生产板块实现每三年一小改，六年一大改，进行设备改造更新升级，同时优化生产流程，加快新产品研发，提高产品质量，不断扩大企业经营规模，企业产值年年攀升，2020年，销售收

协旺工厂流水线一角

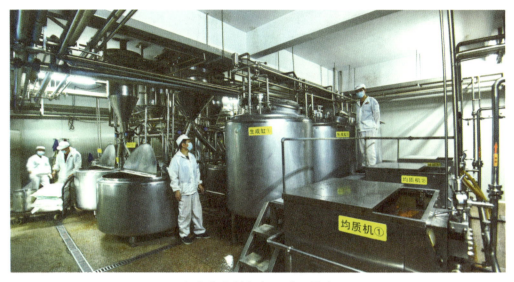

金澳艺发鲜奶加工进口设备

入（含3家分公司）约3亿元。2016年末，杭州金澳斯油脂有限公司和杭州艺发食品有限公司整合，升级创立浙江金澳艺发食品科技有限公司，张凤林任董事长兼总经理。该公司总投资1.2亿元，主要生产烘焙油脂和裱花脂奶油，规划年产值15亿元，一个烘焙油脂行业的航母雏形初显。2017年该公司首期投入4000万元购买美国生产鲜奶的一流成套设备，加工生产裱花脂奶油，是中国面包行业民营企业购买美国全套设备的第一家公司。建有2400平方米的生产车间，是原生产车间面积的三倍。2020年企业规模6000万元，年产值1.1亿元，比原公司2016年产值增加5000万元。大连海升粮油经销有限公司

海升粮油(大连公司)

经过20年的发展、提升，成为占有东北三省及华北大部分市场份额的大型公司，仓库、办公场所总建筑面积23000平方米，总资产约1.5亿元，2020年销售收入近2亿元。杭州凤林食品有限公司2020年销售收入6000万元。与面包产业链上、下游关联的知名企业还有常州市森派食品有限公司，2020年企业规模5000万元，销售收入4000万元；2015年12月，马头山镇杨坊村村民严品前，在江苏无锡市创办宜兴市严派食品管理有限公司，主营面包、蛋糕原材料。2020年，控股宜兴市乔歌等三家企业50%以上股权，年营业额3000万元。

宜兴市乔歌食品有限公司

　　向面包产业与相关产业互动方向发展，不断拓展面包产业发展空间。徐全龙在面包培训学校基础上，投资1.2亿元创建中国资溪面包文化园，将资溪面包产业与纯净资溪旅游融合发展，打造一个面包产业文化旅游景区。

　　通过"面包+快餐""面包+奶茶""面包+互联网"等形式，打造一系列面包综合经济体。如以"三明治和汉堡包+鸡腿、牛排"为主打产品的中西式快餐店，以"蛋挞、巧克力蛋糕、水果蛋糕+奶茶"为主打产品的面包茶楼，以网上订单为主要销售渠道的"网上面包店"等。

　　1997年至2006年，资溪面包产业经过近十年快速发展，知名度和影响力得到极大提升。以此为契机，资溪面包人积极投身打造资溪面包产业品牌，推广连锁经营，通过扩大直销、连锁，整合江西面包资源等方式，以"资溪面包"集体商标为核心，加快组建、做大做强区域性品牌面包企业。企业全面实行工厂化生产，为创品牌提供强有力的保障。至2020年，资溪面包产业在全国创出"资溪面包""麦香人家""林家饼屋""麦香村""麦香园""喜米璐""亚麦""金谷开甜""康利来"等10多个有影响力的区域性主流品牌。如浙江资溪面包有限公司，董事长钟启文，2007年9月投资2000万元，建立3000平方米的现代中央工厂等，2018年，扩大生产规模，建成10000平方米现代中央加工厂（产品生产车间）、1500平方米培训中心，以绍兴为中心辐射周边县、市，全力运作"资溪面包"品牌，2020年直营店达100余家，销售收入产值2亿元；扬州麦香人家有限公司，董事长卢方亮，投资3000万元，建立中央工厂、研发中心、培训中心和基地，开发10多个系列产品、300多个品种，全力打造"麦香人家"品牌，直营门店由2008年的4家发展到2020年的30家，销售收入近8000万元；四川简阳林家食品有限公司，董事长林发生，2010年中央工厂投入运营，工厂化生

绍兴资溪面包公司车间一角

产经营体系全面建成，统一产品标识、统一装修风格、统一产品规格、统一门店管理，在简阳全力打造"林家饼屋"品牌，2020年直营门店达35家，2020年销售收入7000余万元；山东康利来食品有限公司，总经理陆禹衡，在山东滨州全力打造"康利来"品牌，2020年直营店达40家，销售收入近8000万元；广州伟诚食品有限公司，董事长胡伟（马头山镇港东村人），2014年创立"熳公主烘焙"品牌，2020年直营门店25家，年营业额6200万元；四川伟超王子食品有限公司，创始人、董事长林志华，2016年，公司建设占地30余亩的花园式观光工厂，有专业无菌生产车间及现代化办公楼，引进高端先进生产设备，在四川全力打造"王子"品牌，2020年直营店30家，销售收入近4000万元；江苏海安琦琦麦香人家公司，董事长金选庭（马头山镇彭坊村人），2013年建立符合国家标准要求有相当场地规模的工厂，直营门店11家，加盟店5家，2020年销售

广州伟成"熳公主"品牌店

海安琦琦麦香人家公司车间一角

额达3000万元。增加线上经营米兰西饼高端品牌，涉足商务公司，为海安面包户做平台；泰州喜米璐食品有限公司，董事长项瑞平，拥有8300平方米的中央工厂，在江苏泰州全力打造"喜米璐"品牌，2020年直营店达38家，销售收入近6000万元；海门麦香人家食品有限公司，总经理周阳鸿，在江苏海门市全力打造"麦香人家"品牌，2020年直营店达12家，销售收入近5000万元；嵊州凯客麦香村食品有限公司，总经理江梁（马头山镇杨坊村人），公司拥有1000多平方米中央工厂，在浙江嵊州市全力打造"麦香村"品牌，2020年直营店达12家，销售收入近3000万元；金坛麦香园食品有限公司，总经理童晓琦，在江苏金坛全力打造"麦香园"品牌，2020年直营店9家，销售额2000万元；启东麦香人家食品有限公司，董事长李国荣，在江苏启东市全力打造"麦香人家"区域品牌，2020年直营店32家，销售收入7000万元；河南郑州桂洲村食品有限公司，董事长钟德泉（马头山镇斗垣村人），总经理吴敦华（嵩市镇高陂村人），2018年建立近4000平方米现代化十万级净化生产车间，公司拥有传统糕点品牌"桂洲村"，转型升级后的高端品牌"德善华"及新投入的蛋糕品牌"钟意西点"。2020年，开设连锁店近100家，年销售额达6000万元；湖北恩施亚麦食品有限公司，董事长洪志伟，投资4000万元，2008年建成占地40亩的亚麦食品工厂（其中中央工厂15000平方米）投产，在湖北恩施全力打造"亚麦"品牌，2020年直营店50家，覆盖恩施整个市区销售额达1.1亿元；重庆武隆恰恰食品有限公司，成立于2012年，董事长张学秀（马头山镇柏泉村人），在武隆全力打造"全家蛋糕"品牌，2020年拥有直营门店23家，古茗奶茶16家，年销售收入约5000万元；江苏高邮麦香人家食品有限公司，成立于2009年，总经理朱双发（马头山镇昌坪村人），在高邮建成1500平方米中央加工厂，打造"麦香人家"品牌，2020年有直营连锁18家，销售收入4000万元；北京鲍师傅食品有限公司，董事长鲍才胜，在北京、上海、武汉、合肥、南京等地全力打造"鲍师傅"品牌，连锁店70家，销售收入近5亿元；南京小香港食品有限公司，董事长张树长（高田乡

鲍师傅北京门店

高田村人），建有中央工厂一个，在南京全力打造"小香港"品牌，2020年直营店20家，销售收入6000万元；湖州亚卡芙食品有限公司，董事长方俊，2015年在浙江安吉县投资3000万元建成2000平方米中央工厂，在湖州市全力打造"亚卡芙"品牌，2020年直营门店29家，销售额1.2亿元；河北邢台市华鑫食品有限公司，董事长饶晓红（乌石镇桐埠村人），公司占地20亩，总建筑面积近12000平方米，拥有现代化的面包生产线和先进的烧烤、包装、杀菌等设备，在邢台市全力打造"华鑫华"品牌，2020年销售收入达5000万元。

　　资溪面包产业一路走来，许多资溪面包人为把自己的品牌打造成"百年老店"，将企业文化建设视为企业管理必修课，以文化建设为手段厚植企业发展底蕴。浙江资溪面包有限公司为不断提升员工的学习能力、职业技能和综合素养，在企业开设《企业文化大讲堂》。每周三晚饭后的两小时，成为企业员工的固定学习时间。公司不仅安排企业价值、企业愿景、烘焙知识、操作技能方面的培训和讲座，更注重员工的综合知识、综合能力的学习提高。大讲堂的课程内容涉及消防知识、安全知识、社交礼仪、食品安全、生产安全、法律法规、企业文化，甚至还有《三字经》《弟子规》等中国传统文化方面的内容，为企业文化建设和员工个人素质全面提高提供文化支撑。

　　资溪面包人在烘焙实体企业化管理上经历一个不断学习、实践提高的过程。从门店转型为公司后，管理者能参照他人公司的做法，将公司带入企业化经营管理轨道。这些面包公司在内部管理上建立一整套制度体系，有员工守则，有卫生管理制度、财务管理制度、物料管理制度等。搭建人力资源管理平台，建立和完善门店、工厂绩效考核机制。日常经营管理做到规范化、精细化、流程化。项瑞平在资溪面包业界引领管理创新，首次将ISO9001国际质量管理标准引入其喜米璐食品有限公司质量管理体系。

据不完全调查统计，到2020年，实行品牌连锁经营的面包企业收入，已占资溪面包产业总收入的近60%。

第四节　构建集群

全力打造资溪面包食品产业城，构建面包产业集群，是2017年以来资溪面包产业最大的亮点和看点，也是资溪面包产业具有里程碑意义的发展大事。2018年，在资溪县委、县政府的引领下，钟启文（浙江资溪面包有限公司董事长）满怀家乡情怀地回到资溪，与上市公司福建圣农发展股份有限公司常务副总经理傅细明、汕头华

2017年9月8日引领人物合影

荣董事长钱海华、江西面包商会会长卢方亮等强强联合，共同注资组建江西省资溪面包科技发展股份有限公司（简称"资溪面包股份公司"）。资溪面包股份公司自设立之日起，即成为资溪面包食品产业城的运营主体。

资溪面包股份公司按照"做实产业链、扩大副业链、健全供应链"思路，计划投资30亿元构建涵盖全产业链的产业集聚区。按照"生产、生活、生态"融合发展的要求，遵循"循环经济"理念，规划建设用地总面积1380余亩，集面包食品加工、烘焙技术培训、面包文化旅游、现代物流园区、集中采购贸易等为一体，打造"资溪面包"品牌一条龙全产业链。项目建设采取由资溪县城投集团建设标准厂房、资溪面包股份公司出资、全国各地"面包人"加盟、社会资本参股等多种方式运行。规划引进面粉厂、预拌粉厂、冷冻面包厂、糕点厂、馅料厂、肉松厂、面包机械厂、包装厂等20余家规模以上工业企业入驻。配套建设生产研发中心、技术培训中心、原材料集采中心、冷链储运中心、商务会展中心、资溪面包商学院。拟在5～8年内推动江西省资溪面包股份公司上市，使其成为"江西省新型工业化产业基地""中国最大现烤类面包企业"。

资溪面包股份公司的经营理念是"营养、健康、安全、方便、好吃、不贵"，以"改变中国人的膳食结构"为企业使命，以"价值与价格创造并共享价值链"为企业价值观，打造"顾客价值时代"。提出资溪面包"联合收割机"经营模式新概念，即"大型产业链+大型冷链+连锁模式=资溪面包模式"。在经营上实行生产与配套服务相向而行的形式，形成"一条龙全产业链"，路径为"公司产业集群〔面粉厂、预拌粉厂、面包厂（面包、蛋糕）、中点厂（月饼、桃酥、麻花、饼干、青团、粽子）、西点厂、肉松厂、油脂厂、鲜奶厂、巧克力厂、沙拉酱厂、果膏厂、添加剂厂、馅料厂、设备厂、包装厂、货架厂、冷链运输）配套服务（集采中心、产品研发中心、烘焙培训中心、品质控制中心、品牌营运中心）万家股东联邦式直营面包店"。

至2020年12月，资溪面包股份公司旗下4个工厂建成投产。资溪费歌食品有限公司由资溪面包股份公司与费歌食品有限公司（国家《肉松》新标准、《肉松饼》行业标准制定企业）共同出资成立，总投资6亿元，占地112亩，建筑总面积约68500平方米。工厂第一期工程于2020年8月建成投产，建成达产达标后将是全球最大的肉松生产、加工企业。专业生产休闲肉松、烘焙肉松、素食肉松、肉脯、肉干等系列产品，预计年产值7.5亿元，可实现税收约4000万元，安排就业200人。厂房按GMP标准建设，采用全进口的智能设备，是一个现代化的智慧工厂。公司严格按照HACCP食品体系要求，实施严密的品质控制系统，形成供应链、制造链整体可追溯体系，确保食品安全。面包厂占地面积30亩，2020年6月正式投产，年生产花式面包、欧式面包、丹麦面包等焙烤食品2万吨，年

费歌肉松厂

中国面包产业城

产值4.5亿元，可实现税收约2300万元，安排就业300人。原材料集采中心2020年10月正式开展业务，两个月内完成交易额1亿多元。糕点厂占地30亩，总投资5亿元，建筑面积（四层）26000平方米。项目建成投产后，年生产桃酥中点、饼干等中式糕点食品3.5万吨，预计年产值约5亿元，实现税收2500万元，安排就业300人，年接待10万人次参观和体验。馅料厂占地30亩，总投资3亿元，建筑面积（两层）8000平方米。项目建成投产后，年生产果仁类、蓉沙类、果蔬类、绿茶类、肉制品类等烘焙馅料2.5万吨，预计年产值约4亿元，实现税收2000万元，安排就业200人。年接待参观人次10万。2020年下半年开工建设的项目还有入驻抚州（飞地）资溪工业园的"鲍师傅"食品加工厂，由鲍才胜先生投资2亿元建设。资溪面包烘焙学院占地面积10亩，建筑面积4000平方米，总投资约1000万元。学院依托面包产业，打造"三大中心"，即教育培训中心、产品研发中心、集采交易中心。2019年3月投入使用，4月份成功承办2019年江西省"振兴怀"烧烤职业技能竞赛。已举办烘焙师、营销策划师、店长培训班6期，共培训学员300余人。资溪面包烘焙学院瞄准全商学院（中国面包大学）目标，秉承"笃学尚行、求真务实"办学宗旨，以职业教育为抓手、学历教育为延伸，重点培养面包烘焙师、市场营销策划师等实用型人才。围绕面包产业，细分专业，以训为战，打造成全国一流烘焙人才教育培训基地，力争年培训各种烘焙专业人才3000人，为资溪面包产业发展提供人才、技术支撑。

2020年，资溪面包股份公司"资溪品牌"直营门店达200余家，其中江西省内50家。

资溪面包产业，自2007年进入全面提升阶段以来，各方面都得到大幅度提升。2020年，资溪面包从业人员达4万余人，创总产值200多亿元；实行连锁经营的有2600多家，自主经营的9000多家，综合经营的有830多家，企业化规模经营的100余家。

"资溪面包"直营店

第三章 产业推进

第一节　党建引领

江西日报

"一个党员就是一面旗帜，一个支部就是一座堡垒。"2002年，资溪县近3万人的面包大军中活跃着一支300多人的流动党员队伍。他们不仅是党员、创业先锋，还大多成为致富带头人、行业弄潮儿。为充分发挥好行业中流动党员的头雁效应和示范带领作用，资溪县委以敏锐目光，决定全面加强面包协会党的建设工作，提出"围绕产业抓党建，抓好党建促产业"的指导思想，着力在流动党员管理、社团党的建设、"党建+产业"等方面开展探索和创新，努力走出一条新时期协会党建和产业发展相互融合、相互促进的新路。

2003年6月，资溪县委决定成立全国第一个县级面包行业协会党委（简称"协会党委"）。县委成立领导小组，制订周密方案，精心组织实施，配齐配强党组织"领头雁"。协会党委班子由7人组成，从县直机关工委、县农办等单位选派4名科级党员领导干部担任协会党委正、副书记和委员。同时，按照"靠得住、会'双带'（带头经营面包致富，年收入达10万元以上；带领群众经营面包致富，年均3户以上）"标准，选拔3名流动党员任党委委员。历任党委书记为胡锭（2003.6—2004.7）、杨晓文（2007.1—2017.4）、曾长华（2018.10至今）。

协会党委成立后，在面包行业流动党员中开展"党组织找党员，党员找党组织"的"双找"活动，对流动党员进行调查摸底，做到"摸清情况、了解行踪、找到党员、建立组织、纳入管理"，按照 "便于联系、便于管理、便于发挥作用，能快速召集"的原则，针对在外党员分布点多人散的特点，采取"点""线""面"三种方式，科学设置党支部和党小组。县委先后选派共38名党建指导员，分赴全国各地摸底调研，寻找党员，组建协会党组织，在北京、上海、南京等城市建立10个党支部，以"双高双强"（政治素质高、面包烘焙技术高，致富能力强、帮带能力强）为基本要求，经党员大会选举产生,配齐配强支部班子。

2003年资溪面包行业协会党委在外流动党支部基本情况表

表3-1

序号	流动党支部名称	驻地地址	支部书记
1	北京支部	北京市怀柔区青春路33号万事兴面包房	尧志勇
2	上海支部	上海市南汇区坦直街新世纪面包房	曾文臣
3	天津支部	天津市解放南路357号	洪 涛
4	杭州支部	杭州市余杭区星桥工业园杭州艺发食品有限公司	钟启文
5	南京支部	南京市凤台南路128号南京协旺食品原料有限公司	张协旺
6	深圳支部	深圳市横岗镇贤合村贤乐路137号	黄土寿
7	济南支部	济南市和平路燕山小区马家新村朱师傅桃酥店	蒋友良
8	苏州支部	苏州市东环路下家桥32号大华公司	程木生
9	福州支部	福州市鼓楼区后县路83号军民酒楼	吴忠来
10	南昌支部	驻昌联络处	楼智明

协会党委加强对面包行业的流动党员进行管理和教育，各地党支部不定期召开面包人才座谈会，收集产业发展建议和意见，积极开展"把面包大户培养成优秀人才、把党员培养成优秀人才、把优秀人才培养成党员"的"新三项"培养活动。通过协会党组织，把党的方针政策贯彻到广大面包户中，形成一支文明守法、勤劳致富的资溪面包大军。

协会党委的设立与流动党支部的建立，为长期在外做面包的党员找到自己的家，也不断扩大党组织的覆盖。至2004年12月，面包党组织网络遍布全国60多个大中城市，真正做到"把支部建到全国""把支部建在店里"。随着资溪面包产业的快速发展，从业队伍不断壮大，协会党委不断创新党建工作，加强对党支部的分类管理及优化调整，在此期间先后撤销开封、临汾、津市3个流动党支部，新组建成立扬州、郑州、长沙、面包文化园等4个流动党支部，调整北京、上海、成都、武汉、义乌、深圳7个支部班子，有力保证党组织的全面覆盖。目前协会党委下辖23个党支部，其中21个支部在外，有流动党员318名。

2020年资溪面包行业协会党委在外流动党支部一览表

表3-2

序号	流动党支部名称	驻地地址	支部书记
1	北京支部	北京蟹岛石材文化馆	林　辉
2	杭州支部	绍兴市资溪面包有限公司	钟启文
3	成都支部	四川绿源食品有限公司	周会中
4	福州支部	福州市鼓楼区	吴忠来
5	沈阳支部	沈阳铁西区铁西体育场	郑喜厚
6	扬州支部	扬州市江都区城北工业园中环路	卢方亮
7	济南支部	朱师傅桃酥店	蒋友良
8	南昌支部	省政府大院北二路68号	周国义
9	南京支部	协旺浩恩（南京）食品公司	张协旺
10	深圳支部	深圳市福田区新洲十一街	吴珍美
11	上海支部	上海市松江区九亭镇伴亭路488号218室	郑伍吉
12	哈尔滨支部	哈尔滨市南岗区松花江街麦香村	占海水
13	重庆支部	重庆市北碚竞发购物中心	陈红旗
14	西安支部	西安灞桥区公务员学院	高国忠
15	天津支部	天津滨海新区科技大学	艾先锋
16	郑州支部	郑州市金水区南阳路广安中医院	钟进泉

续表

序号	流动党支部名称	驻地地址	支部书记
17	长沙支部	长沙市雨花区高桥大市场	谢志刚
18	武汉支部	武汉华中师大	伍永平
19	苏州支部	苏州木渎镇石胥路538号	余文华
20	义乌支部	义乌市小商品批发城	汪春寿
21	大连支部	大连海升粮油外贸公司	程火生

党建网络

　　资溪县委高度重视协会党建工作，每年召开专题会议研究布置面包协会党建工作，建立"县委常委挂点和县直单位挂支部"的"双挂"机制，推进协会党建工作。加强党委与支部、支部与党员的联系与沟通，及时了解掌握支部动态，加强各支部的党建指导，规范党支部建设。资溪面包产业协会党组织建立后，充分发挥党支部的战斗堡垒作用和党员的先锋模范作用，推动企业党建工作与生产经营深度融合，努力把党的政治优势、组织优势、群众工作优势转化为创新优势、发展优势、竞争优势，引领资溪面包产业快速健康发展。

　　协会党委实施人才工程，发挥全龙艺术裱花蛋糕技术培训中心（后升级为"资溪面包培训学校"）、建生西点烘焙技术培训中心等培训基地作用，有计划地开展技术培训和党员培训。协会党组织先后引进高级烘焙人才60余人，引进新技术40余项，并与上市公司安琪酵母股份有限公司、王森西点学校等知名企业建立长期合作关系，长年聘请业内专家为基础顾问，每年为基地举办6期以上的技术、管理等专家讲座，为培训基地提供强有力的技术支撑。2003年协会党组织委托培训基地举办培训班7期，其中就业培训3期、技术更新培训4期，培训面包人才420人，其中党员97名（含非协会党员）。2004年举办培训班15期，培训面包人才912人，其中党员143人。至2020年，共培训面包人才13696人次，其中党员2278人次。以此同时，协会党委坚持每年组织广大党员及面包户参加上海、广州国际焙烤展示会，使他们增长见识，拓展视野，提升经营理念和技术水平。

　　协会党组织全力推进品牌实施战略，引导和鼓励广大党员提升水平，打造品牌，通过党支部书记带头、党员示范带动，提升资溪面包产业市场竞争力。杭州支部成立于2003年，有党员68名。2007年，杭州支部书记钟启文率先打造强势品牌，投资2000多万元成立绍兴面包食品有限公司，建立中央工厂，实行品牌化经营，以绍兴为中心辐射周边地区，加快"资溪面包"品牌推广。同时支部积极开展"打造强势品牌，争当创业先锋"活动，发挥党员先锋模范作用，带头扩大规模，积极参与品牌推广，先后在绍兴、嵊州、诸暨、富阳、慈溪等一带推出直营店126家。2011年，协会党委号召各党支部和党员积极参与"资溪面包"品牌推广，打造强势品牌，全年新增"资溪面包"品牌店100多家，新增连锁经营店500多家。至2012年发展资溪面包品牌直营店近200家，全国实现连锁经营1000余家。2015年，协会党委构建"党建+产业"新模式，着力构建"党建+品牌推广"，始终引导和鼓励广大党员提升水平，打造品牌，不断提升产业市场竞争力。南京支部书记张协旺扩大协旺（浩恩）食品有限公司品牌经营，年产值近3亿元。扬州支部书记卢方亮在扬州全力打造"麦香人家"品牌，形成直营店及连锁经营店30余家。成都支部党员林发生成立四川简阳林家食品有限公司，"林家饼屋"直营店达35家，年产值7000余万元。2020年，资溪面包产业品牌连锁经营门店达2600多家。在全国创出"资溪面包""麦香人家""林家饼屋""麦香村""麦香园""喜米璐""亚麦""金谷开甜""康利来"等10多个有影响的品牌以及"苏旺""金澳司"等生产型企业，"资溪面包"等11家企业进入全国优秀饼店行列，优秀饼店数达400余家。

扬州麦香人家门店

协会党委抓大户、抓典型、抓示范，全力推动产业发展壮大。2014年，开展"135"评选活动，选拔表彰100家"文明经营"面包店、30名优秀党员面包户、5个先进党支部。按照"理念新、技术好、品德优"的要求，筛选出150家面包店和60名优秀党员面包户，逐家逐个地进行考察和测评，择优选定100家面包店和30名党员面包户作为先进典型。同时，依据"支部班子好、党员队伍好、活动开展好、发展业绩好、群众反映好"的"五好"标准，评选出5个先进党支部。采取报刊、电视、报告会等媒介，进行广泛宣传，扩大影响。当年，全县有近65%的面包店扩大经营规模，品牌连锁经营的有1700多家，综合经营的有410余家，企业化经营的78家。

面包行业协会北京分会党支部成立

协会党委组织建立就业信息搜集、双向反馈网络，搜集面包经营人才和烘焙技术工人的需求趋势和数量，定期向社会公布。并畅通党员"分忧解难热线"，将党员的电话、手机、地址等告知周围面包户，遇困难可指导求助。如：2004年6月，马头山昌坪村一江姓村民在外开店，受到不法分子长期骚扰影响，无法正常经营，向协会求助。协会党委迅速会同当地公安、工商等部门，协力进行妥善处置，解决该人创业之忧；2008年4月，资溪面包户江伙忠向协会党委反映，其在浙江嵊州市区经营多年，创立"麦香村"品牌，但近期产生商标侵权纠纷。协会党委接到求助反映的当晚，派出专门工作人员乘车前往嵊州，找到嵊州市工商部门了解、沟通、协调，妥善处理解决；2009年10月，妥善处理高田乡面包户方某等人面包店转让纠纷，2005年，协会党委与县移动公司合作建立信息服务平台，完善就业信息网络体系和排忧解难化解体系。至2020年，协会党组织共向社会公布就业信息560次，提供就业岗位信息2554个，提供就业岗位3600多个，帮助1423名群众实现就业，帮助寻找店铺198家。

协会党委实施"架桥"工程，引导广大党员和面包户返乡创业。春节期间，组织召开返乡面包大户座谈会，为家乡建设出谋献策。各地党支部在回县汇报工作时，组织面包户探亲小分队回乡参观，了解发展情况，鼓励回乡投资。至2020年，有50多名党员和面包大户积极响应县委、县政府的号召，围绕生态旅游、有机农业、城市建设等返乡投资创业。据不完全统计，全县建立返乡创业基地60多个，总投资40多亿元。有钟启文、洪涛、周冬辉、林建勋、周国义、陈永忠、李荣恩等几十名党员返乡担任村两委班子成员，助力乡村振兴，服务家乡经济发展。

协会党委引领面包行业党员在危难时刻亮身份、现身影、起模范带头作用。如在"5·12"汶川大地震，成都支部书记周会中带领党员和面包大户20余人迅速赶赴现场，深入灾区投身抗震救灾，为安置点送上大批面包、物资等。他们费尽周折，寻找当地在灾区的乡亲，进行慰问。面包户程某在地震当天受伤，周会中等人立即安排人员将其及家属接到成都安顿好，并为其购买好回家火车票。

面包店李某，受伤最严重，支部党员在第一时间为其联系医院，进行手术治疗。5月14日，协会党委在上海焙烤开幕现场举办抗震募捐活动，党员、面包户现场共捐款20多万元用于求助受灾人员。2010年，资溪遭遇"6·19"特大洪灾，产生巨大的损失，协会党委立即成立专门募捐小组远赴杭州、扬州、泰州、济南、聊城等地组织党支部带头，面包户积极响应，共募捐款20多万元用于家乡救灾。在2020年抗击新冠疫情时刻，上海党支部书记郑伍吉带头组织党员捐款物计56000元；杭州支部书记钟启文捐赠口罩10000个，为绍兴医护人员每天赠送2000多份的爱心餐包。据不完全统计，截至当年2月，各党支部募捐、党员捐款200余万元。

扬州分会党支部举行洪灾募捐

　　面包产业党的建设工作得到上级组织充分肯定，2006年、2011年，资溪面包行业协会党委被评为"全国先进基层党组织"；协会党委书记曾长华，2019年10月1日作为全国先进基层党组织代表应邀到北京天安门参加国庆70周年庆祝大会及联欢活动。

第二节　政府扶持

　　资溪县委、县政府对资溪面包产业发展主要从七个方面给予大力支持、扶持。

　　解除后顾之忧。20世纪90年代初、中期，各乡、镇落实好土地流转政策，采取请人代耕、转租等方式，解决在外地从事面包经营户的农田抛荒问题；各乡镇成立帮扶组，帮助解决面包户在家人员的生产、生活困难。县实验小学开设寄宿班，县一中建立面包户子女公寓，还建立老年公寓，使面包经营者安心在外发展。

　　成立面包服务组织。为架设面包户与政府联系的桥梁，使广大面包户在外创业遇到困难时有反映问题和寻求帮助的地方，2001年8月18日，资溪县面包行业协会第一届会员代表大会暨协会成立大

县领导与面包行业协会第一届大会代表合影

会召开，资溪县面包行业协会（简称"资溪面包协会"）正式挂牌成立，这是全国第一家县级面包行业协会。在成立大会上，县委书记熊云鹏代表县委、县政府在讲话中指出：要引导面包产业做到"三大转变"，即小作坊向大生产、小食品向大产业、小家庭向大集团转变；创建"四个基地"，即科研基地、生产基地、培训基地、供应基地；实现"五个统一"，即统一品牌、统一设计、统一技术、统一包装、统一管理。历届县委、县政府始终抓住面包产业不放松、多措并举推进发展。随着资溪面包产业不断发展壮大，2004年6月24日，经县委研究决定，资溪县面包产业发展办公室（简称"资溪面包产业办"）挂牌成立。资溪面包产业办为正科级全额拨款事业单位，为全国第一家在县级政府机构内设置的面包产业管理常设机构。其主要职责：为面包生产经营户维权、服务、开展交流与合作。在国家和省、市等有关部门关怀支持下，2005年8月3日，江西省科学技术厅批复同意成立江西资溪面包科学技术研究院。主要从事面包行业科学研究与技术开发、科技成果推广应用、科技培训、科技咨询、科技服务等。2007年3月，研究院改为资溪面包生产力促进中心（简称"中心"）。2006年9月，全国工商联烘焙工会在资溪建立资溪联络站（简称"工会联络站"）。其主要职责：为会员提供信息、技术、人员交流，产品展示，标准化认证等。2006年11月，省工商联成立"江西省面包商

会"，设在资溪县。商会主要职责和任务：提供面包生产经营市场信息和咨询服务，择时召开面包加工经营市场信息发布、交流会，组织会员举办和参加各种对内对外展销会、交易会，帮助会员开拓国内、国际市场；提供劳务人员、店面转让中介服务；代表并维护会员的合法利益，反映会员的意见、要求和建议；开展会员间的经验交流，搞好业务、技术培训，办好简报，帮助会员改进经营管理，完善财会管理、照章纳税，提高生产技术和产品质量；做面包业界代表人士政治安排的推荐工作；参与、支持和协助会员回乡投资，从事开发性生产；沟通政府与面包生产经营户的联系，为会员提供有关证明，协调关系，调解经济纠纷。

资溪县面包行业协会历任会长为陈国林（兼）（2001.8—2003.3）、张协旺（2003.4至今）。资溪县面包产业发展办公室历任主任为杨晓文（2004.6—2006.12副主任主持工作；2007.1—2017.3）、曾长华（2017.4—2021.3）；资溪县面包生产力促进中心历任主任为邱资铭；江西省面包商会历任会长为钟启文（2006.11—2016.3）、卢方亮（2016.4至今）。

建立金融支持体系。一是设立绿色产业基金。政府出资5000万元设立面包产业发展基金，重点扶持面包大户的贷款贴息、过桥。二是在创业政策方面大力扶持在资溪县内开设面包品牌店、旗舰店的大户。三是把面包产业列入县委、县政府重点扶持产业，优先重点孵化和扶持规模在20家门店以上连锁经营的大户，扩大经营增至100家门店以上，提升品牌市场竞争力。四是成立绿色企业信用担保机构。充分发挥面包商会和协会牵头作用，组建面包大户信用合作共同体，金融部门根据合作共同体资产进行评估授信，按照"风险共担、信用共享"的原则，贷款扶持合作体成员。五是盘活民间资本。积极引导民间资本进行风险投资，弥补金融制度大素导致的信贷投入不足，拓宽面包产业发展融资渠道，为产业发展注入活力。六是成立股份公司。由县投资公司和面包集团公司共同出资，成立资溪县面包科技股份有限公司，合作投资，定向支持面包食品产业城内以面包食品生产为主的上下游企业，实现产业聚集。

加强品牌推广。2004年成立"资溪面包"品牌管理办公室，具体负责"资溪面包"品牌市场化运作。以直营、加盟为主运作品牌，实行资溪面包"五统一"模式（统一品牌标识、统一CI设计、统一技术标准、统一包装、统一管理程序），打造强势品牌。同时加强"资溪面包"品牌经营，及时制定资溪面包一系列标准和规范化的管理办法，进行严格的审定，确保品牌良性运作。县政府安排专项经费，专门用于宣传品牌和品牌的运作，对进入"全国十佳饼店"行列的门店给予2万元奖励，对"五统一"达标的面包户给予1万元补贴。2005年3月6日，县委、县政府出台《关于进一步加快面包产业发展的意见》，明确提出打造资溪面包品牌的战略构想和政策措施。为进一步加快"资溪面包"品牌推广，提升品牌市场影响力和竞争力，县政府领导带队就"资溪面包"品牌连锁运营先后赴上海、杭州、徐州、绍兴，多次与张协旺、卢方亮、张凤林、钟启文、洪志伟、林发生等面包大户沟通、交流，确定"资溪面包"品牌连锁运营模式。县委、县政府还通过报纸、杂志、电视、网络等多种媒体，宣传、提升资溪面包影响力，形成创品牌、树品牌、做知名品牌的意识和氛围，积极鼓励和引导面包大户参与创品牌，打造品牌。

创立培训基地。2001年，县政府引回面包业老板徐全龙创办"全龙艺术蛋糕培训中心"；2003年又引回周建生创办"建生西点烘焙技术培训中心"，建立2个面包烘焙技术培训基地，专门培训

面包技术培训

面包人才。在场所建设、税收等方面给培训基地提供优惠政策。对2个培训基地进行一系列的规范化建设。至2004年，培训基地拥有500余平方米的培训场所，有16名熟练在职教师和9名聘请的兼职教师，并配备电视、投影仪、电脑等多媒体教学设备。培训基地常年开设初级技师培训班、中级技师培训班、店长培训班和技术更新班等多种班次，由学员按需选择。各班次采取教师讲解、现场操作、专家讲座、跟踪服务等方式，努力提高学员的实际动手操作能力。为了加快面包人才培养进度，县政府还在县职业中学开设面包烘焙专业班，培养面包学员。2005年，全龙艺术蛋糕培训中心被科技部评为"星火计划农民科技培训星火学校"。全龙艺术蛋糕培训中心后升级为"资溪面包培训学校"，至2008年该校开班130多期，培训高、中、初级学员2万多人，其中外地学员近万人。中石化、新钢、萍钢等大公司后勤中心也派员前来学习。2009年6月，徐全龙投资兴建面包培训大楼。之后创建并升级全龙面包产业培训基地。将基地打造升级为集服务、培训、研发、交易、展示、体验于一体的面包文化产业园。面包产业文化园涵盖全龙烘焙学校、资溪面包全龙DIY体验馆、面包大厦接待大堂、资溪面包金豪大酒店、资溪全龙动感影视城、资溪白金汉宫夜总会、面包文化园景观亮化及资溪面包中央工厂等。而由烘焙学校、实训工厂、研发中心、面包高级会所、面包文化展览馆形成的面包一条街也相继落成。到2020年，培训基地共培训面包人员4万人次。

构筑集群创业平台。一是搭建中国（资溪）面包产业网。2016年9月，县政府与中国网库签订合作协议，共建中国（资溪）面包产业电子商务基地。12月，中国（资溪）面包产业网上线运营，致力于为全国面包行业生产厂商、经销商、个体用户提供最新面包行业资讯、价格行情、供求信息、采购信息、产品报价、展会信息，为面包企业提供专业的信息服务和远程贸易解决方案，是推广海量信息、查询和发布系统的网络平台，是国内权威的面包产业联盟与热门面包交易平台。二是规划建设资溪"面包特色小镇"。2016年12月27日，县委、县政府制定《资溪"面包小镇"建设实施方案》，明确了"面包小镇"建设实施总体要求、建设内容、实施步骤等，为资溪"面包小镇"规划建设提供了政策措施保障。三是打造资溪面包食品产业城。2017年9月8日，资溪县在大觉山景区召开面包产业发展暨"三请三回"（双返双创）座谈会，就打造资溪面包食品产业城、加快面包产业升级改造、推动面包产业本土实体化提出构想、征求意见。吴建华、黄智迅、邓泉兴、张明春、邵吉明等县领导出席会议，傅光明、邱荣华、张协旺、钟启文、卢方亮等20多位企业家受邀参加座谈。9日，资溪县委县政府主要领导携面包商会主要成员到访圣农集团，与傅光明董事长洽谈面包产业发展。同月，成立"资溪面包"集团公司筹备领导小组，全力推进集团公司的组建工作。之后，县委、县政府主要领导还多次赴福建圣农集团拜访董事长

面包产业发展暨"三请三回"（双返双创）座谈会

傅光明，寻求支持、牵头引领。12月29日，在绍兴召开江西面包商会，拟成立"江西省资溪面包科技发展股份有限公司"投资说明会。2018年1月，借力圣农集团，整合资溪面包资源，组建资溪面包科技发展股份有限公司。3月28日，资溪面包股份公司8位发起人齐聚福建光泽，拜访圣农集团董事长傅光明先生。

5月7日，投资30亿元的中国资溪面包食品产业城项目在大觉

资溪面包公司8位发起人拜访傅光明先生合影

面包产业城项目签约仪式

山国际会议中心签约，副省长吴忠琼，市长张鸿星，县委书记吴建华，县长黄智迅等领导及圣农集团董事长傅光明出席。6月1日，成立资溪面包产业城项目推进工作领导小组，县委副书记、县长黄智迅担任组长，县委常委、统战部长邓泉兴，县委常委、常务副县长傅武彪，县人大副主任、县工业园区党工委书记邵吉

资溪面包股份公司启动仪式

县领导黄智迅为公司揭牌

明，县政府副县长张明春、吴辉文，县政府副县长、公安局长蔡钦任副组长，县委办、县政府办等相关单位负责人为成员。领导小组下设"一办三组"，即办公室、征地拆迁组、项目落地服务组和项目建设组。每一项工作都明确责任领导、牵头单位、责任单位及完成时限，定期调度，整体推进。7月9日，江西省资溪面包科技发展股份有限公司举行启动仪式，资溪面包综合食品有限公司筹建处、资溪费歌食品有限公司筹建处、江西省资溪面包科技发展有限公司、资溪面包集采

服务有限公司揭牌。9月28日，资溪费歌肉松厂开工典礼举行。11月28日，在县政府三楼会议室举行中国资溪面包食品产业城项目有关协议签约仪式。11月30日，县委出台《关于进一步加快面包产业发展的实施意见》，就打造资溪面包食品产业城提出总体要求，明确总体目标，制定具体措施。2018年12月至2019年1月，县委、县政府主要领导先后率队在四川简阳、江苏扬州、河南郑州、广东汕头等地召开资溪面包产业招商暨"三请三回"（双返双创）恳谈会，邀请资溪面包大户返乡创业，投身资溪面包食品产业城建设。2018年6月后，资溪面包食品产业城基础工程建设稳步推进，2020年5月，费歌肉松厂、面包厂、馅料厂、中点厂等第

一期4个核心工厂基本建成，占地208亩，建筑总面积121300平方米，资溪面包城产业雏形初显。6月至9月，资溪费歌食品有限公司、资溪面包工厂相继正式投入生产。县主要领导先后深入面包产业城了解生产情况、面包股份公司调研。

吴淑琴等县领导深入生产车间调研指导

饶源中等县领导到面包股份公司调研

抚州市委、市政府及有关部门大力支持资溪面包产业发展。

2020年5月8日，市委常委、市政府常务副市长、市委秘书长谭小平在市政府第一会议室主持召开了支持资溪面包产业发展专题会商会议。市财政局、市文广新旅局、市投资公司、市委人才办、市房管局、市工信局、市科技局、市金融办、抚州高新区、市国资委、市文旅投公司、市总工会、市城管局、抚州供电公司、建行抚州分行及资溪县党政主要领导参加。会议研究并明确了相关部门支持举措：市财政落实下达资溪县1亿元一般债券资金，用于支持资溪面包食品产业发展；市城投公司委托九江银行借贷给该县投资公司用于流动性资金的1亿元贷款予以续贷，同时市城投公司为该县投资公司发行企业债券提供担保；市供电公司帮助协调解决电力基础设施投资，支持资溪县尽快建设220kV变电站及双回路电源；市工信局指导资溪面包科技公司开展绿色工厂建设及申报工作，积极帮助争取相关项目资金；市金融办协调派出专业机构对资溪面包科技公司进行上市辅导，并给予相应的资金帮扶；市科技局鼓励资溪面包科技公司进行技术创新；市财政每年安排1000万元专项资金用于"资溪面包"品牌宣传和门店整合，支持"资溪面包"品牌加快抢占市场；市总工会牵头鼓励全市机关和企事业单位工会慰问、职工福利等团购"资溪面包"；市国资委、市房管局和市文旅投支持全市范围内国有所属店铺给予"资溪面包"房产优先租赁权，并对市内公益性广告牌资源进行统筹，免费提供部分给"资溪面包"做品牌宣传；市政府每年继续主办"资溪面包文化节"；市人才发展专项资金向资溪倾斜，重点用于支持面包产业高层次人才引进和生活保障等经费。各相关单位和部门积极主动对接，为资溪面包产业发展助力，尤其是市总工会商资溪县政府出台了《关于落实支持"资溪面包"食品产业高质量发展十二条措施》。

附：

资溪面包特色小镇规划

2015年10月23日，县委召开建设资溪面包特色小镇征求意见座谈会，讨论资溪面包特色小镇建设方案。2016年7月1日，住房城乡建设部、发展和改革委员会、财政部印发《关于开展特色小镇培育工作的通知》，决定在全国范围开展特色小镇培育工作，计划到2020年培育1000个左右各具特色、富有活力的休闲旅游、商贸物流、现代制造、教育科技、传统文化、美丽宜居等特色小镇。资溪县委、县政府把握契机，2016年12月7日，进一步完善研究制定"面包特色小镇"建设方案。规划资溪面包特色小镇面积3余平方千米，按照5A级旅游景区的标准建设，小镇分为面包产业总部园、面包主题文化园、面包展览展示

面包特色小镇规划示意图

园、面包实体产业园四大板块。其中面包产业总部园涵盖面包总部大楼、产品交易中心、大数据智慧中心、信用认证中心、产品研发中心、实训体验中心、产品技术标准中心、金融服务中心、教育培训中心等。面包主题文化园涵盖面包主题酒店、面包特色小屋、面包风情街、面包文化博物馆、面包文化演艺中心等。面包展览展示园涵盖游客中心、面包会展中心、面包文化广场、白茶文化展示区、特色商品展示区、面包社区等。面包实体产业园（资溪面包食品产业城）由江西省资溪面包科技发展股份有限公司投资30亿元建设，占地约1380亩，涵盖面包工厂、中西点工厂、面粉工厂、预拌粉工厂、集采中心、冷链储运、冷冻面包厂等烘焙主产业链企业，以及油脂、鲜奶、巧克力、肉松、设备、添加剂、馅料、包装等副业链企业，配套面包商学院，形成全国最大的烘焙产业链。产业城还包含励志园、乡愁园、博览园、学校、医院、广场、公园、道路和市政设施等。建设期限7年，分三期建设。第一期18个月，即2018年10月1日至2020年3月31日，投入资金约4亿元，完成肉松厂、冷冻面包厂、综合食品厂、观光工厂四个核心厂房建设并正式投产；第二期建设期30个月，即2020年4月1日至2022年9月30日，完成烘焙学校、研发中心、生产型企业及配套设施建设，投入资金约3亿元；第三期36个月，即2022年10月1日至2025年9月31日，完成其他项目建设。项目还包括物流园79亩、集中供热18亩、燃气站18亩、污水处理厂46亩、充电站33亩。项目建设成后，将成为资溪经济发展新的增长极。

　　资溪面包特色小镇将打造"九个中心"：1.金融服务中心。创新金融投资方式，成立中国面包产业投融资基金，引进专业管理团队。2.产

游客集散中心

面包文化广场

品交易中心。以面包网库或集采中心为主，做大面包总部经济，有机整合以面包生产为主的上下游企业在互联网上进行交易。3.产品研发中心。引进面包行业中龙头企业和研发机构入驻资溪，专业研发新产品，定期向全国发布新产品，促使全行业关注。4.教育培训中心。筹建全日制中国面包大学，引进管理、金融、生产技术、市场营销等高端师资人才，为企业提供智力支持。加快与省内外食品技术学院合作，开展短期技术培训和学历制职业教育，将面包大学建设成集技术培训、管理培训、市场营销、技术研发等为一体，规模、档次和水平达到全国一流的最大烘焙行业人才培训中心，实现年培训烘焙人才5000人次的目标。5.创业孵化中心。针对一些市场前景好、连锁发展速度快的面包大户，确实急需资金投入的，政府投资公司多渠道注入资金孵化，实现孵化效应。6.信用认证中心。引进信用诚信管理机构，对面包户的经营情况进行全方位跟踪，建立覆盖面包上下游产业的企业信用库。 7.感受体验中心。着力打造"中国面包之都"，发展参与度、体验度高的项目和产品，到了资溪就能看到、吃到、体验到全国乃至世界独特的面包产品。8.商务会展中心。每年定期举办大型面包展示会，吸引全国的面包上下游企业云集资溪，促进人流、资金流、信息流汇聚。9.原料生产中心。围绕资溪面包特色产品，引进面包原料企业落户，生产特定面包原料产品，打造只有资溪才能供应的特制原料。

第三节　服务助力

　　资溪面包行业协会等服务组织成立后，通力合作，开展各种服务活动。2001年至2006年，县面包协会每年举办年会，加强面包行业会员互相学习，互相促进。2007年至2015年，县面包协会、县面包产业办联合举办9届资溪面包行业论坛峰会，为提升资溪面包知名度奠定一定基础。2007年至2020年，江西面包商会、资溪面包产业办、资溪面包行业协会联合承办或协助县政府和省、市有关部门举办7届各类型焙烤技术赛、5届资溪面包文化节，为资溪面包人提供良好的展示平台，对促进资溪面包技术水平提高、提升资溪面包知名度、加快资溪面包产业发展起到积极作用。2003年资溪面包行业协会创办《资溪面包报》，内容涉及面包行业的政策法规、经营典型、经验技巧、失败教训、店面转让、招聘人员、原材料供应、

烘焙技术交流会

有关制作技术点评等内容，寄送给全国各地分会会员。2004年协会募集资金1万多元，在全县公开征集品牌标识。同年6月"资溪面包"品牌商标注册成功。年内，协会和面包产业办开办"资溪面包"网站，为面包户提供信息、技术、劳务等服务。2006年，协会与面包办组织编印《资溪面包走天下》一书，收录各媒体对资溪面包的宣传和报道。2009年，县面包产业办组织专家及有关人员到杭州、西安、武汉等30个分会，开展送服务活动。

　　江西面包商会和资溪面包生产力促进中心（简称"中心"）组织技术力量对资溪特色产品如资溪小餐包、资溪果蔬面包等进行总结提升，统一生产技术标准；对资溪面包独创工艺和裱花技术进行总结提高，编辑《蛋糕艺术裱花》《烘焙教材》等手册，录制《烘焙制作》《裱花技术》等光盘，使技术培训、技术推广更加科学化、规范化。开展科学技术讲座56期，进行新技术、新产品、新工艺的宣传与推广。重点推广"资溪面包特有技术""杂粮面包""液种法面包生产工艺""鲜酵母应用技术""千层酥"等技术。

店长培训班

至2020年，有绍兴资溪面包连锁经营有限公司、广西兴安麦香村食品有限公司等7家面包企业和浙江慈溪爱心园、重庆鑫冠等350家饼店采用新法生产，年增加收入3000多万元。

商会和"中心"积极开展烘焙技术培训、裱花技术培训、中央工厂生产操作技能培训、中央工厂管理培训、面包店店长培训，提升企业员工素质，提升饼店管理水平。至2020年，共开办培训班53期，培训学员7950人次。针对面包户分布于全国的情况，通过互联网开展远程教育，在济南、杭州、南京等工作站设立远程教育培训点。通过网络远程教育，将新技术、新产品及时向广大面包户传递，加快技术更新换代。

还每年组织10—20家企业和200—300名面包户参加中国国际上海烘焙展览会及广州烘焙展览会。2014年，协旺公司、艺发公司等13家企业在上海展览会布展，展示资溪面包新技术、新产品、新形象。还先后组织近300个面包业者赴上海克莉丝汀公司、北京好利来公司、武汉市鸿昌皇冠食品有限公司参观，学习连锁饼店管理经营模式，更新经营理念。至2020年共组织42批次1780人次赴欧洲、美洲、日本、韩国等地参观学习考察。

据不完全统计，至2020年，商会、协会、面包办等服务组织为广大面包从业人员提供咨询服务1301次，提供技术服务955次，提供信息服务21692次，引进技术5项，约79%的企业、86%的面包经营户从中受益。

资溪县直相关部门、单位始终大力支持资溪面包人创业。从20世纪80年代资溪面包人创业以来，资溪农商银行给资溪面包户从最早的单户几千元到后来的几百万、上千万元信贷资金支持。2013年，农商银行支持面包户100余户，贷款授信近亿元。2014

年，支持面包户90余户，贷款授信9000余万元。2015年，支持面包户80余户，贷款授信7000余万元。2016年，支持面包户70余户，贷款授信7000余万元。2020年，支持面包70余户，贷款授信7000余万元。针对客户金融需求的逐步多元化，农商银行为客户量身定制，创新推出外出客户服务特色信贷产品，有效解决客户在外地融资难、融资贵的问题。为方便客户，农商行派出人员外出现场办公，解决客户异地往返办贷款成本高的难题，并对江西面包商会意向性授信6亿元。2013年至2020年，外派团队60余次，为395户在外地的资溪面包户办贷，授信总金额达4.6亿元，用信金额3.5亿元。同时推出利率优惠政策，2020年优惠利息共计300余万元。资溪县就业局从2003年至2020年共为375户面包户发放创业再就业小额贷款2547.5万元。

县公安、司法等部门与资溪面包行业协会等服务组织积极配合，相互联动，对面包从业人员提供法律援助。2004年2月，徐源泉一家三口在福建福鼎市秦屿镇经营面包时被当地地痞流氓抢劫，全家三口受伤，协会法律援助中心及时与福鼎警方取得联系，使对案犯被网上通缉。县公安部门还捣毁以邵某为首的在重庆、成都一带专门敲诈面包业主的犯罪团伙。至2020年，共帮助面包户解决权益纠纷1240多起，提供法律援助1300多次，成功调解各种纠纷近千起，为百姓创业营造良好的创业环境。

第四章 领导关怀

第一节　毛致用为资溪面包题词

2004年5月16日，全国政协原副主席毛致用，在省政协副主席、省委统战部部长王林森等领导陪同下到资溪视察。在视察资溪县面包行业协会时，认真听取协会负责人汇报，参观全龙艺术蛋糕培训中心，兴致勃勃地观看蛋糕裱花师制作艺术蛋糕。而后挥笔为资溪面包协会题词："资溪面包香溢四方。"

毛致用视察（左三）

资溪面包ров溢四方

二○○四年二月

毛致用

第二节　省委主要领导称赞资溪面包军团

2005年3月6日，省委书记孟建柱在全省农村工作会议上说："资溪是个只有12万人口的山区小县，全县有9万农业人口，工业基础比较薄弱，但农民的富裕程度比较高，农民收入主要来自面包业，资溪面包产业是中国食品加工行业的一支生力军，一个面包富裕了一县的百姓。"同年7月11日，在"推动全民创业，加快富民兴赣"为主题的全省领导干部大会上，省委书记孟建柱再次称赞资溪面包，他说："资溪是个只有12万人口的山区小县，然而他们靠勤劳、靠智慧、靠诚信守信，把小面包做成了大产业，把7000多家面包店开到全国30多个省市的1000多个城市，使一个默默无闻的山区小县变成享誉全国的面包王国，资溪面包军团为全省创造了一个焕发全民创业精神、脱贫致富的先进典范，全省上下都要向资溪学习。"

第三节　上级领导视察资溪面包行业

2003年11月9日，省军区副司令员蔡新贵一行到面包行业协会党委视察。

　　2004年1月5日，省委常委、省委宣传部长刘上洋(右二)在抚州市委书记钟健华，市委副书记甘良淼等领导的陪同下，莅临面包行业协会及培训基地指导工作。

　　2004年2月17日，省委常委、秘书长陈达恒(右三)、省政府秘书长魏晓琴一行在市委常委、秘书长谢发明及县委书记熊云鹏、县长傅清陪同下，莅临面包协会党委及培训基地视察。

2004年2月17日，省委常委、省委政法委书记舒晓琴（左五），在市委书记钟建华，市委副书记罗建华，市委常委、政法委书记罗老忠，县委书记能云鹏，县长傅清的陪同下，到面包行业协会视察。视察期间，舒晓琴一行还实地观看面包协会培训基地。

2004年3月9日，副省长危朝安（前排左二）在副市长柯建中，县委副书记陈文，县委副书记、纪委书记付志雄等县领导的陪同下，到面包协会党委考察调研。

2004年3月11日，省政协副主席、党组成员殷国光等一行，在市委副书记陈小青、市政协主席李品行、县委副书记陈文、付志雄、县政府副县长万鸣的陪同下，到面包行业协会调研。

2004年6月2日下午，省委书记孟建柱（前排中）一行到面包行业协会党委视察工作，听取党委负责人汇报工作，观看协会党建工作图片和党建网站，并饶有兴致地参观全龙艺术蛋糕培训中心。视察中，孟建柱询问党委工作、基层党组织设置、党员教育管理等工作情况。当听到党委开展了网络管理、跟踪管理、目标管理等活动，将协会党员教育管理工作的触角延伸到全国各地时，孟建柱频频点头赞许，勉励县委、县政府继续推动协会党建工作向纵深发展，做大做强面包产业。在看到培训中心有来自全省20多个市、县和全国近10个省、市的学员时，更是连连称好。他对资溪面包发展和协会工作给予充分肯定，他说："资溪面包能打进全国30个省、市，有3万多人在外做面包，不容易，应该很好地推广。"

　　2004年7月30日，省政协副主席黄懋衡（前排中）在市委常委、统战部长王晓媛，县委书记熊云鹏，县长傅清的陪同下到面包行业协会党委视察工作。

　　2004年8月13日，省长助理熊盛文一行到面包行业协会视察。2004年10月19日，宁夏自治区原党委书记黄璜在县委副书记、纪委书记付志雄等陪同下到协会党委及培训中心参观。

　　2004年10月23日，省政协副主席、省民盟主委倪国熊等27人组成的"江西生态采风团"在县政协副主席、统战部部长黄文龙陪同下，来到协会党委及培训中心调研。

　　2004年11月18日，全国人大内司委副主任委员张志坚、全国人大环资委副主任委员朱育理及省人大代表等20人在市委书记、市人大常委会主任钟建华，市人大常委会党组副书记、副主任曹二俚，副市长柯建中，县委书记熊云鹏，县长傅清，县人大常委主任陈菊顺等领导人的陪同下到县面包协会党委视察工作，对面包协会党委工作给予了充分肯定和高度评价。

　　2004年12月1日江西省政协副主席雍忠诚一行在县委副书记、纪委书记付志雄,县政协副主席、统战部部长黄文龙的陪同下到协会党委及培训基地视察。

　　2006年2月16日,省长吴新雄(左一)在市长谢亦森、县长傅清陪同下到面包村慰问。

　　2007年10月9日，省委副书记王宪魁（右三）等一行在市委书记钟利贵、市长甘良淼等领导的陪同下，莅临面包协会培训基地和协会常委视察指导工作，在党委办公室召开座谈会，面包协会党委、新月畲族村、大觉山村、初居村、孔抗村5名基层负责人就农民掌握实用技术，提高致富本领、促进农民增收，新农村建设等作简要汇报。王宪魁认真听取汇报，给予充分肯定，并就如何促进农村经济发展提出四点要求：一要注重开展农民实用技术培训；二要建立良好的人才培养机制；三要因地制宜发展特色产业；四要充分发挥党员先锋模范作用，党员要带头致富，更要带头承担风险。

　　2007年12月9日，新华社副总编辑刘江（左一）在县委副书记、县长徐国义，县委常委、宣传部部长李莉华的陪同下，在面包协会党委指导工作。

　　2009年3月，省委常委、纪委书记尚勇（右二）在县委书记魏建新、县长徐国义陪同下莅临面包协会党委指导工作。

2012年2月16日，省长鹿心社（左二）在县委书记徐国义、县长彭映梅陪同下，莅临面包协会考察调研。

2017年11月8日，省委书记鹿心社在抚州市委领导、县委书记吴建华，县长黄智迅陪同下，莅临网库资溪运营中心参观考察，指导工作。网库集团董事长王海波详细介绍网库集团以及中国面包产业网的运营情况与未来的发展规划。听完介绍，鹿心社对网库集团的单品产业互联网模式给予高度肯定，他肯定网库集团对互联网经济和大数据应用有着深刻认识，希望网库结合江西特色发展新经济。考察过程中，鹿心社与江西面包商会会长、扬州麦香人家食品有限公司卢方亮，南京协旺（浩恩）食品有限公司张协旺，绍兴资溪面包有限公司钟启文，南京乐芙德食品有限公司游小辉，四川简阳林家饼屋有限公司林发生，郑州桂花村食品有限公司钟德泉，湖北恩施亚麦集团洪志伟，北京鲍师傅食品有限公司鲍才胜等企业家进行了视频通话。鹿心社在通话中代表省委向在外地江西籍的30万面包从业者表示问候，并希望他们能掌握新技术，运用互联网发展面包产业，充分利用网络信息技术，实现产业动能转换升级，形成新的经济增长格局。考察完临上车时，鹿心社心系江西在外地工作的企业家与创业者，委托王海波向在京工作的江西籍企业家捎去问候，他说，如今的江西已经不是往日的江西，回乡创业大有作为，欢迎大家常回来看看，为家乡经济建设出谋划策、添柴助力。

　　2012年8月5日，省委常委、宣传部长姚亚平（左四）在县委书记徐国义、县长彭映梅陪同下莅临面包协会党委指导。

　　2014年8月21日，省委书记强卫（前排中）在副省长李炳军、抚州市委书记龚建华、市长张和平等领导的陪同下，莅临面包协会党委视察工作，先后参观资溪面包创业展厅、资溪面包实训基地，观看技术培训流程，听取工作人员对资溪面包的创业历程、发展成果及党建工作特色的详尽解说。

　　2015年7月8日，省委常委、纪委书记周泽民莅临面包协会党委指导。

2016年11月29日，省长刘奇（右三）赴抚州资溪调研。资溪县是"中国面包之乡""江西省省级生态县"。刘奇认真考察资溪面包文化产业园等企业。他指出，要准确把握新经济发展规律，立足各自优势，加快培育自主品牌，不断提高产品质量和产业层次，努力满足个性化、多样化的新的消费需求。

2018年5月7日，省委书记刘奇在全省旅游大会召开之际莅临资溪，听取资溪县委、县政府主要负责同志的工作汇报，并就有关工作作出指示，提出要求。肯定资溪县委、县政府关于将资溪县打造成面包产业的生产中心、研发中心、人才培训中心、集中采购中心的思路定位。他指出，资溪面包产业经过30年的创业历程，具备了良好的产业基地，要积极推进产业转型和集群发展。一是要高起点、高水平地把面包食品产业城项目规划好、布局好，对于适宜在资溪生产的产品则生产，不适宜生产的则可以建立总部，真正成为中国的面包产业中心。二是要有龙头企业的带动、主打品牌的带动扩大资溪面包的产业影响力。三是要吸引人才，构建研发团队。吸引人才要有好的环境，还要有好的就学、就医等配套环境。资溪毕竟是山区县，一些高端人才不一定长期驻地，也可以在其他地方建研发中心，为资溪所用。四是要建立销售中心、赢利中心，这样就有税收。企业高管所缴的个人所得税，可以通过人才基金等形式予以奖励，但前提是建立营销中心、赢利中心为当地创造税收、创造价值。

会展中心

2019年4月12日，省长易炼红（右四）在市长张鸿星、县委书记吴建华、县长黄智迅陪同下，莅临资溪面包产业城调研。

2019年9月13日，省长易炼红亲临资溪考察调研，对资溪县建设面包食品产业城、加快面包产业转型升级的做法给予充分肯定。

2020年12月8日，省长易炼红在《江财智库——做强资溪面包产业，助力我省食品产业高质量发展》上做出批示：请资溪县委、政府认真研究，充分运用这一研究成果，把资溪面包产业本土化发展提升到更高层次。

市委、市政府主要领导，对资溪面包产业给予关心和支持。

　　2003年11月23日，市委书记钟健华（左三）等一行在县委副书记、县长傅清，县委副书记陈文、傅志雄，县委常委、组织部部长刘海涛等领导陪同下视察面包行业协会党委及培训基地。

　　2003年12月14日，抚州市长谢亦森（左一）等一行在县委书记熊云鹏，县委副书记、县长傅清的陪同下到面包行业协会党委视察工作。

　　2012年2月，市委书记龚建华（左一）、市长张和平（左三）在县委书记徐国义、县长彭映梅陪同下莅临面包协会党委等地指导。

　　2021年3月，市委书记张鸿星（左二）在县委书记黄智迅、县长吴淑琴陪同下到面包食品产业城视察。

第五章 媒体关注

第一节　重点聚焦

资溪面包产业从起步到发展壮大，影响之广泛，引起从中央到地方媒体的极大关注，众多媒体共同聚焦"资溪面包现象"，进行大量文字报道。选录8篇原文以存史。

1998年4月7日，人民日报以配图长篇通讯《资溪面包走天下》报道。江西省东部有个小县叫资溪，这里峰峦起伏，大山占据了全县80%以上的面积，人均可耕土地只有1亩，当地世代刨土问食的农民，长期未能走出贫困的阴影。

1987年金秋，资溪青年洪涛、张协旺从部队退伍回乡了。然而，家乡的现实使他们犯了愁：山高坡陡，田少禾稀，山里农民人均年收入还不足400元。"冬拢一盆火，夏靠一丘田"，家乡父老就是这样祖祖辈辈守着几亩薄田过穷日子。两位战友一合计，决定到外面闯一闯。这年冬天，两个退伍兵揣着自己和乡亲们凑来的2万多元，带着乡亲们的致富梦，走进鹰潭市，开了一家很不起眼的小小面包店。人们何曾想到，一个数万农民的致富梦就在这里开始编织。山里人能吃苦，凭着在部队学来的过硬面包制作技术和周到的服务，一年下来，小店获利3万元。烤面包走出了致富路，退伍兵不忘自己是共产党员。转年，他们身边聚集了几十位农村青年。他们上品种，抓质量，改包装，资溪农民在面包作坊里干得有声有色。

树大分权，人多分家。第二年，两位战友为更好地发展依依话别了。一路由小张领头，下吉安、赣州，奔南京、上海；另一路杀回资溪，成立面包协会，向乡亲们传授"面包经"。

贫困乡马头山村民程晓田致富无门，退伍兵言传身教。第二年程晓田就还清了退伍兵无偿借给他的3万元现金，面包店在江苏镇江扎了根。翁源村50多岁的王凤祥老汉1987年在家乡做胆红素亏了本，几乎倾家荡产。退伍兵伸出援助之手，王老汉举家在山东做面包，第二年成了小富翁。饶桥镇青年农民小宋，过去在村里打架、赌博出了名，村里混不下去了，退伍兵热心鼓励他走正道。一年后，小宋独立经营面包店，当年赚回5万元。

资溪农民烘制出各色精美的面包，也烘热了山里人致富奔小康的心。10年过去，资溪面包走天下，他们把8000多家面包店开到全国各地。

农家请人种田政府观念更新。出了名的穷乡高田到处出钱做广告请人承包种田！何出此策？广告后面有"说法"。资溪县面包军远征全国，高田乡的青壮年也大量外流，乡里剩下的就只有妇女、儿童和老人。一面是乡政府必须坚定不移地支持农民脱贫致富，一面是不能让土地撂荒，陈志平乡长为此犯了难。这年5月，陈乡长行程千里走访高田籍的面包户。车到江苏南通，陈乡长一行被农民面包师王复刚请进了宾馆，对过去的穷乡亲，宾馆经理口称"王老板"。陈乡长好生奇怪，经理说："你不知道，王老板了不得，年利润60多万元，电视台采访，市长都接见！"和王复刚一夜长谈，陈乡长观念变了。"改革开放，千百年来种田的农民在变，政府的观念更得变！"同年10月，高田乡订出了新政策：一是鼓励村民外出打工，二是鼓励规模经济，承包种田，乡里在周边几个县大做电视广告和张贴广告，吸引外乡农民到高田来承包种田。1995年，高田乡土地撂荒的情形不见了，外乡到高田承包种田的足有50户，承包土地3000亩。高田乡农民也踊跃承包土地，村民李国平一人承包种田260亩，每年向国家售粮10多万公斤；村民项孝东承包荒山，种雷竹70余亩、沙田柚200多亩……

2005年11月13日，人民日报讯。江西资溪，地处赣闽交界，是一个人口仅12.6万的山区小县。然而，这里走出了一支由3.6万农民组成的"面包大军"，把7000多家面包店开到全国1000多个城市，还进入了俄罗斯、缅甸、越南等国市场。资溪由此有了"面包王国"的美称。截至去年底，资溪面包产业总产值近30亿元，全县农民人均纯收入2950元，其中一半以上来自面包产业。

能人带头创业　资溪面包起源于上世纪80年代后期。1987年秋，退伍军人张协旺、洪涛回到家乡，利用在部队学会的面包制作技术，率先跨出山门，在鹰潭市开起资溪人创办的首家面包店。凭着可口的产品、过硬的技术、辛勤的劳动、热情的服务，第一年就获利3万余元。"做面包能赚钱"的信息不胫而走，迅速在县内传开，村民跃跃欲试，纷纷加入面包生产经营行业中。张协旺、洪涛毫不保守，主动传授，帮助乡亲们闯市场、创家业，共同走上致富之路。

凭借敢闯敢冒的精神，资溪面包企业呈滚动型发展态势。通过"一户带一姓，一姓带一组，一组带一村，一村带一乡，一乡带一县"，资溪面包从业人员呈几何速度发展，全县在外做面包的人超过

3.6万，饼店达7000多家。80%以上的下岗人员通过面包产业实现再就业和自主创业。1993年，徐全龙从县水泥厂下岗后外出做面包，后回乡创办培训中心，曾被评为全国劳模和"全国创业之星"。

政府全力支持　资溪县将这支"面包大军"作为宝贵财富，予以引导和扶持。2000年，当资溪面包行业面临市场、自身双重竞争与压力时，县委、县政府及时提出"实现三个转变，创建四个基地，做到五个统一"的发展思路。2001年，全国面包行业协会党委成立，专门为"面包大军"提供支持和服务。

2006年12月13日，江西网记者专访参加江西省党代会的资溪县委书记傅清。傅清说：资溪面包在十几年的发展历程中，正逐步由小作坊向大生产、小食品向大产业、小家庭向大集团转变，很多人尝试品牌化经营、连锁经营和企业化经营，并创立了"麦香园""麦香村""亚细亚""开口乐"等10余个在全国烘焙行业中叫得响的品牌，我们已考虑在其前面冠以"资溪"字样。政府在资源整合方面还有很多工作要做。

2012年4月27日，人民日报讯，复员军人的"面包梦"。1987年，还在福建漳州武警部队服役的张协旺就开始做起他的"面包梦"。此后25年间，这位朴实的江西老表与面包结下不解之缘。

退伍前一年，张协旺在部队任给养员，对面包产生了极大的兴趣，"做面包这个行业将来肯定有前途"。利用空闲时间，张协旺学会了面包的烘焙技术，每周他都为战友们准备一顿丰盛的面包早餐，他也获得了"军地两用人才"的培训证书。1987年10月退伍后，张协旺在家只休息了两天就开始张罗开面包房。找店面、筹资金、问行情……考虑到店面的消费人群，张协旺把目光越过家乡这个小县城，决定把店面开到更大的城市。当年底，他与战友合伙1万多元的"鹭江"面包房在江西鹰潭开张，张协旺的面包事业就从这一片小小的面包房开始起步。1988年一年，张协旺就挣了三四万元。1990年开始，张协旺的面包房开始向周边的吉安、赣州等市延伸，后来更是走出江西开到了长江下游的苏州、常州。"经济发达的地区，消费人群、市场发展空间都很大，我的'面包'在江苏开始做大了。"张协旺从此扎根在了江苏。

"本乡的张协旺面包生意做得好，发财了！"随着事业逐渐做大，张协旺资溪老家的乡亲纷纷慕名而来，有的来打工，更多的来学习面包烘焙技术和开面包房的经验。"最多的时候，一次能来七八个老乡，吃饭时能坐上满满一桌。"张协旺介绍，自己管吃管住管培训，自己的小店里走出不少面包房老板。

作为资溪面包业最早吃螃蟹的人，张协旺带动了越来越多的本乡人从事面包行业。粗略统计，几年下来，他直接或间接带动从事烘焙行业的家乡人数以万计，资溪在全国烘焙业的地位由此逐渐奠定。

1994年开始，张协旺在南京成立协旺食品公司，将事业的重点由面包房转向面包、蛋糕、西点等烘焙原料的销售，从而由面包业产业链的下游走向上游。即使在成立公司之后，张协旺还在利用公司及上游企业的技术力量，为从事面包业的家乡人提供服务。

随着资溪人的面包房走向全国各地，张协旺又在思考一个新的问题：分散的面包业从业者普遍面临技术支持、市场信息、法律援助等诸多发展难题，如何帮助他们将事业做大做强？2001年，张协旺又发起成立江西资溪面包行业协会。作为协会会长，张协旺将不少精力投入扶持会员的事业。

20多年过去了，张协旺的面包事业从当年几个人的一爿小店，发展到今天已是员工近百人、产值4000多万元的食品企业。2009年，张协旺光荣地获得"全国优秀复员退伍军人"的荣誉称号。

2015年1月8日中国网讯，"小"面包"大"产业——解读"资溪面包"现象。资溪，赣东边陲的一个山区小县，不产小麦，没有面粉厂，也不是面包生产、消费的最前沿，却成了"中国面包之乡"。《人民日报》、全国两会期间央视特别节目《小崔说事》等国家级主流媒体和栏目纷纷聚焦资溪面包现象。

资溪，全县人口只有12.6万，却走出了4万多人的"面包大军"，分布在全国1000多个大中城市，甚至涉足俄罗斯、越南、缅甸等国，年创产值40多亿元，书写了一段县域经济发展的神话。

走进"面包王国"资溪，感悟"资溪面包"现象，感受资溪人执著的面包文化精神所迸发出的巨大能量。

多元融合，孕育团结协作的创业精神，小县大移民。资溪12.6万人口中，1/3是本地人，1/3为浙江移民，1/3来自全国各地。特殊的人口构成，使得多元文化在这里交汇、重叠和碰撞，孕育了资溪面包人开明开放、兼收并蓄、敢闯敢干、团结协作的精神文化品质。

1988年，退伍兵张协旺、洪涛依托从部队"军地两用人才"培训学到的技能，在鹰潭经营起资溪人的第一家面包店，点燃了资溪面包产业火种。亲帮亲、邻带邻、一人带一村、一村带一乡……面包店铺从百到千，从业人数也由千到万……

哪里有资溪面包人，哪里就有面包人温暖的家。资溪面包人创办的面包店都是资溪人的"爱心驿站"。据资溪面包产业协会负责人介绍，资溪人如果想开面包房，无论到哪个城市，只要走进当地一家资溪人开的面包店里去，说上资溪方言，证明是老乡，店主便会无条件进行帮助，安排衣、食、住、行，帮忙选址、进货、装修，资金有压力时也会伸手相助。这种团结，体现在"资溪面包"发展过程中的点点滴滴。打开在江苏开面包店的资溪人张协旺的日记本，现在还可以看到，仍有200多万元的设备款和借资暂未收回，但他从不怀疑资溪人的诚信："没有信用，没有亲帮亲、邻带邻的团结协作精神，资溪面包人走不到今天！"

现为杭州面包分会党支部书记的钟启文也是其中一个代表。早些年，他凭着闯劲和诚信在杭州站稳脚跟，现拥有60多家"资溪面包"品牌直营店和一家投资2000多万元的中央工厂。作为杭州面包分会领头羊，钟启文不但免费向面包户传授新技术，还为来杭州及周边地区新入行的经营者店铺选址、新店开张等出谋划策。今年年初，钟启文又把老家村里30多名待业青年带到杭州公司就业。"钟书记的热心帮助让我重振旗鼓。"曾迷失方向的资溪青年江洋，在钟启文扶持下经营起了年收入40多万元的面包店。

2017年6月12日新华网电，资溪：实施"旅游+面包"战略 培育富民产业。资溪，赣东边陲的一个山区小县，这里好山、好水、好空气，有着抚州市第一个国家5A级旅游景区——大觉山。

资溪，不生产小麦，也不是面包消费的最前沿，这里却有着"中国面包之乡"的美誉。

面包、生态旅游是这个山区小县的"城市名片"，也是13万资溪人的收入支柱，名副其实的富民产业。

敢闯敢冒 "小"面包变身"大"产业　4月1日，第二届中国资溪面包技能大赛暨焙烤展示会在大觉山景区举行。活动现场，百名烘焙"糕手"一决高低，新颖别致的各式面包、栩栩如生的裱花蛋糕，让人感受到资溪人对面包制作技术创新的执着精神。

1987年，资溪县青年张协旺、洪涛从部队退伍回乡，凭着在部队学来的简单面包制作技术，在鹰潭开起了资溪人的第一家面包店，也点燃了资溪面包产业火种。亲帮亲、邻带邻、一人带一村、一村带一乡……如今，资溪4万多人的"面包大军"，将8000余家面包蛋糕店星罗棋布地镶嵌在全国1000多个城镇，更跨出国门，走向俄罗斯、越南、缅甸等国，面包产业年创产值60亿余元。

面包产业何以成为资溪百姓经济收入的支柱产业？在资溪县委书记吴建华看来得益于三点：一是资溪人团结协作的创业精神；二是注重人才培育、不断创新技术；三是品牌化发展，打造面包全产业链。

每一个资溪面包店都是资溪人的"爱心驿站"。资溪面包产业协会会长徐全龙说，资溪人如果想开面包房，只要走进当地一家资溪人开的面包店里，说上资溪方言，店主便会对其店铺选址、进货、装修等出谋划策。

2001年，资溪成立了中国第一个县级面包协会，建立面包科学研究中心，围绕新技术、新材料、新工艺，推陈出新、精益求精，研究成果供资溪面包人共享。这确保了资溪面包产业始终充满创新活力。同时，为配合面包人整合资源，打造品牌，资溪县成立了"面包产业集团公司"，注册了"资溪面包"商标，建立资溪面包行业技术标准。2016年，资溪又搭建了中国面包产业互联网平台，以互联网技术打造原料加工、机械销售、科研、生产、展示为一体的面包经济链。

　　全民创业 山区不再"靠山吃饭" 地处武夷山脉西麓的资溪，山地占国土总面积的83%，农业和工业都不发达，百姓长期靠挖竹笋、砍伐树木为生。"当时山里人年均收入不足400元，出去打工始终是帮别人做事业，只能使技术更加娴熟，而不能拥有自己的事业。"张协旺说，在资溪像他一样，有这种想法的人很多。面包烘培行业相对有较高利润，让越来越多的资溪人外出开起了面包店，走自主创业之路。

　　早在2002年，资溪县就建立了面包培训学校，成立了面包协会人才培训中心。以此为平台，当地政府积极引导百姓学习面包制作技术。如今，每年都有3000—4500人慕名到资溪面包培训学校培训学习。同时，资溪还建立老年人公寓，为外出面包经营户身在家中的老人提供养老服务，使外出面包户安心在外赚钱。种种举措不仅推动了资溪县面包产业的快速发展，也给资溪百姓更大的创业信心。

　　2016年，资溪县实施"面包+扶贫"工程，联合江西面包商会开展"百店助百户"精准扶贫行动，引导在外创业成功的面包大户发扬"团结互助"的面包精神"反哺"家乡，在资金、技术、信息等方面对全县孤老病残和下岗失业等生活困难群体进行结对扶贫。目前，资溪113家在外面包商户与贫困对象签订帮扶协议，带动着越来越多的资溪人发展面包产业脱贫致富。

　　纯净资溪 生态旅游发展"热"力四射 面包不仅给资溪人带来了财富，也保护了当地的自然生态。当面包大军源源不断从深山走出，近百个因"面包移民"而无人生活的山村悄然融入翠绿的山林。如今，资溪县森林覆盖率高达87.3%，空气中负氧离子含量每立方厘米最高值达3万个。全县有种子植物1666种、脊椎动物206种，被誉为"动植物基因库"。

如何将面包产业与旅游产业相结合，走出资溪特色化、绿色化的发展道路？近年来，资溪提出"好山好水烘焙好面包"的口号，大力实施"旅游+面包"战略。县委书记、县长等主要领导组织面包大户开展座谈会、恳谈会，激发大家为家乡发展贡献力量的热情。"现在，全国每一家资溪面包店都是资溪旅游的'对外窗口'。"徐全龙说，全国4万多人的资溪"面包大军"通过发放旅游宣传册、购买面包送门票、组织客商观光等方式，在全国各地为家乡旅游"代言"。依托大觉山国家5A级景区这张金字招牌，资溪已经连续两年在大觉山举办面包烘焙大赛、面包产业高峰论坛等全国性面包行业活动。资溪面包美誉促进"纯净资溪"生态旅游快速发展的同时，良好的生态又为资溪面包品牌注入鲜活的内涵。

2018年5月8日中国江西网讯，资溪面包国际旅游文化节开幕。本届资溪面包国际旅游文化节是全省旅游产业发展大会的观摩项目之一，包括国内外面包展示展销、抚州旅游商品展、面包技能大赛等内容。现场设83个展馆，其中国外参展商来自德国、西班牙、英国、美国等12个国家。

资溪面包历经30余年的发展壮大，已成为该县带动群众最多、产值最大、贡献最大的支柱产业。如今，资溪县4万多人的"面包大军"将1.6万余家面包蛋糕店星罗棋布地镶嵌在全国1000多个城镇，并且跨出国门走向世界各地。为唱响"资溪面包"品牌，近年来，资溪大力实施"面包+旅游"战略，举办以面包烘焙大赛、面包产业高峰论坛、烘焙展等为主要内容的面包文化节活动，加强面包产业与旅游产业深度融合，助推资溪焙烤产业发展升级。

2020年10月5日江西人民网南昌讯，江西资溪面包产业今年顺势而上新增门店1000多家。"烘焙产业，作为食品产业中的朝阳产业，已经成为了人民生活的必需品，越来越受到大众的喜爱。"5日，在首届中国烘焙食品产业链发展大会上，资溪县委书记黄智迅说，烘焙产业是绿色产业、朝阳产业、富民产业，未来前景广阔。

黄智迅说，资溪面包作为资溪的主导产业，一直是该县发展的重中之重，是资溪发展的主引擎、突破口。近年来，资溪县借力福建圣农集团，整合资溪面包军团，打造总投资30亿元的国内首个面包食品产业城。目前，资溪面包烘焙学院一期、培训中心和产品研发中心先后投入使用；费歌肉松厂正式投产，最大日产量可以达到100吨肉松；综合食品厂中的面包厂已开始试生产，糕点厂和馅料厂也将于今年年底前投产。

"今年，面对疫情的冲击，资溪面包产业逆势而上，新增门店1000多家。我们相信，通过3—5年的努力，将'资溪面包'品牌打造成为中国驰名商标。"黄智迅对该县面包产业的未来充满信心：资溪县将全力助推资溪面包科技股份有限公司上市，积极孵化更多上市面包公司，大力推行"大产业链+门店"的发展模式，力争实现全国"资溪面包"品牌连锁经营店1万家以上，总产值300亿元以上。同时，推动"互联网+面包产业"，提升面包产业网覆盖面，力争面包产业上下游企业加入平台会员突破万家，年交易额突破10亿元。

第二节 强势报道

资溪面包特色和面包产业的不断发展壮大，引起中央电视台、《人民日报》《工人日报》《经济日报》《中国食品监督报》等国家新闻媒体和江西新闻媒体的关注，众多的新闻媒体对资溪面包产业进行大量的报道，使资溪面包产业渐渐被全省、全国民众所了解，资溪从此扬名国内外，资溪面包成为资溪人的名片。

2000年，开通"资溪政府""资溪党建"网站。在雅虎、搜狐、新华网、人民网等30余家知名网站热播报道资溪面包、中国虎、生态旅游信息。2001年8月，县水泥厂下岗工人徐全龙创办全龙艺术蛋糕技术培训中心，技术人员14人。之后，中央电视台二套、江西电视台、《工人日报》《江西日报》《致富快报》等多家新闻媒体先后对该培训中心进行报道。

2003年，江西电视台一套"稻花香里"栏目对资溪"面包人"杭州艺发鲜奶有限公司总经理钟启文的创业事迹进行专访。同年5月26日，中央电视台二套"金土地"栏目播放《资溪面包现象》，此节目播出后，共收到来自全国20多个省、市、自治区单位和个人的来信、来电、来访，络绎不绝的全国各地的人来资溪学习面包制作工艺。

2004年11月19日，《人民日报》《光明日报》等国内知名媒体到资溪采访面包产业发展及乡土人才带领百姓致富事迹等。

2005年6月3日，人民日报社驻江西记者站站长刘建林到资溪县就生态保护及面包产业发展进行采访。

2005年3月6日，省委书记孟建柱在全省农村工作会议上以及同年7月11日的全省领导干部大会上称赞资溪面包。之后，《人民日报》《江西日报》《信息日报》《江南都市报》等20家新闻媒体分别组成新闻采访团对资溪进行深入采访，掀起资溪面包报道热潮。

2005年3月下旬，江西电视台一套"社会传真"栏目对资溪面包业发展和资溪面包协会党建工作进行两次专题报道。

2005年8月26日，由《江西日报》《江南都市报》《信息日报》《经济晚报》《都市消费报》《江西法制报》《抚州日报》及江西人民广播电台、中国江西网、今视网等知名媒体组成的采访团到资溪采访面包产业和全民创业。

《面包产业富了资溪人》《党旗映红创业路》等先后在江西卫视一套《井冈先锋》栏目播出。

2007年3月11日，江西省委书记孟建柱做客小崔会客厅，畅谈资溪面包全民创业

2007年3月11日，央视新闻频道邀请全国人大代表、省委书记孟建柱偕资溪县农民面包户王信文做客著名节目主持人崔永元主持的《新闻会客厅·小崔会客》"两会"特别节目。省委书记在全国电视观众面前与主持人对话，宣传资溪面包。

2013年5月18日，中央电视台军事频道到资溪拍摄资溪面包（军队扶助地方发展经济）。

2016年4月2日至3日，首届江西省焙烤技能竞赛暨第十届全国焙烤技能竞赛江西赛区选拔赛在资溪大觉山景区举办。新华网、人民网、《江西日报》《信息日报》江西二套等国家级、省及市10余家新闻媒体参与报道并推送，共刊登100余篇（条）新闻报道，图文并茂、精彩互动地报道了活动的全过程，营造了对外报道精彩纷呈、对内宣传浓墨重彩的浓厚氛围，进一步打响了资溪面包品牌，提高了资溪的知名度和美誉度。4月5日江西日报B2版刊登题为《省振兴杯焙烤职业技能竞赛在资溪举办》的新闻报道，并与其合作，结合资溪县面包产业，于4月8日推出C3版头条重稿《资溪故事》。

2017年3月6日至4月3日，第二届中国资溪面包技能大赛暨焙烤大会在资溪大觉山景区、资溪县全龙艺术蛋糕培训基地举办，新华社、中央电视台、中央人民广播电台、人民网、中新社、《香港商报》《江西日报》凤凰网等近30家主流新闻媒体参与宣传报道，全方位、多角度报道了活动全过程。中央电视台记者以本次活动为中心点围绕全域旅游拍摄的《春色清明》在4月2日的《新闻联播》播出，又一次让资溪扬名全国。新华社采写的《资溪实施"旅游+面包"战略　培育富民产业》在新华社快讯及其客户端等重点版面大篇幅推送。抚州市全媒体中心等新兴媒体加入宣传报道行列，视频直播面包大赛和展示会的整个过程。

2017年4月1日，第二届资溪面包文化节在大觉山景区举办。截止4月6日，各大主流媒体源发稿件23篇，在各大网站及平面媒体转载量达100篇（条），视频直播平台收视率达到6.8万人次，极大地凝聚了人气，扩大了影响力。

2018年5月17日，《南方周末》从《一家网红面包店的"无声"世界》为题，对曾楠创办的聋哑人面包店作了专题报道。之后，新华社、人民日报、广州日报等众多媒体相继转载了这一报道。"无声的Cake店"帮助聋哑无声人就业的消息，顿时在全国上下大江南北广为传颂。

"面包小哥"走上央视《星光大道》

2019年3月7日，资溪"面包小哥"周仁杰走上央视《星光大道》。他和资溪面包领军人钟启文、江西面包商会会长卢方亮、网红"鲍师傅"鲍才胜参加周赛录制。全国人大代表、乌石镇新月畲族村党支部书记兰念瑛等携助威团亲临现场为周仁杰加油。资溪面包人在央视星光大道的舞台上展示资溪蛋糕的艺术和世界吉尼斯纪录荣誉证，为资溪面包打call。朱迅、尼格买提以及明星嘉宾们在《星光大道》现场与大家品尝资溪县新月畲族村的美食（艾果）和网红鲍师傅糕点，扩大了资溪面包知名度。

2019年4月10日，央视CCTV-2财经频道《中国财经报道》播报2019第四届中国"资溪面包"文化节举办情况。

国务院发展研究中心主管的《中国发展观察》杂志2019年第14期（2019年7月26日）登载《中国发展观察》杂志调研组撰文——《资溪县杨坊村：面包产业撬动乡村振兴》。

2019年12月31日，由《可爱的中国》出品公司原班制作班底打造的电视剧《像我们这样奋斗》在资溪县乌石镇草坪村正式开机。省委宣传部副部长黎隆武，市委常委、宣传部部长肖承贵，县委书记、县长黄智迅等领导为开机仪式揭幕，"奋斗之路"正式开启。

电视剧《像我们这样奋斗》开机仪式

　　据不完全统计，全国从中央到地方报道资溪面包情况的各种媒体有100多家。本节选取部分媒体的宣传报道篇目于后，以此从一个侧面进一步了解媒体对资溪面包的关注。

（一）报刊广电媒体报道

表5-3

媒体名称	文章题目	刊登时间	作者名称
新闻短播	资溪举办首届面包美食节	2003年4月8日	余　进
江西日报	走过"孕育希望的逗号" ——记资溪县全龙面包培训中心主任徐全龙	2003年9月4日	
江西日报	面包香溢四方　党旗心中飘扬	2003年10月23日	
人民日报	"面包书记"的宏伟蓝图	2003年12月15日	
都市新闻	资溪助力贫困人口：像面包一样"发"起来	2004年5月11日	
经济日报	县域经济典型案例剖析山沟沟走出"面包军"	2004年6月14日	廖国良 周　倩 童　娜
人民日报	省委书记听民声	2005年1月26日	
江西日报	资溪"礼品面包"成时尚	2005年2月14日	汤　民 周　划
江西日报	将分布在22个大中城市的"面包协会党支部"连成一条线　资溪"面包协会党委"带起富民大业	2005年4月11日	汤　民 周　划
创业特刊	面包攻势	2005年7月11日	
人民日报	资溪面包"烘"出创业潮	2005年11月13日	
新闻现场	面包之乡　上演"华山论剑"	2006年2月7日	陈光平
经济时评	亮出自己的品牌	2006年4月13日	汤　民
经济时评	熔铸创业之魂	2006年5月29日	汤　民
视觉新闻	学做面包到资溪	2006年	吴志贵
江西日报	"面包军团"把三万农民从深山林海引向城镇，人口自然迁徙对原始生态形成最好保护	2006年	
江西日报	小面包藏着大学问	2006年8月2日	
江西日报	资溪面包大军如何助推旅游	2006年8月16日	
江西日报	"走出去"演绎精彩——《感受这五年》系列谈之二	2006年11月15日	吴志贵
江西日报	中国资溪—面包之乡	2007年1月17日	余　进
江西日报	面包大户善举不断	2007年6月3日	王　锋

续表

媒体名称	文章题目	刊登时间	作者名称
江西日报	资溪面包为何持续"大发酵"	2007年7月3日	徐新仁
乡镇论坛	三千子弟"资溪面包帮"闯川记	2007年7月	
江西日报	"小"面包 "大"产业—解读"资溪面包"现象	2007年10月24日	
江西日报	为"面包书记"点赞—资溪面包产业领军人洪涛变身计	2008年1月11日	王　锋 徐新仁 余　进
江西新闻	资溪：提升流动党员带富本领	2008年3月21日	
视觉新闻	中国印"奥运"标志的裱花技艺	2008年8月5日	吴志贵
人民日报	培训中心的技师教学员做蛋糕	2008年11月30日	朱　隽
新闻短播	资溪建生蛋糕学校被评为"青年就业创业见习基地"	2009年5月7日	余　进 方世忠
江西日报	"面包王"徐全龙	2009年9月12日	吴志贵
江西日报	资溪	2010年3月23日	
江西日报	亮点纷呈绘就移民经济社会发展多彩画卷	2010年	
人民日报	复员军人的"面包梦"	2012年4月27日	
光明日报	铿锵前行的"面包司令"—记全国优秀退伍军人张协旺	2012年4月27日	
江西日报	面包之乡学技忙	2012年	陈光平 吴志贵
江西日报	"烘"出新一轮创业潮	2012年9月6日	陈光平
江西日报	特色点石成金资溪面包一年进账40亿元	2013年4月6日	陈光平
江西日报	"中国面包之乡"资溪县又添新景	2013年4月6日	
江西日报	面包大亨当起农场主	2013年9月2日	徐牡娥
江西日报	走进"面包王国"资溪，感悟"资溪面包"现象	2014年10月24日	
江西日报	众心"烘焙"面包香—看资溪面包产业如何实施品牌战略	2015年5月29日	
江西日报	资溪"面包精英"认穷亲反哺家乡	2015年8月4日	
江西日报	让资溪面包上演"绍兴传奇"	2015年8月27日	陈光平 秋　颖 李　翊
江西日报	山城里的面包大王	2015年9月17日	
江西日报	国家可持续发展实验区名单公布我省新增两个实验区	2015年10月13日	
都市新闻	面包节友朋设宴庆云楼，美食十二配郎酒	2015年	
江西日报	牵手旅游玩出花样 搭车网络挺进外国资溪小县做"大面包"产业	2017年11月3日	
江西日报	凭借积累的资源为乡村振兴尽职尽力 资溪面包能人返乡竞选村干部	2018年2月5日	
江西日报	300名"糕手"资溪"论剑"	2018年5月2日	
江西日报	资溪面包国际旅游文化节开幕姚增科出席	2018年5月8日	

续表

媒体名称	文章题目	刊登时间	作者名称
南方周末	一家网红面包店的"无声世界"	2018年5月17日	
人民视觉	百名支书学技忙	2018年8月14日	吴志贵
江西日报	为"候鸟经济"筑生态暖巢	2019年5月16日	陈青峰
信息日报	资溪面包注入新力量 江西首个退役军人面包产业园揭牌	2020年9月23日	
江西日报	面包盛宴醉游人	2020年10月6日	罗云羽

（二）网络媒体报道

表5-4

媒体名称	文章题目	刊登时间	作者名称
中国江西网	"资溪面包"再次"发酵"	2014年3月24日	
中国网	"小"面包"大"产业——解读"资溪面包"现象	2015年1月8日	辛闻
人民网	秀美大觉喜迎盛会资溪面包香溢四方	2017年4月1日	
中国江西网	众心"烘焙"面包香	2016年5月29日	汤民
中国江西网	网媒记者走进"中国面包之乡"资溪"拜师学艺"	2016年8月21日	
中国江西网	面包+旅游 网媒记者游览大觉山	2016年8月22日	
中国江西网	大力实施品牌战略 资溪面包名气持续发酵	2017年4月14日	龚艳平
新华网	资溪：实验"旅游+面包"战略 培育富民产业	2017年6月12日	
中国新闻网媒体	逾3188米！"世界最长蛋糕"纪录在江西资溪诞生	2018年5月7日	王剑 姜涛
中国江西网	资溪面包国际旅游文化节开幕	2018年5月8日	
每日访谈	纯净资溪"面包小哥"周仁杰走上央视《星光大道》	2019年3月10日	
江西人民网	江西资溪面包产业今年顺势而上新增门店1000多家	2020年10月5日	

第六章 行业盛会

第一节　首届蛋糕裱花艺术赛

　　为进一步提高资溪县面包技术水平，加快烘焙技术人才的培养，展示资溪县面包风采，2005年4月7日下午，资溪县面包行业协会与海特曼公司联合在资溪县电影院楼下举办首届海特曼杯蛋糕裱花大赛。资溪县委书记熊云鹏，县委副书记、县长傅清，县委副书记万锦，县委常委、组织部部长刘海涛，副县长陈济友与现场近千名观众一同观看了比赛。

首届蛋糕裱花艺术赛

资溪县面包行业协会会长张协旺现场致辞，并宣布大赛开幕。在礼炮声中，县领导及到场嘉宾剪彩，常州海特曼油脂有限公司董事长袁雪莱致辞，县委副书记万锦致辞。万锦在致辞中指出，近几年来，在县委、县政府领导下，资溪面包产业取得新的快速发展，县面包行业协会要进一步做大做强面包产业，形成资溪产业发展的新亮点、民营经济的顶梁柱。

此次面包蛋糕裱花比赛吸引来自全龙培训中心、建生培训中心及其他公司共20余名选手前来参赛，评分内容主要为创意独特、花卉生肖、色彩搭配、整体效果。场上选手的精彩表演不时引来观众的阵阵喝彩声。经过30分钟的激烈角逐，来自县建生艺术蛋糕培训中心的学员张扬荣获金奖，马头山镇王志明、全龙艺术蛋糕培训中心学员吴新荣荣获银奖，吴华夫、魏为、周丽荣获铜奖。

比赛结束后，参赛人员到新一小阶梯教室听取中国烘焙食品协会面包师分会秘书长冷建新"面包的文化及国外先进的面包烘焙技术"讲座。

第二节　首届资溪面包美食文化节

2008年4月5日，江西省面包商会与湖北安琪酵母有限公司合作，在资溪县共同举办首届资溪面包美食文化节暨资溪县第二届面包行业论坛峰会，展示200多个全新的面包、蛋糕品种，并进行现场技术展示，取得圆满成功。5月，组织200多名面包户参加上海国际焙烤展示会，拓宽资溪面包户的视野，使其领略先进水平和发展趋势；还组织30多名优秀会员代表赴日本参观，学习先进技术和管理理念。

第三节　资溪面包行业论坛峰会

2007年至2015年，共举行9届资溪面包行业论坛峰会。2016年以后，资溪面包行业论坛峰会成为资溪面包文化节的主要内容。选择其中6届予以记述。

2007年4月6日，首届资溪面包行业论坛峰会在面包行业协会党委办公室举行。参加此次活动的领导有：县委书记魏建新，县长徐国义，县委常委、宣传部部长李莉华，副县长邓泉兴。邀请中国焙烤食品糖制品工业协会副理事长兼秘书长周广军、安琪酵母股份有限公司副总经理李雪松、全国糕点专业委员会副秘书长张帅、江西省面包商会会长钟启文等回乡面包大户参加。嘉宾们各抒己见，畅所欲言，气氛十分活跃。周广军分析资溪县面包产业发展现状，就如何进一步做大技术培训市场、做强"资溪面包"品牌提出指导性建议。县委书记魏建新对如何促使资溪面包从现在的"有市无场"向"有市有场"转变，由现在的松散型向紧密型转变，打响、做强、做优资溪面包品牌，进一步促进资溪面包产业发展提出要求。县长徐国义就资溪面包品牌运作、建设职业学院作出部署。

2009年4月6日，第三届资溪面包行业论坛峰会在面包协会党委会议室举行。县长徐国义，县委常委、宣传部部长李莉华以及来自全国各地的资溪籍面包人参加会议。会上，县长徐国义介绍了资溪县近年来经济和社会发展的状况，代表县委、县政府对长期以来关心、关怀和关爱、支持资溪发展的各位面包人表示衷心的感谢和诚挚的问候，恳请各位面包人继续关注资溪、关怀资溪、支持资溪的发展，希望各位面包人把更多的客商吸引到资溪发展，并希望在外发展的各位面包人有机会回乡创业。县委、县政府将围绕"生态立县、绿色发展"推进资溪各项事业发展，确保资溪县经济社会又好又快地发展。

首届资溪面包行业论坛峰会

徐国义与安琪酵母股份有限公司副总经理李雪松、面包大户代表就资溪面包产业发展问题进行探讨，面包大户纷纷建言献策。4月4日，协会举办烘焙技术培训班，对面包户及学员进行两天的烘焙技术培训。5月12日，组织300多名面包户参加上海国际烘焙展示会。6月15日，县面包协会举办资溪面包特有技术培训班，聘请安琪酵母股份有限公司高级烘焙师李连兵为面包户及学员提供为期3天的烘焙技术专题讲座及技术培训。

2010年4月5日，第四届资溪面包行业论坛峰会在面包协会会议室举行。 来自全国各地的资溪籍面包户代表欢聚一堂，共叙乡情、共话商机，共述家乡美好未来。县人大副主任元新东出席并讲话。

座谈会上，与会人员交流面包焙烤技术，并围绕如何把资溪面包产业做大做强、打造资溪面包品牌、振兴资溪经济积极献言献策提出建议。

峰会期间，还举行"安琪酵母杯"第十一届全国焙烤面包技术大赛资溪分赛区选拔赛，选拔第一名赴上海参加5月份举行的全国总决赛。"安琪酵母杯"第十一届全国焙烤面包技术大赛由中国焙烤协会主办，提高了资溪面包的知名度和影响力，对打造资溪面包品牌具有促进作用。

2012年4月5日，第六届资溪面包行业论坛峰会在面包协会党委办公室举行。会议总结2011年面包协会的工作，部署2012年的工作和任务，分析中国烘烤工业现状和发展趋势，并就资溪面包产业的发展进行讨论。县委组织部部长王锋出席并讲话。王锋首先代表县委、县政府向广大回乡的面包户表示诚挚的问候。他希望广大面包户要秉承和发展敢闯敢拼、勤劳诚信、团结互助、勇于创新的精神，增强竞争意识，提升技术水平，加快资溪面包品牌化发展，积极打造资溪面包强势品牌，提高产业核心竞争力，开拓更广阔的市场；要积极为家乡的建设和发展建言献策，提高支持家乡发展意识，用实际行动带富更多的百姓。

峰会期间，还组织举办资溪面包技术展示会。

2013年4月5日，第七届资溪面包行业论坛峰会在县城金鹰宾馆举行。来自全国各地的资溪面包协会代表60余人欢聚一堂，共叙乡情，共谋发展。县委副书记胡宝钦，副县长邓泉兴、傅武彪，江西省面包商会会长钟启文到会祝贺。

会议期间，与会代表共同讨论中国烘焙业现状和发展趋势，并就资溪面包产业的发展进行深入交流。胡宝钦在致辞中说，希望在外打拼的面包户能够身在外地，心系家乡，做资溪经济发展的支持者、家乡公益事业的热心人、资溪品牌的代言人，以实际行动回报家乡。

资溪面包行业论坛峰会

峰会期间，还举办2013年资溪面包技术大赛，资溪面包、麦香人家、林家饼屋、康利来等20余家公司及200多名面包户代表参加，展示新技术12项、新产品60余种，吸引众多民众参观。

2015年4月6日，第九届资溪面包行业论坛峰会在县城金鹰宾馆六楼会议室举行。县人大常委会主任李莉华出席并讲话，来自全国各地面包户代表70余人参加会议。安琪公司技术中心总经理宋宜兵就面包制作技术进行授课，江西面包商会会长、绍兴市资溪面包有限公司董事长钟启文作创新主题报告。大家结合自身实际，畅所欲言，相互取经，提出许多有建设性的意见和建议。

李莉华对资溪面包的蓬勃发展给予充分肯定。她说，在这次论坛上了解很多科技含量高、制作工艺新的特色产品，同时对资溪面包文化有新的认识，受益匪浅。她希望全国各地的资溪面包人今后要继续加强沟通与联系，相互学习交流经验，共同努力，将资溪面包产业做强做大，发展好资溪面包文化。

4月份，举办"安琪酵母·资溪面包产品展示会"，推出30余款新产品，其中重点推出深受市场青睐的维也纳新软欧系列产品。安琪酵母公司技术中心总经理宋宜兵到会做《2015烘焙新原料新趋势》专题报告，分析美国烘焙市场状况及趋势、美国烘焙工业特点，重点介绍冷冻面团技术，并预测2015年中国冷冻面团市场。江西省面包商会会长、绍兴资溪面包有限公司董事长钟启文做《创新做烘焙》的主题报告。

第四节　焙烤职业技术竞赛

2007年至2020年，在资溪县举办7届各类型焙烤职业技术赛，此选其中4届竞赛予以记述。

2007年4月6日上午，安琪酵母杯第八届全国面包技术大赛资溪分赛区在资溪县宾馆一楼举办。县委常委、宣传部长李莉华，副县长邓泉兴，中国焙烤食品糖制品工业协会副理事长兼秘书长周广军，安琪酵母股份有限公司副总经理李雪松，全国糕点专业委员会副秘书长张帅，江西省面包商会会长钟启文等领导出席，邓泉兴主持开幕仪式。8家面包企业参加比赛。

李莉华代表县委、县政府对第八届安琪酵母杯全国面包技术大赛资溪赛区表示祝贺，并预祝活动圆满成功。周广军、李雪松、钟启文分别在开幕式上讲话。

在比赛评比中，四川简阳林家饼屋以绝对优势夺得金奖，慈溪爱心园饼屋、建生烘焙学校、昆山三益饼屋获得银奖，获奖企业参加第八届全国面包技术大赛的决赛。

"安琪酵母杯"第八届全国面包技术大赛资溪分赛区

2016年4月2日至3日，首届江西省焙烤技能竞赛暨第十七届全国焙烤职业技能竞赛江西赛区选拔赛在资溪大觉山景区举办。此次比赛由江西省人力资源和社会保障厅、中国焙烤食品糖制品工业协会主办，江西省工商业联合会面包商会、资溪县人力资源和社会保障局、全龙面包培训基地承办，安琪酵母股份有限公司、南昌市友谊食品商行协办。

比赛项目主要是面包制作。竞赛按照西式面点国家职业资格三级（高级工）标准进行。竞赛内容由理论知识和技能操作两部分组成，理论知识采用笔试办法，试题由省职业技能鉴定指导中心从国家题库中抽取；技能操作采取现场操作，由评委现场评分，试题由省竞赛组委会根据国家职业标准组织专家制定。竞赛评委主要由具有考评员资格的专业人员组成。竞赛内容为吐司面包、法式面包棍、特色面包制作。参赛对象为全省从事面包制作的人员和从事面包制作的企事业单位，江西省人员在省外经营的焙烤类企业也可参加。总分第1名的选手由省人力资源和社会保障厅授予"江西省技术能手"荣誉称号，如具有中级工以上职业资格的直接认定为高级技师，发给职业技能等级证书，否则直接认定为技师；获得第2至第5名的选手，按程序申报"江西省技术能手"荣誉称号；获得2至第10名的选手，具有中级工以上职业资格的由省人力资源和社会保障行政部门直接认定为技师，否则直接认定为高级工，已具有技师职业资格的，可晋升高级技师职业资格。以上均需理论与技能成绩合格。理论和技能操作成绩均达到60分（含60分）以上者，中级工由省人力资源和社会保障部门颁发高级工（三级）职业资格证书，中级工以下则颁发中级工职业资格证书。个人赛前两名选手推荐作为江西赛区选手直接参加全国焙烤职业技能竞赛。

2016中国技能大赛·江西省"振兴杯"焙烤职业技能竞赛

此次大赛有来自省内外36家企业参加，有17家企业27个作品参加面包、月饼、装饰蛋糕的团体赛，73名个人参加面包、月饼、装饰蛋糕的角逐。经过3天紧张激烈的比赛，产生团体金奖17个、团体银奖10个，个人金奖7个、个人银奖14个、个人铜奖21个。有1万多人次观赛观展，其中在外从业人员占60%以上。

第二届中国资溪面包技能大赛

2017年3月6日至4月3日，第二届中国资溪面包技能大赛暨焙烤展示会在资溪大觉山景区、资溪县全龙艺术蛋糕培训基地举办。 活动由抚州市人力资源和社会保障局、资溪县人民政府、江西省工商业联合会面包商会主办，江西省工商业联合会面包商会、江西资溪面包行业协会承办，江西省人力资源和社会保障厅、江西省工商业联合会指导，中国焙烤食品糖制品工业协会为支持单位，中共资溪县委统战部、资溪县工商业联合会、资溪县人力资源和社会保障局、资溪县面包产业发展办公室、资溪县旅游发展委员会、资溪县招商局、江西大觉山景区集团有限公司、资溪县全龙艺术蛋糕培训基地、资溪县九龙湖旅游开发有限公司、安琪酵母股份有限公司等14个单位协办。举办这次展示会的目的主要是加快资溪面包产业转型升级，扩大"资溪面包"品牌影响力，展示面包行业风采，推介生态资溪、纯净资溪，助推面包产业和旅游产业的融合发展。活动的主要内容：2017中国技能大赛·江西省"振兴杯"焙烤职业技能竞赛暨第十八届全国焙烤职业技能竞赛江西赛区选拔赛；焙烤展示会（焙烤订货会）；资溪面包"十佳形象店""面包王子""面包公主"网络评选；烘焙高峰论坛；面包DIY体验；"双返双创"招商暨金融服务推介；资溪特色烧烤。

有来自上海、浙江、江苏、福建、广东、四川、湖北、河南、陕西、天津、安徽、江西等省的参展企业60余家，有26家企业45个作品参加面包、月饼、装饰蛋糕的团体赛，73人参加面包、月饼、装饰蛋糕的角逐。全国70名选手参加"面包王子""面包公主"的角逐，通过网上报名和网友投票，截至3月26日，46296人参与投票，投票总量达到10.1万次。资溪面包"十佳形象店"3月10日启动，网上报名企业43家，126639人参与投票，累计投票达302159票，最后经专家评审，评选出中国面包之乡"十佳饼店"、中国面包之乡"优秀饼店"各10家。活动组织有序，场面大气，整个展馆面积达3000余平方米，搭建特色十分突出，特色展馆15家。开幕式现场气势宏大，当天参展人员及观展群众达万人以上。

2018年4月25日至27日，2018中国技能大赛·江西省"振兴杯"焙烤职业技能竞赛暨第十九届全国焙烤职业技能竞赛江西赛区选拔赛在资溪县举办。抚州市人力资源和社会保障局、资溪县人民政府、江西省工商业联合会面包商会主办。资溪县人力资源和社会保障局、资溪县工商业联合会、资溪县面包行业协会、安琪酵母股份有限公司、南昌市友谊食品商行、赣州万氏食品有限公司、抚州新隆食品原料贸易有限公司协办。竞赛形式分为个人赛、团体赛。竞赛工种：中式面点（月饼）制作工、西式面点（面包）制作工、装饰蛋糕制作工。竞赛标准按照西式面点国家职业资格三级（高级工）标准进行。竞赛内容由理论知识和技能操作两部分组成，理论知识采用笔试办法，试题由省职业技能鉴定指导中心从国家题库中抽取；技能操作采取现场操作，评委现场评分的办法进行，试题由省竞赛组委会根据国家职业标准组织专家制定。选手竞赛总成绩计算方法为：个人总成绩=理论成绩×30%＋技能成绩×70%。竞赛评委主要由具有考评员资格的专业人员组成。

第三届中国资溪面包技能大赛

第五节　资溪面包文化节

2016年4月2日至3日，资溪县首届面包文化节在大觉山景区举行。由江西省人力资源和社会保障厅、中国焙烤食品糖制品工业协会、江西省工商业联合会面包商会联合主办；江西省工商业联合会面包商会、资溪县人力资源和社会保障局、全龙面包培训基地承办；安琪酵母股份有限公司、南昌市友谊食品商行协办；资溪县委办、政府办、县委宣传部、人事劳动局、市场管理与质量监督局、公安局、旅游局、面包产业办、全龙面包培训基地等22个单位参与此次活动。

文化节期间还举办2016中国技能大赛·江西省"振兴杯"焙

烤职业技能竞赛暨第十七届全国焙烤职业技能竞赛江西赛区选拔赛。经过两天紧张激烈的比赛，产生团体金奖17个、团体银奖10个；个人金奖7个、个人银奖14个、个人铜奖21个。

先后有1万多人次观赛观展，其中在外从业人员占60%以上。

2017年4月1日，第二届资溪面包文化节在大觉山景区举办。此次文化节包括第十八届全国焙烤职业技能竞赛江西赛区选拔赛、焙烤展示会、资溪面包"十佳形象店""面包王子""面包公主"网络评选、烘焙高峰论坛、面包DIY体验、"双返双创"招商暨金融服务推介、资溪特色烧烤等多项内容，历时5天。安琪酵母、上海金城制冷、南京焙友会、上海费氏肉松、南京协旺（浩恩）食品、浙江金澳艺发、上海宏翔展柜、南京乐芙德食品科技、无锡双麦机械等百余家国内知名烘焙企业齐聚大觉山，全力献礼，充分展现"中国面包之乡"风采。

展馆面积达3000余平方米，特色展馆15家，在行业内都十分具有影响力。开幕式现场气势宏大，参展人员及观展群众达万人以上。

2018年5月7日至8日第三届资溪面包国际旅游文化节在资溪县面包文化广场举办。由抚州市人民政府、江西省旅游发展委员会主办，资溪县人民政府、抚州市人力资源和社会保障局、抚州市旅游发展委员会承办，江西省工商业联合会面包商会协办。省政协党组书记、主席姚增科，副省长吴忠琼，省政府副秘书长刘晓艺，省旅发委主任欧阳泉华，市委副书记、市长张鸿星，市政协主席黄晓波以及省旅发大会代表、文化旅游界专家学者、媒体记者和国内外面包参展商参加。

5月的资溪，满目苍翠，绿意盎然。紧邻资溪高速公路出入口新落成的资溪面包文化广场在蓝天白云的映衬下显得格外恢宏，正门

"面包文化广场"镏金大字在鲜花的装扮下显得格外醒目，广场两侧文化墙相对而立，广场正中央6根祥云柱将"云面包"雕塑高高托起，象征资溪面包产业蒸蒸日上的美好前景；82个国内外烘焙展馆人气爆棚，各具特色、琳琅满目的产品，创下新的吉尼斯纪录的3188米长翻糖蛋糕，让熙熙攘攘的人群流连忘返。

2018资溪面包国际旅游文化节开幕式

本届资溪面包国际旅游文化节是全省旅发大会观摩项目之一，包括国内外面包展示展销、抚州旅游商品展、面包技能大赛等内容。现场设83个展馆，其中国外参展商来自德国、西班牙、英国、美国、葡萄牙、丹麦、俄罗斯、意大利、土耳其、法国、希腊、印度12个国家，是一场国际的面包盛会。

面包节开幕式现场，一款龙造型、名为"神龙"的蛋糕，创下新的吉尼斯世界纪录，成为"世界最长蛋糕"，获得吉尼斯世界纪录证书。这个蛋糕总长约为3188米、宽8厘米、高10厘米，成型总重量超过8吨，迂回地盘绕在台案上。蛋糕的面糊配料包括鸡蛋45600个、白砂糖1824斤、面粉2052斤等，由160个蛋糕师傅在大棚里用大约6个小时完成。为了不浪费蛋糕，"万人同庆生日"活动同步举行。"祝你生日快乐，祝你生日快乐！"开幕式上，现场观众齐声高唱，为200名"寻找最幸福的人——万人庆生"代表送上祝福。

"世界最长蛋糕"

开幕式当天，资溪县城万人空巷，人们纷纷涌向资溪面包广场、大觉溪沿线和大觉山景区。同时，10余个旅行团约1500名旅客、约600名国内外嘉宾云集资溪共赏资溪秀美景色。当天，面包节会场及周边景区共接待游客5万余人。

"万人同庆生日"活动

2019年3月30日至4月3日，第四届中国资溪面包文化节先后在资溪县面包文化广场、资溪面包商学院、全龙艺术蛋糕培训学校举办。由抚州市人民政府主办，资溪县人民政府、抚州市人力资源和社会保障局、江西省面包商会具体承办。

为加快资溪面包产业转型升级，充分展现行业风采，全力推介"面包之乡·纯净资溪"，助推面包产业和旅游产业有效融合，文化节期间先后举行2019第四届资溪面包文化节启动仪式、第二十届全国焙烤职业技能竞赛区域赛区选拔赛、2019中国资溪面包技能大赛·江西省"振兴杯"焙烤职业技能竞赛、"双返双创"推介暨焙烤高峰论坛、烘焙技术展示交流体验、面包DIY体验、"趣味吃"面包比赛、帐篷节音乐会8项活动。

2019第四届中国资溪面包文化节

文化节全程历时5天，活动内容丰富，特色凸显，亮点频出。一是现场气势宏大。整个面包文化广场展馆面积8000多平方米，参展企业140余家、省市县领导、国家焙烤协会代表、烘焙公会代表、行业精英和在外优秀人才代表等300余人出席开幕式。充满欢乐喜庆及浓浓的乡情，当天参展人员及观展群众万人以上。二是赛事紧张激烈。成功举办2019中国资溪面包技能大赛·江西省"振兴杯"焙烤职业技能竞赛、第二十届全国焙烤职业技能竞赛区域赛区选拔赛，130余名个赛选手、46家团赛企业齐聚资溪，尽显风采。经过3天的激烈角逐，面包获奖选手7名、月饼获奖选手3名、蛋糕获奖选手7名，5家单位荣获面包制作团赛金奖、3家单位荣获月饼制作团赛金奖、5家单位荣获装饰蛋糕团赛金奖，裁判团队对该次参赛选手水平给予高度肯定。三是论坛水平一流。一场以品牌门店业绩提升为主题的"资溪·引力"高峰文化论坛活动同期召开。邀请《中华烘焙》导师团、好一朵茉莉花总经理郭送斌、上海精瑞供应链管理有限公司董事长董凤瑞、海融一仆项目培训经理沈辉，带来有关门店运营细节与执行落地的精彩演讲。4月1日晚，在大觉山国际会议中心隆重举行"三请三回"（双返双创）恳谈会暨招商推介签约发布会。江西面包科技股份有限公司与上海南侨食品、益海嘉里、安琪酵母、上海金城制冷、正大（北京）蛋业、资溪农商银行6家企业签定商务战略合作协议。同时就资溪面包食品产业城签约3个子项目，即巧克力食品工业项目、展示柜展架生产项目、资溪面包中点厂项目，它们将成为资溪面包食品产业城启动项目。

2020年10月5日至7日，第五届中国资溪面包文化节暨首届中国烘焙食品产业链发展大会在资溪县面包食品产业城隆重举行。由抚州市人民政府、全国工商业联合会烘焙业公会主办，资溪县人民政府、抚州市人力资源和社会保障局、抚州市文化广电新闻出版旅游局联合承办，江西省面包商会、资溪面包科技股份有限公司协办。来自全国各地百余名烘焙行业精英企业家代表、专家学者齐聚于此。江西省政府副秘书长邱向军，抚州市委常委、统战部长韦萍，副市长谭赣明，福建圣农集团董事长傅光明，江西财经大学校长卢福才，江西省工商联副主席洪跃平，江西省人寿保险公司总经理傅清，抚州市委原常委熊云鹏、魏建新，县委书记黄智迅，县长吴淑琴等领导出席开幕式，县委书记黄智迅主持。

第五届中国资溪面包文化节

文化盛宴正式拉开大幕。本次系列主题活动内容丰富，有首届中国烘焙食品产业链发展大会开幕式暨面包工厂投产剪彩仪式，中华烘焙云分享直播（线上），全国烘焙职业技能竞赛（世界中式糕点选拔赛），江西省"振兴杯"烘焙职业技能大赛，首届烘焙食品产业链发展大会，首届烘焙食品产业链供应商大会，"三请三回"（双返双创）招商推介活动，"我为资溪面包代言"趣味吃面包、面包DIY体验等趣味横生的系列互动活动，激情飞扬的面包音乐会，走进资溪面包文化节——漂流、飞拉达等体验活动，现代烘焙技术（流水线）、茶文化、中点复兴等主题特色展示、交流，创作推出歌曲《面包侠》。

来自江浙沪粤闽等省、市的包装类、机械设备类、原料辅料类、展厅柜类等160多家食品产业链上下游企业参加此次盛会，期间有中粮、益海嘉里、伊利等7家上市公司，烘焙业内人士进行多场交流论坛和订货，初步统计成交额1.6亿元。

第七章 产业贡献

第一节 多重效益

资溪面包产业为资溪经济社会的发展和生态文明建设带来多重效益。

富裕一方百姓。资溪人走出大山，把面包店开到全国各地，让资溪山里人钱袋子鼓了，生活水平一年更比一年高。2003年，全县面包产业产值达24亿元，全县农民年均纯收入2453.4元，其中40%来自面包产业；全县居民储蓄存款余额达8.28亿元（大部分来自农村面包户的存款，不含面包户在外地的存款），人均7000多元。2008年面包产业实现产值37亿元，农民人均年纯收入达4724元，其中60%来自面包产业；全县人均存款高达1.29万元，在全省名列前茅。2014年，资溪面包产业产值达50亿元。2020年面包产业产值近200亿元。据统计，资溪面包从业者中，资产在300万元以上的面包户有3000余户，1000万元以上的有200余户，资产过亿元的有10余户。资溪面包产业不但富裕资溪百姓，还影响和带动周边金溪、南城、鹰潭、贵溪、武宁等市县的许多老百姓从事面包糕点行业，他们的钱袋也鼓了，生活也富了。

繁荣资溪经济。面包大军分布在全国各地，从表面看虽然没直接为资溪创造税收，但对资溪经济的间接贡献还是很大。面包户在外赚到钱后，纷纷携资回乡置业，拆除旧房建新房或迁入县城购买商品住房。据统计，自2001年后，资溪县城新开发的楼盘如恒昌星城、金水湾、外滩国际、滨江新城、格兰雅栖、水印江南等一个个住宅小区，大部分楼房的购买者都是面包户或在外创业者。资溪县城建设路向西延伸段有一段街道叫"高田街"，顾名思义，就是这条街的房产主要由高田乡做面包的人购买。所有这些对加快资溪城镇化建设、改善城镇人居环境起到很大促进作用。资溪面包人的巨大购买力客观上刺激了当地消费，也助涨了资溪商品价格"异化"。资溪县经济体量在抚州市11个县区排名比较靠后，但商品房价格却排名各县区前列。资溪每逢春节、清明，大量在外的面包从业人员驱车回家乡，带来一年两次消费的高潮。资溪人在吃、喝、玩、乐、穿等方面敢消费、会消费、舍得消费，由此在抚州市区域内产生很大影响。凡是到过资溪的外地人都会为资溪的高物价感到惊讶。社会商品零售价格高于全市各地，尤其是餐饮服务和服装商品价格甚至高过抚州和南昌，蔬菜价格高于深圳、上海等一线城市，"小香港"名副其实。毫不夸张地说，没有面包人，没有面包产业，就没有今天资溪的繁荣。

促进一县平安。面包大军的崛起，为资溪农村富余劳力、企业下岗工人、城镇待业人员开辟了广阔的就业天地，他们在面包产业中找到"饭碗"、找到出路、找到人生新坐标和新起点。"没事做，做面包"，成为老百姓口头禅，大家不再为困在家里没饭吃、没事做而犯愁。他们纷纷走出资溪，外出从事面包行业，极大地减少了社会不稳定因素，营造了和谐、平安的社会环境。以铁路沿线的原饶桥镇、高阜镇为例，面包产业未兴起前，两镇每年各种案件居高不下。自从有了做面包这条出路，每个家庭中的中、壮年劳力甚至全家都在外面做面包，赚到钱了，家庭条件宽裕了，乡邻之间都能和睦相处，再不会为蝇头小利、鸡毛蒜皮的事而争吵、斗殴，各类刑事、民事纠纷案件几乎降到零。资溪县连续30年无重大群体事件发生。2005年至2016年资溪县连续3届获得"全国平安建设先进县"称号，并捧得社会综合治理最高奖项"长安杯"；2017年至2019年连续获得省市平安建设（综治工作）先进县称号，公众安全感长期位居全省前列；2020年全县公众安全感为99.7%，列全省第四位、全市第一位。

保护自然生态。面包产业不仅给资溪人民带来财富，而且保护了自然生态。"面包大军"源源不断从深山走出，近百个因"面包移民"而无人生活的小山村恢复了翠绿的"容貌"。外出做面包，不再"眼盯山头、手握斧头、砍伐木头""靠山吃山"过日子。4万人的"面包大军"，意味着几万农民放下了砍刀斧头，使丰茂的树林得到保护。外出做面包，农民适应了城市生活，大家基本上改用电取暖，液化气做饭，极大地减少了木材资源消耗，资溪林木资源得以休养生息，山林木竹蓄积量大幅上升，山场林相明显改善。村民讲，过去砍柴要到几公里以外的大山才有柴可砍，现在村边山头上林木葱郁。如今走进资溪农村，几乎每一个村落都是层林尽染、红瓦白墙，呈现一幅幅秀丽的山村画卷。由于林业资源得到有效保护，资溪县森林覆盖率从1990年的62%上升到现在的87.7%，居江西前列；生态环境质量和空气质量有了质的飞跃，空气中负氧离子含量每立方厘米最高值达3万个，生态环境综合评价指数列中部586个县（市、区）第一位、全国第七位，纯净资溪之美悄然呈现。自然生态得到有效保护，为资溪县生态文明建设奠定坚实基础，也进一步促进资溪生态旅游发展，资溪从此走上人与自然和谐相处、面包产业与生态文明相互促进的发展道路，先后获得"国家级生态示范区""全国十佳绿色生态县""全国森林旅游县""江西省旅游强县""首批国家全域旅游示范区"等多项殊荣。

秀美新月村

锻造一批"能人"。资溪面包就像一个大熔炉，许多面包人在里面摸爬滚打，淬火成钢，练就了过硬的"市场本领"。他们在面包行业增长了见识，开阔了眼界，增强了竞争意识，树立了风险观念、效益观念和创新观念。通过面包走向其他行业的资溪面包人无论干什么行业都能发光发热。他们当中许多人先后转入餐饮服务（快餐、烧烤、麻辣烫、炸串、熟食）、农业种植、休闲食品、商品批发、旅店、通讯、房地产等经营领域，极大地丰富了谋生技能，拓展了就业空间。这些人由于都有做面包的商业历练和人生经验，转入其他行业后，都能很快融入新的角色，开拓新的事业。这其中不乏有人成为商业巨贾，拥有"陶朱之富"。如黄继文，嵩市镇三源村人，资溪县文涛置业有限公司董事长，资溪县房地产行业领军人物，通过做面包获得原始资本，2008年在资溪从事房地产开发，已开发7个楼盘，资产过亿；马头山镇山岭村村民程木生在外经营面包店获得成功后，回到家乡投资200多万元，建立100亩生态有机铁皮石斛种植基地，为当地农民增收开辟了新途径；过文

长沙过师傅食品有限公司

运，高阜镇人，17岁在湖南常德市安乡县开了一家小小面包店，2005年改行从事烧烤、油炸类休闲食品行业，2013年成立长沙过师傅食品有限公司，在长沙全力打造"过师傅"品牌，拥有三家食品工厂、三条自动生产线，厂房面积24000平方米，2020年销售收入4500万元；张宝清，高田乡城上村人，2013年用做面包挣来的钱投资发展农业，在云南昆明成立铿锵玫瑰有限公司，玫瑰产业做得蒸蒸日上，2016年回到家乡成立洛神花种植合作社，带领贫困户脱贫致富；高田乡高田村杨家源小组的陈汉生，从面包店店长成功转型为职业经理人，如今是北京沃美影城投资有限公司上海分公司总经理；高田乡龙英村人左国锋，2010年转行从事团餐服务，成立餐饮服务有限公司，承包南京理工大学学生食堂，成为餐饮行业佼佼者；张长和，高阜镇高阜村人，山东烟台阿公食品有限公司总经理，退出面包行业后从事休闲食品生产销售，企业年产值4000万元；鹤城镇三江村村民龚乐毅，2010年经营3家面包店，机缘巧合，踏入餐饮行业，2014年创办重庆乐善餐饮管理公司，2016年创建重庆真膳品食品有限公司，经营面积2000多平方米。2020年，有

淮北阿婆食品有限公司

21家经营店，年营业收入3000万元；王鸿雁，高阜镇人，1973年10月出生，2003年，在湖南娄底经营面包店，2006年转行经营油炸、烧烤食品，2012年创立安徽省淮北市阿婆食品有限公司，主要生产肉制速冻食品。公司占地25.3亩，有员工200余人。2020年公司有3家中等企业，总产值过亿元；株溪林场下株溪村江家组的江俊，1997年外出创业做面包，2011年在抚州开办江氏烧烤，2015年，在抚州市正式成立烧烤王子食品店（合伙企业），注册"王子烧烤"两个商标，有了自己的品牌，公司不断强大，2020年烧烤王子拥有6家直营店，20多家加盟店、员工100多人；付文礼，高田乡城上村人，20世纪90年代初，毅然辞去乡教办主任一职，来到新疆喀什开面包店，面包生意逐渐由小做大。几年后，在新疆创办建材公司，转行后生意红火，后被推选为新疆江西商会副会长；李信，1975年3月出生，马头山林场职工，中共党员，2001年加入资溪面包大军。经过几年的打拼，在海南琼海市资产过2000万元。爱学习的他，一个偶然的机会接触到网络科技知识，此后，由经营面包转行从事网络传媒服务业，先后在海南、湖南长沙从事网络产业，资产近亿元；龙强，嵩市镇法水村人，1994年外出做面包，先后在温州、北京、兰州、成都等地开面包店，2007年在天津参与建筑工程，转战建筑业，2019年营业额过10亿元。2020年返乡创业，投资近2亿元，打造康养+酒店+旅游为一体的服务产业；张军，1974年出生，高阜林场五里山村人，2003年到广东省江门市开了第一家面包店，2011年带着经营面包店挣到的第一桶金，到珠海转行做进口红酒贸易生产，2016年他创立海南鑫瀚矿业有限公司，在海南开发矿业市场。他主动担当，现任广东省珠海市江西商会副会长；曾建平，高阜镇务农村人，1973年7月出生，1998年在新疆经营面包店，2005年离开新疆去广州发展，2010年在内蒙古鄂尔多斯创办"满肚麻辣香锅"店，2020年直营店16家，总面积达3400平方米，年营业额3000余万元。2016年至2020年，先后任鄂尔多斯江西商会执行会长、会长、荣誉会长。任职期间带领商会成员多次为当地教育部门及社会扶贫工作捐款捐物累计200余万元，2019年该商会获内蒙古自治区"四好商会"荣誉称号。

推进公益事业发展。资溪面包人致富不忘家乡，以捐款捐物、建桥修路、结对帮扶等各种形式参与资溪社会公益事业。多年来共捐赠资金790余万元，支援家乡交通、水利、教育等公共事业的发展，新建改建村级公路25公里，架设桥梁11座，维修水库21座和水利设施25处，兴建14个村自来水工程。出资50多万元，新建和维修6所村级小学教学楼，捐助课桌椅200余套。资助贫困学龄儿童150余名。向农村五保户和孤寡老人捐款10多万元，捐献物品400多件，并帮助维修3处养老院。在捐赠款项中，共产党员捐助的资金有200多万元。张协旺先后为家乡捐款近百万元。钟启文捐赠20万

资溪面包"百店助百户"精准扶贫启动仪式

元支援家乡交通、水利设施建设。2016年钟启文、张协旺、卢方亮、徐全龙、蒋友良等40余名面包界党员率领全县100多家面包店业主，参加资溪县委、县政府"百家助百户"精准扶贫活动，开展"一帮一""一帮多""多帮一"等形式结对帮扶行动，引领困难群众发展特色种养业，自主创业。资溪面包人与146个贫困户结对帮扶，2020年帮扶对象全部脱贫，年收入达3万元以上。鹤城镇大觉山村上傅人付各敏（资溪费歌食品有限公司副总经理），回乡创业后，积极参与资溪帮扶工作，为结对困难户捐款捐物3万元。嵩市镇法水村人，在兰州创办建筑公司的龙强，2018年年底，回到家乡慰问法水村70岁以上老人和嵩市镇敬老院所有老人，慰问金额总计约5万元，2019年12月开始，每月无偿赠予同村患重病没有劳动能力的章建平1000元。高田乡黄坊村人鲍才胜（北京鲍才胜餐饮管理有限公司董事长），富了不忘初心，向家乡民政部门捐款20万元专用于扶贫事业。据不完全统计，他为支持公共卫生、助教育、敬老爱老等，累计捐款捐物达300多万元。马头山镇斗垣村钟德泉（河南桂洲村食品有限公司董事长），与村里贫困户结对帮扶，帮

面包大户签订结对帮扶协议

朱贵文偿还债务约4万元。高田乡高田村杨家源组农民陆佰根，在外做面包赚到钱，捐款20万元将进村泥巴土路修成800米长水泥路。高田乡城上村，新疆江西商会副会长付文礼，为2010年发生在资溪的一场罕见的特大洪灾捐款2万元，还组织募捐20万元，将爱心款寄回家乡用于灾后自救建桥。2020年新冠疫情期间，在外创业的广大人士纷纷支援抗疫，鲍才胜除夕晚上主动向武汉慈善总会捐款100万元；过文运远在湖南心系家乡，捐资10万元，支持家乡抗疫；龙强，花高价购买，捐赠价值13000多元2000个口罩给嵩市镇政府；李国荣捐款1万元；饶晓红捐献物资5万元；李信第一时间向武汉捐款2万元，还主动联系原工作单位——马头山林场捐款1万元；马头山林场在东北做面包生意红火的胡红梅向湖北捐款1万元，向东北所在地捐款2万元……

此外，面包成功人士致富不忘回报家乡、积极投身到乡村振兴中的典型有：资溪面包领军人物钟启文，2017年回到杨坊村担任党支部副书记，全身投入乡村振兴。2018年当选村党支部书记，凭借在外闯荡多年、见多识广，借鉴浙江等地"田园综合体"的成熟经验，成立杨坊村生态种养专业合作社，筹集资金283万元，将闲置土地、未承包到户的土地、无人管理的土地集中统一流转或入股合作社，高价流转村里的380亩荒地，建设成高标准农田，发展立体化农业产业，建成南瓜、黄桃、水稻等农作物种植地300余亩。合作社还在高标准农田里栽种朝天椒、紫薯等作物，养蜂出产蜂蜜，还有毛竹林里的野竹茶，销售渠道涵盖线上和线下。杨坊村注册"神马源""山岭野竹"等商标，把来自原始森林的有机农产品成功商业化，实现农村产业经营复合式发展，实实在在造福村民。合作社经济积极转变加工生产方式，结合市场化、实体化经营管理模式，将零散雇佣零工模式转变为家庭承包经营模式，合理利用资源，将产业发展效益最大化……《中国发展观察》杂志社调研组对杨坊村高度肯定，称其"是落地乡村振兴战略的有益尝试"，并期

杨坊村合作社发展养蜂

待杨坊村为乡村振兴贡献更多的新样本。石峡乡堡上村村民陈永忠，2017年面包店发展到10家，年收入上百万元，2017年，他积极响应政府"双返双创"号召，回到村里开始再创业，2018年，他承包大源组100多亩土地种植槟榔芋，之后成立资溪一路发展特种种植公司，采取公司+农户的形式吸引带动周边几十户村民创业，解决6户贫困户就业问题，一年下来，贫困户单劳务工资每人增收几千上万元不等。2020年3月，陈永忠被推选为堡上村党支部书记，一心一意在精准扶贫工作中主动对接刘海荣、陈雨光等五保贫困户，千方百计帮他们解决生活中的困难。他一面跑项目、争资金，为乡村振兴而奔波，一面带头养殖香猪，将自己学到的种养技术无偿传授给村民。在他的示范引领下，全村种养业蓬勃发展，农民增收，集体经济效益明显提升。高田乡龙英村陈智祥，在外做面包多年，2014年响应政府面包成功人回家创业的邀请，回龙英当村支部副书记，2015年正式当选龙英村支部书记，重实干、办实事，当年，在省测绘局跑到10万元兴修自来水井，使村民终于喝上放心水。他还借助贫困村项目资金，对全村道路进行维修拓宽，在各路口安装路灯，方便村民出行。带领全体村民特别是贫困户，大力发展烟叶种植300多亩，还创办一个有机水稻、莲子合作社，使村民有活干，村民收入明显增加。嵩市镇法水村的黄群生，是村里第一批外出做面包的人，响应"双返双创"号召，回到家乡投资200万元打造法水江夏堂民宿，是资溪县第一栋以当地赣派建筑为基础的精品民宿，受到各级领导的一致认可。2020年投入600万元，在高田乡里木村流转200亩土地种植甜桔柚，助力脱贫攻坚乡村振兴。

第二节　多项荣誉

资溪面包产业为资溪带来多项荣誉：

中国资溪——面包之乡。2005年11月，鉴于资溪面包产业近20年的发展和在全国烘焙业的影响，资溪县面包行业协会会长张协旺认为，申报"面包之乡"的条件成熟。在资溪县委、县政府的高度重视和大力支持下，张协旺联系全国工商联烘焙行业公会时任执行会长范蓉梅，提出授予资溪为"面包之乡"的要求并得到首肯。2006年4月，资溪县向全国工商联烘焙业公会提交授予资溪为"面包之乡"的申请。5月，全国工商联烘焙业公会专家组到资溪县进行现场考察和评估，专家组认为，资溪符合授予"面包之乡"的条件，同意资溪

县"面包之乡"的申请。11月，全国工商联烘焙业公会，授予资溪县"中国资溪——面包之乡"称号。12月28日，全国工商联烘焙业公会在资溪县举行"中国资溪——面包之乡"荣誉称号授牌仪式，全国工商联烘焙业公会驻会执行副会长兼秘书长谢拥葵宣布授予资溪县"中国资溪——面包之乡"称号。

省、市、全国先进基层党组织等。资溪县面包行业协会党委加强面包行业流动党员管理，把支部建在产业上，充分发挥党组织在推进面包产业发展中的堡垒作用，工作出色有成绩。2004年6月，资溪面包协会党委被评为全省"社会团体党的建设"红旗单位，7月，被评为全市先进基层党组织，10月，被确立为全省基层党建工作联系点。2006年被评为全省先进基层党组织，被省委组织部列为全省"基层党建工作联系点"。2009年7月，被评为全市先进基层党组织。2006年6月，

被中共中央组织部授予"全国先进基层党组织"荣誉称号，2011年，资溪面包协会党委再次被表彰为全国先进基层党组织。

爱国拥军模范单位。资溪面包行业协会充分发挥职能作用，积极开展一系列拥军优属特色活动，建立退伍军人创业技能培训基

地，"双拥"工作成效显著。2012年1月，资溪面包行业协会被全国双拥工作领导小组、民政部、解放军总政治部授予"全国拥军模范单位"称号。

第三节　创业精神

　　资溪面包产业不仅为资溪奉献了丰富的物资财富，而且创造了享誉全国的"资溪面包"品牌，更为重要的是还贡献了深厚的精神财富，这就是"敢闯天下、勤劳诚信、团结互助、勇于创新"的"资溪面包创业精神"。这种精神是资溪人做大做强面包产业取之不尽、用之不竭的力量源泉。

　　敢闯天下是"资溪面包创业精神"的基石。资溪人不安于现状，不满足于"八山一水半分田、半分道路和庄园"的生存条件，因不知足而有梦想，为了梦想而设计未来，为了实现未来而勇于奋争，追求未知的、更新的目标，充分展现自身生命的张力。

　　勤劳诚信是"资溪面包创业精神"的本真。许多资溪人是在毫无技术和经验的情况下，在乡亲的带动和鼓舞下，毅然走出大山，到陌生之地开始艰辛地创业。他们依靠的不是运气，而是资溪赋予他们的大山般的胸怀、溪水般的灵动。他们不畏艰苦，虚心向学，用真诚的劳动赢得顾客的信任，用勤劳的双手把握了未来，通过最好的自我做出最好的产品，产生了最大的价值。

团结互助是"资溪面包创业精神"的禀赋。面包业能够成为资溪农民和下岗工人创业成功的产业，缘于个体的发展带动了一大批创业者的跟进。特殊的人口构成，孕育了资溪人不保守、乐助人、讲协作的精神品质，"联合起来、抱团发展、共同创造价值"成为共识，从而形成具有特色和竞争优势的产业，培育出根系发达的"草根经济"，最终创造出有着资溪特色的面包品牌。

勇于创新是"资溪面包创业精神"的灵魂。伴随着产业的发展、眼界的开阔、思维的更新，资溪人没有被动等待创新自己来临，而是主动创新进而取得更大成功。历届资溪县委、县政府顺势而为，精准发力，将一颗颗散落在全国各地的"珍珠"穿引成圈，引导个体创业的"小舢板经济"提升发展水平和层次，造就具有现代市场竞争优势的"航母经济"，向更高、更强的目标迈进。

下　篇

第八章　产业人物

　　资溪从事面包产业的4万余人,创造和书写"资溪面包"的传奇和辉煌。由于受本章篇幅限制,难以对所有面包人进行详尽介绍。在充分听取江西面包商会、县面包行业协会、面包产业办、部分面包人的意见和综合乡、镇、场上报材料的基础上,经反复商议,最终确定只对有一定影响且掌握资料较丰的58人做专门介绍,其中12人以人物专访形式记述,46人以人物故事形式记述。各乡、镇、场上报的700多人(原则上每个行政村10户),以名录记之。

第一节　人物专访

一、张协旺:资溪面包创始人

　　张协旺,1964年11月16日出生于资溪县饶桥公社杨坊大队(今马头山镇杨坊村)。1984年入伍参军,1986年加入党组织,1987年10月退伍后与战友洪涛合伙开面包店,开启资溪面包创业史。现任资溪县面包行业协会会长、江西省面包商会荣誉会长、

协旺浩恩（南京）食品有限公司

"协旺烘焙"和"苏旺馅料"品牌创始人、协旺浩恩（南京）食品有限公司董事长。曾获国家民政部"全国优秀复员退伍军人"荣誉称号，新华社解放军报曾以《面包里的幸福人生》为题报道了其典型事迹。

2020年8月，在赣州市举行的江西省退役军人创业创新大赛暨"创业沙龙"交流活动中，主办方特邀了4位退役军人企业家参与。期间，与会退役军人分享了4位企业家(张协旺便是其中的一位)自主创业的成功经验。赣州是他最初从事面包创业的福地之一。这次"军创会"故地重游，他十分高兴。庆幸自己当年与面包结缘，带头"试水"做面包，经过几十年的努力，带动家乡资溪数千人摆脱靠山吃山砍木头活命的旧传统生产方式，通过非林、农业致富，将资溪面包打造成为资溪的阳光产业，并成为与沙县小吃、兰州拉面等齐名、扬名海内外的全国知名品牌。他触景生情，历历往事恍若眼前，创业之初的辛酸苦涩，成功收获的幸福与喜悦，就像赣州城畔的章水、贡水涨潮般汇聚涌上心头……

结缘面包

机缘往往改变人生。1987年，张协旺已在福建省龙海县消防中队服役三年。他在部队任给养员，领取和采购粮秣、副食品、燃料和炊事用具，协助司务长和炊事班长调剂好战士们伙食。为改善生活，张协旺每星期都要去龙海县城"鹭岛面包店"采购一次面包作为部队官兵的早餐。鹭岛面包店的老板，是福建当地人。由于多次到他店里采购面包，彼此就熟悉了。其间，细心的张协旺了解到：做面包投资小、利润高，是一门很赚钱的行业。鹭岛面包店小，每天却有二三千元的收入，一个月纯利润估计超过万元。张协旺家住偏僻山区，村民收入很低，他一直有个想法：通过一个新的途径，用勤劳的汗水和灵巧的双手去改变家乡贫困面貌。他暗暗下定决心，要好好地学习和掌握面包制作技术。恰巧他所在的部队当时正组织官兵开展"警地两用人才"培训，每人可报名选学一门技术，他二话没说当即选报面包糕点这一门课程，因为此时的他已大致了解了面包制作的流程，还利用探亲的机会到家乡及周边做了一番市场调查。龙海县城街头巷尾弥漫着浓郁的面包香味，增强了他的信念，燃起了他心头的希望火焰，他决定复员后一定要开一家面包店，并踌躇满志地干出一番轰轰烈烈的事业。

于是，他趁着去上鹭岛面包店采购面包的机会，有意识地观察老板制作面包的方法。不明白的问题他直言向老板求教。老板毕竟是一个生意人，心中一直有顾虑，担心"教会徒弟饿死师傅，日后将抢了自家生意"。张协旺看出了老板的心思，三番五次上门苦缠软磨地要拜其为师，可他还是不肯答应。张协旺十分诚恳且坦承明白地告诉他："兄弟，我是江西人，今年就要复员回老家了。你知道，我老家在资溪，住在大山里，包括我们的父母都过着艰苦的日子。我跟你学一门手艺，目的是将来有碗饭吃。你教会我，我也绝不会在这龙海开店与你竞争抢饭吃！"最终老板勉强答应。其间，中队领导还曾亲自登门,说通老板接受张协旺到店学徒。就这样,张协旺每天凌晨4点来到店里,到深夜11点才返回驻地。他跟着师傅陈新从和面到烘焙,从成品到营销,每个过程都做到细心观察,反复揣摩,并把每个细节都一一记在心里,写在纸上。大约用了20天左右的时间,他掌握了制作面包的基本要领。同时,通过部队组织的理论培训获得武警漳州支队颁发的专业技术合格证书。

退伍返乡的第二天,张协旺便背起行囊同战友洪涛一道走出大山,在鹰潭找店面准备开一家面包店。

艰辛创业

万事开头难。开店需要启动资金13000元,张、洪二人各需出资6500元。为此,张协旺犯了难,因为当时家中实在太穷,几乎拿不出这笔"巨款"。几经周折,他先是得到未婚妻娘家2000元的资助,后由饶桥信用社杨坊代办点代办会计周松山担保,获得贷款4000元,张协旺才凑齐了资金,后便四处找店,最终在鹰潭找到一间店面。

然而小店还缺店门板,此时再无多余资金添置,张协旺只得从山岭村姐夫家找来房子上卸下来的楼板,用自行车捆扎数大块,顶着凛冽寒风和纷飞雪花,七八里泥泞坎坷山路,艰难地蹬运到火车站,从窗口递上列车……1987年12月26日,取名为"鹭江"的面包店在鹰潭开张。这可是资溪人在外地开设的第一家面包店,取名"鹭江",含有不忘师恩之意。经过一番筹备,张协旺和他的战友洪涛经营的第一家面包店便在鹰潭开张了。这里既是张协旺面包创业的第一站,也是他事业起航的第一步。

然而,开张后并非一帆风顺,难题接踵而来。由于学艺时间不长,技术和经验不足,尤其是火候把握不准,好几次将整箱的面包烤糊烤焦，只无奈报废。加上人生地不熟，生意非常清淡，导致流动资金短缺。他深陷于丰满的理想和骨感的现实激烈碰撞之中。夜深人静时，张协旺在床上辗转反侧，焦虑常使他泪洒枕头。

开弓没有回头箭！张协旺怀着"认准了的事就要坚决干下去"的信念，硬是义无反顾地朝前走。他每天超负荷地工作，那段时间一天只睡三个小时的觉。由于过度疲劳，一次骑自行车上街采购原料时，竟一头撞在了电线杆上！

20世纪80年代货物运输尚不发达，更无快递一说。有一次，从广州采购了一个烤箱，交给公路运输部门托运，结果一个多月都未收到。经追查，原来是被那"马大哈"的托运员错发到赣州去了。他只好从鹰潭坐班车一路颠簸前往赣州取回烤箱。为了节省资金，张协旺独自一人咬着牙将笨重的烤箱扛上车顶。几经折腾，他几乎筋疲力尽。好在他从小在农村长大，又在部队这所大熔炉里锻炼了三年，有着强健的体魄和非凡的毅力，所有的苦和累他都硬是扛过去了。

张协旺的面包店苦心经营了3个月后，一盘点经营效益并没有达到预期。于是，他和合伙人洪涛合计后决定分头再干。洪涛回到资溪在县城开了一片面包店，张协旺则继续留守鹰潭。此后不久，生意逐渐好起来挣了一些钱后，张协旺并不满足，萌发了到外地再创业的念头。于是，他将鹭江面包店转让给三哥经营。

1988年9月张协旺来到江西吉安。他先是承包了吉安市面粉厂的饼干车间。这里似乎是他的福地，一路吉星高照。面粉厂厂长是个既热情又爽快的人，给了他许多帮助和支持。张协旺每天四点多钟就起床，和面粉、做面包，然后跑车站、跑码头，请小杂货店的老板品尝、试销及推销自己的产品。

功夫不负有心人。经过一个多月艰难的奔波，张协旺的面包终于打开了销路，许多小商贩、店老板都找上门来采购和批发他的面包。他制作面包的技术也日益长进，逐渐成熟。由于产品供不应求，业务量剧增，他只得招兵买马，一口气雇请了20多名工人日夜加班，仍然供不应求。每天来此零售和批发面包的顾客络绎不绝。年底一结算，仅4个多月时间就挣了近10万元。这在当时可是一笔不小的数目，可谓真正意义上的"第一桶金"。至此，张协旺终于走出困境。但他并不满足，第二年上半年，他又将吉安的资产和店铺转给亲戚经营，独自前往赣州发展。赣州是江西省的副中心城市，他凭着娴熟的面包烹饪技艺，在这里开设了多家面包分店，均获得成功。

华丽转身

两年来在市场经济大潮中的摸索、搏击，让张协旺强烈地意识到：在吉安、赣州顺利开店，只能是暂时的成功。随着市场经济体系的完善和发展，目前这种家庭作坊的面包经营方式，终将被时代潮流所淘汰。面包产业最终要向规模化、品牌化、连锁化的方向发展。于是，他一方面积极为自己筹备能量，积蓄底气；另一方面拓宽视野、更新观念。期间，他先后到广州、深圳等地考察市场、了解行业信息；他去台湾、香港等地，甚至漂洋过海去日本、新加坡，了解和学习现代化的面包制作流程和最新的企业管理方式。

他开始把发展目标瞄准江浙沿海及辐射区域。1994年12月，张协旺在南京创办了协旺食品原料有限公司，开始从以往单一的面包加工转向食品原辅料、包装、器具等多元化经营模式。1996年，协力食品厂成立，这是一家集食品馅料研发、生产及销售一体化的综合性食品企业。2001年淮安"协旺"、2003年合肥"协旺"相继成立。由于地址的变更，原南京协旺食品原料有限公司也于2010年变更为南京泰润粮油有限公司，三家公司主营烘焙食品原辅料、馅料、包材、器具、客户服务、技术咨询及指导等业务，一举成为华东地区乃至全国都有一定影响的综合性烘焙原料贸易企业。2015年8月，张协旺又投资南京天厨粮油有限公司，"协旺"公司开始由单一传统营销模式转变为线上线下同步发展的多元化销售模式。2017年7月，张协旺再创立了协旺烘焙服务中心，这个烘焙服务中心后来成为华东地区最专业、独立一站式烘焙服务的供应平台，深受客户的青睐。

回首走过的路，张协旺仍记忆犹新。2004年张协旺的面包作坊升级为注册企业，更名为南京协旺食品有限公司。2006年，张协旺凭借优质客户资源、先进的经营理念和多渠道销售网络与香港浩恩国际发展有限公司合作，注册成立协旺浩恩(南京)食品有限公司。公司占地26亩，建有原料仓库、生产车间、成品仓库和研发中心，建筑面积近20000平方米。拥有两条国内一流的馅料生产流水线，具备日产40吨食品馅料的生产能力。

凭借国内顶尖的技术研发团队，秉承"用心做最好馅料"的发展理念，张协旺的事业如日中天、一路高歌猛进。至2020年，张协旺拥有4家公司，同时拥有协旺烘焙、苏旺馅料等多个知名品牌，公司员工百余名，服务车辆20多部，年产值达2亿多元。

在协旺浩恩公司大楼外墙上，镶嵌着两行大字："实实在在做人，踏踏实实做事。"这既是张协旺的人生格言，又是企业发展的根基。的确，从1987年鹰潭创办第一家小面包店到现在拥有资产过亿的大型企业，30余年来，张协旺一直遵循这一信念，并把它融进企业文化，一步一个脚印走过来的。其实，在1994年企业转型发展，改做面包产业的前端食品，包括馅料加工销售时都不是一帆风顺的。当时南京已有多家竞争的同行，而且实力都强大，要在夹缝求生，谈何容易!可他硬是凭着一股永不服输、心诚则灵的韧劲，每天蹬着单车满街散发传单，将他制定的"要货打电话，订货不论多少免费送上门!"的另类做法广而告之。说到做到，即便数量极少他也脚蹬三轮车送货，即使从城南到城北二十公里他也坚持照送不误，此举让许多客户感动。到他店里采购、订购的客户越来越多，张协旺只得购买一部双排带斗的"跃进牌"小皮卡送货。这一来，提高了送货效益，节省了客户时间，也提升了自身信誉。就这样以真诚、信誉征服和吸纳更多的客户。企业由小做大，逐步撬开、挤进大都市的面包市场，在全国各地生根发芽，成为中国面包行业的佼佼者。

情系桑梓

小小的面包让他蜚声中外，名闻遐迩。率先创业最终成为名副其实的企业家之后，张协旺时刻不忘回报社会，回报家乡。几十年来，他满腔热情地向千余名乡亲传授面包制作技艺和销售经验，利用面包这一特色产业带动和帮助乡亲发家致富。早在2004年，他就向资溪县委、县政府提出将资溪打造成"中国面包之乡"的倡议，后经多方努力，2006年资溪县顺利获得"中国面包之乡"称号，资溪是全国唯一获此殊荣的县城。不仅如此，他还倾情公益事业，先后为救灾、助学、修路等捐款数百万元。每年春节他都要回村里给古稀老人送上祝福，分发拜年红包。他用实际行动兑现了"退伍不褪色，致富不忘本"的诺言!

事业有成的张协旺常常这样教育员工："国家让我们生活在和平的环境下，作为食品行业的从业者一定要不忘初心，肩负起时代的使命，在遵守行业道德、生产安全优质产品、提升行业发展水平的同时，为社会、为家乡做出更大的贡献，为实现中华民族伟大复兴的中国梦发一份热，增一份光！"

二、洪涛：资溪面包创始合伙人

洪涛，资溪县高田乡翁源村人。祖籍浙江淳安县，1966年3月生于淳安县。因新安江水电工程库区移民，1969年，洪涛随家迁徙到资溪县高田乡翁源村落户。1984年，他应征入伍，在福建省龙海县消防中队服役，1986年调南靖县消防中队，1987年11月，洪涛退伍返回翁源村。

当时，翁源村很穷，人年均收入不足400元。洪涛决定到外面闯一闯。他找到战友张协旺，两人决定合开面包店。他们筹齐了资金，在鹰潭市租了一间店面，开起了资溪人办的第一家面包店。次年3月，他回到资溪，在资溪县城开了一爿面包店，取名"鹭岛"，把在鹰潭面包店学到的面包制作技术和管理经验带回资溪。洪涛在县城建设中路原资溪饭店的一间30余平方米门面店铺内开了第一家面包店，雇了本村5个人。第一个月，利润就达7000余元。到年底，纯利润达到3万余元。1988年，洪涛和张协旺把师傅从福建龙海请来，与他合伙在抚州市区剪子口开了一家面包店。洪涛还在南城县和金溪县开办鹭岛面包店分店，带动了当地面包业的兴起。1989年—1992年，他在江苏昆山、苏州、常熟、金坛等地开了多家面包店，只要有家乡人来学习面包技术，洪涛就毫无保留地传授技术，带出了300多名徒弟。至2017年，资溪乃至南城、金溪等

1990年高田老乡在江苏昆山洪涛店学徒合影

县，张协旺、洪涛带动了30多万人从事面包行业。

经过打拼，洪涛的产业越做越大，在烘焙行业一度被称为"面包大亨"。他还在北京创立北京港田责任有限公司，年产值1600多万元。

洪涛心中怀有一个改变家乡落后面貌的梦想。2012年10月，他转卖北京港田公司大半股份并托付给朋友打理，回到家乡高田乡翁源村发展生态农业。他斥资300万元创办资溪港田农业开发有限公司，与翁源村签订为期10年、面积2000亩的土地流转协议，主营艾叶种植和加工，采取"公司+农户+基地+科研"的运行模式，引导农户进行艾叶种植。

2015年，翁源村换届选举，洪涛被村民们推选为村党支部书记。任职期间，洪涛了解到出村公路年久失修，自掏腰包4万多元，请来施工队将进村公路拓宽修平，解决了村民出行难题，并积极争取国家资金重修村小学。

三、钟启文：面包业NO.1和儒商

钟启文，1965年3月22日出生于资溪县饶桥公社杨坊大队（今马头山镇杨坊村），世代农民。1982年高阜中学高中毕业后回乡务农，1984年任村民兵连长，1988年入党，翌年辞职出外做面包，1997年与江火忠创办嵊州麦香村（现凯客蛋糕），2001年与周金华、张风林创办杭州艺发食品有限公司（现浙江金澳艺发），2007年创办绍兴市资溪面包有限公司（现浙江资溪面包有限公司），2018年牵头创办江西省资溪面包科技发展股份有限公司。先后任资溪县面包行业协会副会长、江西面包商会会长、浙江省抚州商会名誉会长、浙商促进会副会长、绍兴市浙江大学企业家同学会执行会长、绍兴市江西商会会长、中国轻纺城江西商会会长，资溪县工商联工业园区分会（企业商会）会长等。《当代赣商——钟启文》一书，2021年列入江西省工商联（总商会）《当代赣商》大型报告文学丛书。

闯世界苦中觅甜

时间回溯到1989年春。钟启文从19岁起在村里当民兵连长已5个年头，同村的张协旺退伍后在外做面包赚钱的消息，在他心头激起不小的波澜，他萌动了趁自己还年轻要到外面去闯荡的念头。他好不容易说服了父母，辞掉了当时被人捧为"香饽饽"的民兵连长职务，毅然决然地走出大山，去了吉安张协旺开的面包厂拜师学艺，开启了他面包行业的创业生涯。

学成之后，他筹借了3000元在广昌县承包了一家面包店，初战告捷，3个月就赚了几千元。初尝甜头的他把广昌店盘给姐夫江火忠，再借了几千元钱，到赣州市大余县开了第二家面包店，到年底就实现了年初提出的万元户目标。1990年初，他又将大余的面包店转给舅舅的儿子经营，转到湖北省沙市开了第三家面包店。谁知天有不测风云，在沙市开的这家店不盈倒亏，最后竟然把之前所赚到的钱悉数赔光。不服输的他再次向亲友借钱，在当年6月份将设备拉到离沙市更远的恩施市，开了他人生的第四家面包店，生意又有了起色。

带着既要为自己寻求更大的事业发展，又要帮着亲朋好友创业的初心使命，当年8月份在武汉帮姐夫购买好面包设备后，钟启文从武昌火车站坐车去河南省驻马店市帮表弟和表妹夫找店面。谁料在车上他身上的钱和行李竟遭小偷洗劫一空，过了几天艰难的日子才回到恩施。此后，他硬是凭着这股不服输的闯劲和帮助亲友的热情，先后在重庆涪陵、四川泸州、江苏徐州、浙江海宁、海南海口和琼山、四川旺苍、山东泰安等地开了多家店，也带出了一大批亲朋好友。他"白天当老板，晚上睡地板"，尝尽苦酸辛辣和世态炎凉。由此他日趋成熟，做面包技术和经营经验也日渐长进。尤其是1997年，钟启文走进浙江嵊州市，这里是他事业顺风发展的第一里

绍兴资溪面包公司

程碑。他卖掉之前在各地打拼所开的大部分店筹得30余万元，和姐夫在嵊州创办"麦香村"面包店，并以这里作为创业"根据地"，三年内连着开了多家连锁店。他经营的嵊州麦香村面包店曾获"全国优秀饼店"称号，时至20余年后的今日，"麦香村"依然是嵊州当地家喻户晓响当当的品牌面包房。

"面包业NO.1"是这样炼成的

纵观钟启文面包创业史，给人印象最深的，就是他对事业的如磐执着和不懈向上。尤其是多年的奋斗历练，使他具有了对市场发展形势的敏锐和前瞻性判断。他说："以前认为做面包，又不是造原子弹，技术过得去就可以了。可是后来越做越发现不但技术非常重要，思路也很重要，于是我就四处去参加培训、交流，打开思路，包括对新技术、新设备、新原料的娴熟应用。我深刻认识到，只有综合实力过硬，在今后的发展过程中才能处于不败之地！"

商场如战场。尤其是在巨商大鳄如云的浙江大市场激烈竞争中搏风击浪，钟启文能逐步老练驾轻就熟，乃至长袖善舞，贵在他始终保持清醒头脑。他强烈地意识到："企业的发展，亦步亦趋跟在别人的屁股后头是绝无出路的，企业的发展需要的是知识的更新，思路理念的创新，唯有不断创新才能引领行业持续发展，方有可能脱颖而出，乃至独占鳌头。"山里人"磨刀不误砍柴工"的朴实道理他深谙在心，他决定抽出功夫加紧学习"充电"，先后自费到北京、广州、上海、杭州等地参加营销管理高端人才培训班，在2004年至2008年利用业余时间强补完成江南大学食品科学与工程（烘焙）专业的学习，并在2009年至2012年完成了浙江大学企业经营管理总裁班和金融投资与资本运作总裁高端班等学习深造。其间"搂草打兔子"，顺便他还虚心地向同班的浙商老板讨教经商办厂的门道"密码"。

学习改变了思维，开阔了他的视野。在成功登陆嵊州市场后，2001年，钟启文又联合几位老乡，乘势向浙江省城杭州进军，投资1500万元创办了融植脂奶油、巧克力、烘焙系列产品为一体的杭州艺发食品有限公司。先进的生产能力和营销机制，很快为公司争得不错的业绩和行业名声。

在相继成功登陆嵊州和杭州市场后，为响应资溪县委县政府打造"资溪面包"品牌的号召，审时度势后，钟启文把下一个"战略高地"选在绍兴。此刻他越来越清楚自己所面临的市场严峻形势：绍兴周边的业界大鳄都正摩拳擦掌地要蚕食绍兴市场，本土也有较强势的对手。此刻的他没有迷失，反而从中认清了自己的优势所在，即是整合资源的能力。他自信凭借数年的历练打磨，自己的管理能力不在对手之下，尤其是经营战略方面他更是成竹在胸，他注意到对手集中火力向城里进攻，而忽略了浙江乡镇的消费状况其实并不比城市相差很大。"你有你的神功秘籍，我有我的葵花宝典。"他冷静地分析了自己所处的优劣势，决定不陪那些浙商大佬在城区市场血拼。他果决理智地采取"农村包围城市"战略，迂回地向绍兴进军，把主要精力投注到乡镇市场。对那些同行巨鳄不屑关注或尚未顾及到的农村市场，他兵贵神速地抢先拿下，把所有的精兵猛将往乡村市场调遣。就这样，很短时间内整个绍兴的乡镇面包市场相继被资溪面包占领，并逐渐做到了各个地区的面包企业老大。

做"第一品牌"，把自己的产品做成独一无二、天下独大，一直是钟启文致力追求的终极目标。十余年磨一剑，在绍兴及至一些县区，他拥有占地面积10000多平方米、员工800余名的中心工厂和含有百余家直营门店。他把"资溪面包"做成了真正意义上的"NO.1"独享品牌。

　　2016年至2017年，资溪县委、县政府两位主要领导先后亲赴绍兴，盛情邀请他回家乡创业。钟启文怀着炽热的家乡赤子情怀，领衔参与擘画资溪面包食品产业城大项目的筹建。2018年他把绍兴的产业交付给管理团队打理，自己回到资溪全身心投入资溪面包产业城的建设。该项目运用集约化、标准化一条龙全产业链的现代高科技理念和模式，这对钟启文是个全新的课题，也是人生新的挑战和机遇。两年来，他马不停蹄地联络及奔赴全国各地，以资溪面包"香溢四方"的声誉效应和纯净资溪的优良生态环境、当地政府出台的招商优惠政策及日趋优越的营商环境，也凭着他本人多年市场打拼历练成就的实业家睿智胆魄和诚信行天下的人格魅力，广揽省内外烘焙行业的客商汇聚资溪，加盟面包产业城项目建设，致力把产业城建成最具活力生机的面包创业创新高地。

　　站在较高处鸟瞰正如火如荼投建生产已初具规模的资溪面包食品产业城，其厂区俨然一架巨型"航母"映入笔者眼帘。钟启文这位"舵手"，带领"水手"（股东）们，在市场经济诡谲多变的海洋中，劈风斩浪地搏击向前，充满自信底气十足地驶向事业成功的彼岸……

儒商风采

　　走进钟启文绍兴所在的资溪面包公司及资溪面包发展股份有限公司的面包烘焙学校，仿佛进入艺术殿堂、童话世界：通道两边墙上绘有资溪面包走进央视星光大道、资溪面包人故事等内容以及动漫图画；让人在心旷神怡的图画世界里，润物细无声地观看了资溪面包人创业的不凡历程……

　　钟启文办公室也氤氲着浓郁的书卷气。书架上摆满政治、经济、科技、文学等各类书籍。凭小说《南方有嘉木》获茅盾文学奖的大作家王旭烽在采访钟启文后，将其事迹浓墨重彩地写进她所写的报告文学《草根新部落》一书。

与众多企业家不同，儒商正是钟启文给人们的又一个突出印象。

平时他能侃侃而谈，但句句实在，绝不说空话大话。他运用"农村包围城市"战略，开发乡村市场接地气；但其经营理念一点也不落后守旧，就连门店的设计装修风格甚至家具摆设这类细微末节，他都力求别出心裁；哪些门店适合摆软沙发，哪些店适合放硬沙发，他都要精心安排，力求以最新的模式博取顾客眼球；还有面包以何种食材搭配更有味道、更有营养，比如牛奶加面包加巧克力加坚果加水果等等，他都力求以个性化吸引顾客上门。在他的心目中，一滴水也是大千世界，一道光也是日月星辰，于细微处方见精神。

他是用文化的理念来经营自己的产业。他舍得出资、赞助绍兴电视台《爱要大家唱》《幸福来敲门》等社会公益栏目，冠名支持"孝德好少年"全国青少年书画大赛；2019年5月赞助资溪籍世界拳王徐灿在家乡抚州成功举行金腰带卫冕赛，他倾情在乎的是赛场上赫然亮出的"资溪面包"四字与金腰带相映金灿生辉⋯⋯

他时刻把"资溪面包"品牌视若金贵。2014年在绍兴他亲自主持组织员工创作拍摄《资溪面包之歌》MV，让员工将这首歌唱遍绍兴全城及周边地区。2014年他还策划出品唯美微电影《绍兴味道》，让绍兴人在直观感受资溪面包人甜蜜爱情浪漫情怀之余，又接受寓人间真情于面包文化的艺术熏陶。他还赞助了资溪县微电影《邂逅资溪》、在企业内部创办不定期刊物《资溪大家庭》，着意在员工中营造"资溪面包（企业）是我家，我爱这个家"的浓浓企业文化氛围。

在经营企业的同时，钟启文还身兼多个社会团体头衔。在商家如云、各类商会如林的浙江省，作为异乡人的他，众望所归脱颖而出被广大商界大咖推举担任他们的牵头人，凭的正是他的优秀人品和文化涵养，当然也与他出众的领军才干分不开。他热心商会工作，长袖善舞地充分调动所在商会成员的积极性，力争以有"为"争有"位"。尤其是他担纲的中国轻纺城江西商会，2018年被国家民政部授予"全国社团组织AAAAA级商会"荣誉。2019年钟启文被中国焙烤食品糖制品工业协会授予"中国改革开放40周年焙烤食品糖制品产业杰出人物"。2020年钟启文会长被评为"浙江省社会组织领军人物"，是绍兴市社会组织商会（协会）中唯一受表彰的异地商会会长。

钟启文萦怀家乡情结，无私帮助和带动众多乡亲从事面包创业脱贫致富，并积极投身社会公益事业。2009年5月，他被资溪县慈善总会聘为（第一届）副会长；2012年他捐助10万元启动资溪希望小学工程；2013年5月，获得抚州市民政局、抚州市慈善总会授予的"抚州慈善最具爱心捐赠个人"荣誉称号。多年来，还为资溪一中、新月畲族村、县老年门球协会、跑协、钓协、篮球队等学校和社团机构提供力所能及的支持与帮助。对家乡的老年人、困难家庭发放慰问金已成为多年的常态化习惯。资溪面包登陆绍兴后，钟启文又积极联系绍兴文理学院，每年资助关爱贫困大学生；联合浙大的同学连续多年为绍兴上虞下管小学、嵊州雅璜小学、丽水缙云仙都小学的贫困学生捐资助学。2013年7月，作为浙商促进会副会长的他，又带头为促进会的慈善基金管理委员会捐资，组织开展慈善公益活动；他还经常组织企业员工在节庆假日走访慰问福利中心、敬老院，弘扬尊老、敬老、爱老的传统美德，关爱从事养老事业的工作者和志愿者。

他不忘反哺家乡，经常为家乡杨坊村修桥铺路建亭捐资。尤其是2017年应乡亲们召唤，钟启文回村被选为村党支部书记，他为精准扶贫、发展村经济殚精竭虑，不领公家一分钱工资，还掏钱为做得好的村干部发放奖励。他在外创业多年，见多识广。他借鉴江浙一带田园综合体治理的成功模式，发动村民筹资并流转380余亩农田自愿入股的方式，成立杨坊生态种养合作社。现在，杨坊村在组织建设、人才引进、产业发展、环境提升、村民和谐等方面都有很大的提高。2019年12月，在由国务院发展研究中心指导，中国发展出版社主办的"国研智库论坛"第六届年会上，杨坊村的乡村治理模式成功入选"富强之路——新中国成立70周年特别报道十大案例村庄"。2021年1月，在村级"两委"换届选举中，他再次当选杨坊村党支部书记和村委会主任。7月1日庆祝中国共产党百年华诞之际，他分别被江西省委和抚州市委授予"优秀党务工作者"称号。

四、卢方亮："工匠"面包师

卢方亮，1974年8月出生于资溪县泸阳公社三江大队（今鹤城镇三江村）世代农户家中。1992年前往浙江龙游学艺，开始学做面包。现为江苏扬州麦香人家食品有限公司董事长，扬州市江都区欧麦思琪食品厂总经理，扬州方亮米兰麦田食品有限公司董事长，南京乐芙德食品科技有限公司董事长，江西省面包商会会长，资溪面包科技有限公司董事，资溪县人大常委会委员等。

闯荡江湖 历经磨炼

扬州市江都区邵伯古镇，对卢方亮来说确是一块风水宝地。据

扬州麦香人家门店

传当年乾隆皇帝下江南，坐船经大运河至扬州，在邵伯古镇码头上岸。乾隆触景生情文兴大发，挥毫泼墨写下"大马头"三字。将"码头"错写成"马头"，并非他疏忽，而是有意为之："朕出身马背民族，天子御骑岂可让石绊脚？！"说来也巧，当2002年卢方亮登上邵伯这无石绊脚的"马头"，他的面包事业自此居然就一马平川、一路走顺。

事情还须从头说起。1992年，受当时资溪人外出做面包赚钱热潮鼓动，才17岁出头的卢方亮也毅然地走出家门，到浙江龙游的一家资溪面包店当学徒做面包。每天边蹬三轮送货边学艺，有好几次翻车摔得鼻青脸肿；后又开过拖拉机，贩卖过衣服，1996年还到南京炸肉串。1998年又重拾面包梦开店，一天深夜疲惫至极，酣睡中被火烤浓烟灼呛醒，竟然是楼下面包店烤箱烧坏酿成火灾。情急中他破窗从楼上跳下……所幸性命无虞，然已浑身是伤，且之前的打拼所得几乎归零！此后，不服输的他，又相继在四川泸州、湖南资中和郴州、陕西咸阳等地开店，都是收获平平。在湖南衡阳，还遭遇当地的黑恶混混结伙到他店里寻衅砸店,性子刚强的他没有就此而气馁趴下。卢方亮抱定一点:别人能成功,为啥我就不能?!

2003年春,他到江苏海门,结识了一位面包师傅,学到了一手做面包的好手艺。8月,他寻店来到扬州江都,踏上龙川大地,经过一番考察后,选定了邵伯镇,这里是江苏油田总部所在地,水陆交通便捷,经济发达;更为难能可贵的是,这里有丰厚的千年历史文化底蕴,旅游资源丰富,人气甚旺;尤其难能可贵的是当地人友善和气,社会治安良好。他贷款10万元,自己筹资10万元,共20万元,在古镇临街的转角租赁了一爿吊脚楼门面。楼下60余平米开面包店,楼上即开茶楼,卖咖啡饮料等。当时手头十分紧巴,进原材料,店里一干人住宿、吃喝,都是赊账欠着,凑合着赶在国庆节前开张。这次在邵伯居然来了个"开门红":开张后的那些日子,每日营业额都在4000元以上。他开始收获了真正意义上的"第一桶金"!

剑走偏锋 脱颖而出

卢方亮以工匠的睿智精明拿捏了市场"脉络"。当时扬州及周边主城区已被同行(且实力较强不可小觑)占据所剩无几,而乡镇市场尚有不少资源可供开发"填空",这正是自己这样资金不甚雄厚的小店主的千载难逢的机会!于是他同几位资溪同乡面包大亨一拍即合,果断地运用"农村包围城市"的战略,共同发力,把战略重心放在开发乡镇市场上面。卢方亮剑走偏锋,扬长避短,先后在江都真武、小纪、大桥等乡镇开分店;站稳脚跟后向四周辐射,逐渐地在江都城区开了14家直营店,再瞄准机会见缝插针地向扬州市主城区挺进,又开了12家面包配送连锁分店,乃至最终占据扬州市场的"大半江山"。

卢方亮并未沉醉于成功而飘飘然。他更冷静地回顾了此前在其他各地开店屡屡不顺历经波折的经验教训，加上他到扬州江都区后对市场状况的实地调查，他越来越强烈地意识到：要想在市场上争得一席之地，技术上没有"两把刷子"是根本不可能的。而自己在做面包这方面，眼下正是技不如人，扬州人在吃食方面特别讲究精致、精细，更要求我们的产品要比别人的技高一筹。如若自己没有创新自主品牌，质量上不过硬，是绝对混不下去的！

在创新自主品牌上，他有过一次沉痛的教训。起初，他曾沿用过一个品牌，被人投诉知识产权侵权而被处罚款。跌一跤买一乖，卢方亮由此懂得了品牌对企业生存的攸关重要。于是他用大心思、花大力气地去申请注册，并逐年地做大做强"麦香人家"这个品牌。2004年7月，他在江都区的真武镇开了第二家面包店。2005年，他忙中偷闲，求师如渴地专程赴武汉皇冠面包名店拜师学艺，学习人家的经营理念、管理经验，更学习人家工匠级的精湛面包制作技术和品牌创新理念。

卢方亮日趋走向成熟，2007年1月，他投资570万在泰州建麦香人家食品工厂；2009年，再将泰州工厂交人承包，开始干更大的产业——他在扬州城北工业园地征地20亩，建筑面积达6000余平方米，建起面包生产中央工厂，创办麦思琪食品有限公司。公司发展至今已成为生产和销售全链接，集面包、蛋糕、咖啡、西点、茶饮、节日应景礼盒于一体的全新复合型的连锁企业。公司拥有职工300余人，年销售产值近亿元。不光品种多样、口味独特，还在品质的精致上下功夫，尽可能地迎合当地人对食材、口味上的精细极致的味蕾需求，且价格适中实惠，他力求品牌创新，每季推出8款以上面包糕点新品种，前后推出10多个系列300余品种，以琳琅满目、价廉物美的系列品种面包，去招徕顾客挤占市场。

目前，麦香人家食品有限公司为扬州大学食品科学与工程学院实践教学基地,有食品研发中心、培训中心、配送中心和生产基地。他所开办的"米兰麦田"连锁店,"米兰麦田"源自意大利的时尚烘焙品牌。"米兰麦田"融合各种时尚生活新概念,除了传统的面包蛋糕以外,还引入咖啡饮品、华夫甜筒冰淇淋,是一家全新复合型时尚烘焙餐饮连锁企业。公司先后获得"全国月饼优质品牌企业""全国十佳饼店""全国优秀饼店""广东省国际月饼节金奖""全国烘焙十佳品牌形象店""全国冰淇淋蛋糕裱花技术比赛团体金奖""全国面包技术比赛团体金奖""扬州市江都区企业文化先进单位"等荣誉称号。

赤子情怀 用情至深

卢方亮从一个普通农民,闯荡市场历经艰苦磨难成为面包大企业家后,感恩情愫萦怀在心,他时刻不忘回馈社会反哺家乡。

在企业内部,他时刻提醒要求股东和员工们必须坚守"用良心做面包、用质量赢市场、用诚信待顾客"的职业操守底线。同时,卢方亮也热心社会公益事业,在他担任的社会职务的众多头衔中,有一个特别引人瞩目:扬州市企业家公益联盟发起人。做公益发起人,自然必须具备一定的经济实力;但更需要有一颗滚烫的爱心。卢方亮感恩扬州人民宽厚地接纳他这个异乡山里客,他倾情回报当地社会。

"麦香人家是我们的名片,服务社会是我们的志愿。"近年来,六一儿童节组织慰问特困学生和留守儿童,开展"送关爱"活动;夏天酷暑,组织慰问环卫工人,开展"送凉爽"活动;八一建军节,组织慰问扬州武警部队,开展军民鱼水情活动;重阳节,组织慰问敬老院孤寡老人,开展"送温暖"活动。除此之外,与江都报社慰问老红军、与江都电视台慰问江都城北敬老院、与江都电视台《我爱我家》节目组慰问区残疾学校儿童、与江都禹王宫社区慰问贫困家庭，各种爱心活动达30多场次，价值近10万元，以实际行动回报社会。2019年，企业被扬州市江都区文明办、扬州市江都区志愿者协会授予为"扬州市江都区志愿者创业实践基地"。

在一次企业家公益联盟座谈会上，卢方亮动情地说："每一个在异乡客居的人，都会对故乡怀有一份难以割舍的眷恋之情，这或许就是我们在异乡的游子的一种情感皈依吧！"

2016年，众望所归，他当选总部设在家乡资溪的江西面包商会第二届会长。他没把这个会长当成挂名闲职，而是身体力行地去操办经营。他积极支持资溪县委、县政府和江西面包商会联合成功举办了四届资溪面包文化节暨烘焙竞技展示。尤其是2018年5月7日，他领衔江西面包商会，联合众面包业大咖制作3188米长的"中华神龙"蛋糕，创吉尼斯世界最长蛋糕纪录，且产生了巨大的社会效应和声誉。资溪面包为江西省旅发大会在资溪召开献上了一份厚礼。近年，他还带领江西面包商会，积极配合县委、县政府实施"面包+扶贫"工程，团结联合和引导近200家会员单位的面包老板，开展"百店助百户"的精准扶贫行动，在资金、技术、信息等方面，对全县老弱病残和下岗失业等人员结对扶贫。

五、鲍才胜：以才取胜的"鲍师傅"

鲍才胜，祖籍浙江，20世纪70年代出生于高田乡黄坊村凡献组。现为北京鲍才胜餐饮管理有限公司董事长，江西省抚州市北京商会常务副会长。曾获得中国食品安全年会组委会颁发的"2017—2018食品安全普法先进

工作者""2018—2019食品安全优秀管理者"等称号。

鲍才胜在做面包前一直在家以种田为业，过着仅能温饱裹腹的日子。忽如一夜春风来，千门万店面包开。眼见着身边的亲友一个个洗脚上岸跑出山里，他心痒痒了，人家个个发家了，我怎么就不能致富？他决定去外面闯荡一番。

以才取胜　网红鼻祖

2004年，鲍才胜怀揣着省吃俭用和向亲友借来的十几万元北上京城，在中国传媒大学旁的定福庄北街开起人生的第一家"鲍仔西点屋"，主要经营面包、西点，凭着好技术加上好人缘，头脑好使的他次年便在北京创立"鲍师傅"糕点品牌。2005年研发出拳头产品肉松小贝，一试投产，口味及创意即赢得了消费者的青睐。"鲍师傅西点屋"门店前逐渐出现顾客排队购买的喜人现象，形成当地一道亮丽的美食风景线。后来，他在北京市区后海、东四、雍和宫等地又相继开起13家门店，"鲍师傅"糕点香飘京城。

2013年，北京电视台美食频道在北京地区开展寻找"北京十大排队名小吃"的活动，"鲍师傅西点屋"的门店虽地处偏位小门面，却被广大消费者投票扶正上位，"鲍师傅"糕点声名鹊起，口碑连连。

2014年，"鲍师傅"糕点开始进军天津市场，被当地媒体评为"最具特色小吃"。2016年，"鲍师傅"糕点强势登陆上海，鲍师傅靠自有资金开起了数家大店，每店均在100平方米以上，其中上海淮海中路店超过了200平方米。在上海，凭着对顾客的高度责任心及对产品的极致追求，"鲍师傅"糕点更臻佳境，出现排队7小时才能买到"鲍师傅糕点"的罕见奇观！创造了上海滩快消行业新的神话，书写了上海滩创业的新传奇。

鲍师傅广东惠州华贸天地门店

好糕点在"鲍师傅"

2017年起，"鲍师傅"开始向广州、深圳、重庆、成都、武汉、长沙、南昌等多个城市渗透。同时，为加强管理、做大做强，以北京为龙头的鲍才胜餐饮管理有限公司应时而生。公司上下齐心，全国各地联动。所到之处，每开一店，都会引发顾客排队购买，有时队伍绵延数十至上百米。鲍师傅以"史诗级"的排队现象很快在朋友圈刷爆，成功跻身消费升级头牌之列。它被贴上"网红"标签，成为朋友圈炙手可热的时尚礼品，到北京、上海旅游的朋友宁愿排队也要尝一尝"网红蛋糕"的滋味。各地网络及报纸杂志等媒体均对"鲍师傅糕点"热闹景象给予关注和报道。

为让顾客买得放心吃得舒心，2018年，公司在烘焙行业率先引入"明厨亮灶"工程。消费者通过门店的玻璃窗即可看到糕点生产制作的所有过程，透过门店大玻璃看不到的角落，鲍师傅也会通过视频监控实时呈现，全国门店均有监控将后场糕点制作的所有过程通过店内的高清大屏幕360度无死角向广大顾客直播展示。"鲍师傅"不断提升门店卫生标准，做优质糕点回馈大家的信任。

这些年来，"鲍师傅"始终以"不做加盟、只做直营"为良心策略，落实并保证每一门店的糕点品质。"艰难困苦，玉汝于成"。目前，"鲍师傅"品牌历经十余载的风雨洗礼，发展成为国内知名的烘焙品牌，60余家直营门店在全国29个城市落地生根开花，而他的团队已拥有近600人。

事业飘香　回报家乡

谈及今后发展方向，鲍才胜董事长成竹在胸。他说："未来出于对规模化的考虑，在不影响口感和品质的前提下，将会自建工厂生产部分产品，开几家大店拓展外卖市场。并把自己的食品工厂开到资溪（抚州飞地）工业园，助力家乡经济发展。"

在致力创业的同时，身为公司董事长的鲍才胜不忘初心，向家乡民政部门捐款12万元专项资金用于扶贫事业。据不完全统计，几年来他为支持公共卫生、助力教育、敬老爱老等，累计捐款捐物达300多万元。

六、傅细明：面包科技公司的领航者

傅细明，1960年4月出生，中共党员，江西省资溪面包科技发展股份有限公司董事长。曾担任上市公司福建圣农集团常务副总裁、党委第一书记。

傅细明是福建圣农集团总裁傅光明家族的主要成员之一，也是圣农集团主要管理者

和开拓者之一，为何会放弃圣农集团优越的条件来到资溪从事面包产业，这一切都要从一个美丽的故事说起。

傅光明、傅细明兄弟祖籍资溪，一直关注着家乡经济发展，也关注着投资环境，面对家乡投资环境的转变，2017年欣然接受抚州市委、市政府和资溪县委、县政府"双返双创""三请三回"之邀参加资溪面包产业招商会，回到家乡做企业，助力家乡发展，升级资溪面包产业链。

在去绍兴参加绍兴资溪面包有限公司董事长钟启文女儿婚礼时，傅细明遇见了很多面包人才，由此改变了他对资溪面包人的印象，下定决心成为一个新资溪面包人。回程途中与汕头华荣食品有限公司董事长钱海华乘同一趟火车回资溪，两个不太爱说话的人，聊了一路的面包，聊过去的面包、中国面包概论、面包升级问题以及面包的营养。还有此前与江西面包商会会长卢方亮的交流，构成了傅细明对资溪面包人的第一印象——敬业。

傅细明与资溪面包就这样开始"联姻"。而在2017年之前，傅细明一直在圣农集团负责白羽肉鸡产业链。傅细明是营养学专业出身，多年来他始终坚守"民以食为天、食以安为先"的理念，把食品安全作为圣农集团各项生产经营工作的重中之重。傅细明在资溪面包找到了融入点和新的发展方向，前半辈子与肉鸡打交道，而面包则是他下半辈子求索的目标。

傅细明认为，传统的面包是甜咸油贵，而资溪面包要打破传统做出好吃不贵适合亚洲人口感，适合当今消费者需求营养健康的面包。中国人面包消费年人均1.9公斤，远远低于全球18.7公斤水平，有着巨大的无限可能。

资溪面包公司按照上市公司经营模式规范运作，建设集烘焙上游原材料企业、烘焙商学院、品牌管理中心、产品研发中心、集采服务中心、退役军人孵化园为一体的资溪面包食品产业链，锻造烘焙行业全产业链。项目建成后，预计年产值约30亿元，实现税收

资溪面包股份公司

1.8亿元，安排就业1000人。近期目标是建成四个大型烘焙类企业，将资溪面包打造成中国烘焙界的知名品牌。万家股东联邦式直营面包店，创造大型产业链、大型冷链+连锁模式的联合收割机资溪模式。

傅细明说顾客价值时代已经来到，市场需要我们成为价值与价格并存的企业，市场需要我们成为创造并共享价值链的企业。

由傅细明提议并通过的资溪面包公司高管承诺：在公司任职期间，做到不贪污、不受贿、不以权谋私，如有违反，查处到贪污受贿二千元以上，无条件辞去公司一切职务，放弃个人在公司中投入的所有股金股权，并放弃法律上的一切抗辩权。

资溪面包人严苛的自我要求，源自资溪纯净的气质。

资溪面包全产业链需要的东西太多，也为资溪富余农产品提供了市场。

全县农户自养的蜂蜜加工成烘焙蜜，剩余的资溪白茶和红茶等茶叶可以制作抹茶，农户种的冬瓜南瓜地瓜等农产品可以卖给馅料厂加工成馅料。

在傅细明眼中，资溪面包同圣农集团一样，就是一只潜力升值股。他试图将全新的前瞻性理念"移植"到资溪面包公司的培植，利用圣农成功上市的经验帮助资溪面包公司上市……

傅细明，面包产业城的领航者，也是"双返双创""三请三回"政策开出的美丽花朵。

七、钱海华：瀚海中的一篇华章

钱海华，男，汉族，1964年1月出生在江西省鹰潭市，中共党员。汕头华荣食品有限公司原董事长，江西省资溪面包科技发展股份有限公司董事、营运部总监。

自1995年创办汕头华荣食品从事烘培行业以来，创建"华荣模式"，以身作则，积极带动家乡及周边的烘培企业发展和进步。在汕头面包店越开越多，营业额越来越大的同时，钱海华反而忧心渐起，逐渐认识到了目前中国烘焙行业的局限性和发展的瓶颈：中国目前绝大多数烘焙企业都是单打独斗、各自为战，没有行业统一标准和龙头企业，且原料成本、人力成本日益上升，广大中小面包企业难以为继，更难发展壮大。

2018年初，烘焙行业知名人士、资溪面包领军人钟启文找到钱海华，介绍了资溪面包的发展未来和资溪政府准备打造面包文化和产业城规划。美好的蓝图和发展前景深深打动了钱海华的心。

2018年8月，钱海华毅然来到了江西资溪，与资溪面包人一起创立了江西省资溪面包科技发展股份有限公司，并担任公司董事、营运部总监。公司创立伊始便按照上市公司经营模式规范管理和运作，并依托资溪面包食品产业城的开发，建成集烘焙上游原材料和成品生产、冷链物流配送、连锁终端销售、烘焙教育培训、品牌运营管理、产品研发、集采服务为一体的资溪面包食品全产业链，全面整合资溪面包资源，提升"资溪面包"品牌，引导行业向高质量发展，彻底改变资溪面包"小、散、弱、危"局面。

2018年9月，公司控股的第一家原料工厂资溪费歌食品公司肉松厂项目开工。2019年3月，钱海华带领公司员工筹备举办的第四届"中国资溪面包文化节"获得完满成功，大大宣传和提升了资溪面包的品牌。

2019年8月15日，公司所属的第二个投资项目——资溪面包、糕点、馅料食品厂开工建设，钱海华监管厂房的施工以及设计装修。同时，钱海华还为公司品牌推广亲力亲为，积极开拓市场业务。截止2021年7月，公司新成立并开业资溪面包店100余家，发展态势令人喜悦。

资溪人把山里人的性格优势注入面包，使它发酵壮大成一种独特的面包文化。能在这个行业里存活并做出规模者，都是信奉一分汗水一分收获的实在人，心胸还要像大山，容得下千万种生物分享阳光。

汕头华荣西饼店

一衣带水，有条名叫泸溪的小河从资溪城中穿过，被翠谷幽林过滤无数遍的山泉水清澈舒缓，两岸人家从容地淘米洗衣，流到鹰潭，滋养鹰潭的人和物。这也是钱海华与资溪缘分的开始。

2020年，钱海华被授予"资溪县荣誉市民"称号，是对他在资溪对外交往和经济建设、社会发展等方面做出突出贡献的最好诠释。2021年，他将户口迁入资溪，成为真正的资溪县市民。钱海华不后悔来到资溪，他要把资溪面包辐射资溪周边300公里，打造成年产值5亿元纳税5000万元的烘焙航母，最终实现资溪面包上市的目标。

人生瀚海，钱海华希望在资溪写上一篇华章，帮助实现资溪面包人的烘焙伟业。

八、费红军：精彩人生创业路

费红军，出生于1973年6月，中共党员，本科学历，国家食品安全师、国家中级品牌管理师、国家烘焙评委、国家高级烘焙师。现任江苏费氏食品集团有限公司董事长，江西资溪费歌食品有限公司董事长，资溪县荣誉市民。

肇始费氏，专注肉松生产销售26年，费红军凭借睿智和超人胆略，一路披荆斩棘，洒下一路汗水，在中国食品行业这个大舞台，演绎了创业人生精彩。

搏击商海不畏难

1992年，他以全校最优秀的成绩毕业，被江苏省粮食二局设计院破格选拔录用。但他年轻而躁动的心中，渴望自己的创业梦想——趁人年轻,闯出一片属于自己的天空,在商海中搏击翱翔,实现人生的真正价值。

1994年,费红军意外和肉松不期而遇,敏锐地看到了肉松背后广阔的市场和客观的利润,看到了中国的肉松食品市场前景好、空间大和宜打拼的发展方向。于是,他带着萌生发酵的创业愿景,背起行囊,先后考察了苏南、浙江杭州和宁波、湖南长沙、福建福州和厦门等大中城市的肉松市场,更加坚定了他要做肉松的决心。经过慎重考虑,费红军决定辞去粮食局的公职。他成立了费氏食品公司,租了几间房子作车间,风风火火地生产起来。

面对艰难,费红军沉着冷静,审时度势,从容应对,靠这种"勇立潮头敢为先,不畏困难勇直前"的精神,一年之后,工厂终于起死回生,踏上了一条发展之路。终于从一个名不见经传手工小作坊,发展成长为集培育、养殖、研发、生产、销售为一体的肉制品加工企业,争取到烘焙界的一席之地,成为中国食品行业中的佼佼者。

创新引领新发展

创新是民族进步的灵魂。对一个企业来说,创新也是发展的出路。

为更好地参与市场竞争,1994年4月费红军组建盐城费氏食品有限公司,生产面积达75000平方米,逐渐形成培育、养殖、研发、生产、销售为一体的大型肉制品加工企业,年销售上亿元。如今,江苏费氏食品集团股份有限公司成为中国肉松国家标准制定,中国烘焙行业最具影响力原料企业之一,为中国烘焙行业提供一站式解决方案,全面进入国际市场,进入食品全领域应用推广。

合纵连横从头越

2018年6月,在资溪县委、县政府及江西面包商会的共同推动

2018年9月28日，费歌肉松厂开工典礼

下，费氏集团与江西省资溪面包科技发展股份有限公司共同投资兴建江西资溪费歌食品有限公司，落户资溪面包食品产业城。规划建设用地总面积约120亩，建筑面积约50000平米，总投资约3亿元人民币，精心打造集研发和肉松生产、加工为一体的现代工业项目，精心打造行业领先品牌，打造全球最大的肉松生产、加工企业。

费氏集团来到资溪，为资溪面包产业城写下扎实的一笔，为资溪面包产业安上无限可能的翅膀。

2020年4月，资溪费歌食品有限公司正式投产，为资溪解决就业150余人，年创税数百万元。

2020年11月19日，在中国黄山·首届中国非物质文化遗产论坛大会上，费氏集团荣获"中国非遗肉松传承技艺研究基地"，这是继"中国传统糕点传承与创新优秀标杆企业"后的又一重要殊荣。

"名声源自品质，品质造就名声"，这是费氏肉松以质取胜、以诚相待的理念，也是企业立于不败之地的法宝。

2020年，费红军被授予"资溪县荣誉市民"殊荣，以表彰他为资溪面包产业所做的突出贡献。

九、徐全龙：农民工"西点军校"校长

徐全龙，原籍临川县唱凯徐家村人，1970年12月出生于资溪县乌石。1994年从资溪县水泥厂下岗，加入资溪面包创业大军，2002年8月，创办江西全龙蛋糕艺术培训学校。培训学员自主创业当上面包老板，培训和新增就业岗位5万余个。他先后荣获全国劳动模范、全国致富带头人、全国再就业先进个人、全国创业之星、中国烘焙最具有影响十大人物、中华烘焙协会专家组专家、江西十大杰出青年、江西再就业先进个人和江西省突出贡献人才等荣誉称号。2009年4月获准享受国务院特殊津贴。2021年6月21日省政府授予其"赣鄱工匠"荣誉称号。

提起徐全龙创立的全龙艺术蛋糕培训基地(或称培训学校)，人们都会说：为资溪面包这个特色产业在市场经济大潮中独占鳌头推波助澜，这个基地功不可没。

1993年，时年23岁的县水泥厂工人徐全龙，因水泥厂在市场竞争中乏力停产随全员下岗。徐全龙怀揣27元钱乘火车到杭州下车，举目无亲，一片茫然之际，遇见一个在面包店打工送面包的老乡，经其介绍到资溪面包店打工。于是他白天帮老板送面包，晚上看老板做面包，此次与面包结下不解之缘。几个月下来后，他凭着偷学到的一些做面包的技术，也尝试着自己筹钱另开面包店。第二年

11月，他在杭州市临平区乔司镇开了当地唯一的面包店。开始时生意很好，10天就收回投资，几个月就赚了10多万。但是好景不长，店的生意越来越清淡，以至难以为继。究其原因是品种单一，面包质量不稳定，说到底就是他技不如人；他尝到了由于自己手艺不过硬而被市场看不清的魔手无情嘲弄的苦头！此次，他强烈意识到提升面包工艺和技术的重要性。恰好他的店旁有一家高档宾馆里有面包店，他有意识地透过玻璃窗，能看到面包师做面包的一些流程，技术娴熟，和面、掺水、揉合、成型等，动作技术干净利落，一气呵成，仿佛舞台上艺术家的精湛表演。他看得专注入神，茅塞顿开：不怨天，只怨自个不争气！

自此他先后10多次赴上海、广州、山东、江苏等地拜师学艺，参加培训，他虚心琢磨钻研，制作面包和蛋糕的技艺日渐提高。2000年他报名前往"黎国雄蛋糕装饰研究发展中心"烘焙大赛。大赛中，他技压群雄摘桂夺得头名金杯。技术成熟后他一连开了36家分店，生意蒸蒸日上。

事业正如日中天的他却是个不安分的人。他透过表面繁华的景象，看到了存在的隐忧现实：资溪面包店都是自发、仿效式的夫妻店、兄弟店、合伙店，经营战术是"单个、小股作战，哪里有钱赚就到哪里开店，哪里好设店就把店设在哪里，"利大大干，利小小干"。虽然机动灵活，却普遍技术含量低，经营理念差，且多在经营人家大公司淘汰的产品。在市场优胜劣汰的无情竞争面前，不求产业升级，仍为小作坊式生产，未来生存空间只会越来越狭小。有不少的资溪面包老板在同他交谈中，都说有危机感，都有一种求学提升水平的强烈欲望。一个大胆的念头在徐全龙的脑海中急速"发酵"，他果断决定回家乡资溪创办面包培训学校。他一边努力说服家人，一边将所有的面包店拍卖干净，2002年初他义无反顾地回到

全龙面包培训学校

资溪筹办面包培训学校。

　　资溪县委、县政府领导热情鼓励、高度赞许徐全龙的想法和打算；相关部门鼎立支持，一路绿灯地为他提供支持、方便。经过几个月紧锣密鼓的筹备后，挑了个大吉大利的日子——当年8月8日，投资30万元的全龙艺术蛋糕培训中心在县城最热闹的地盘——商业城正式挂牌成立了。

　　开办培训学校，首要的是师资力量。徐全龙自己是高级烘焙师，但他还遍访名师，不惜重金，高薪聘请10多位师傅高手。他从面包市场需求出发，开设了艺术蛋糕塑胶、烘焙、裱花等10余种培训课目。培训基地招收的学员，绝大部分是农村剩余劳动力，也就是农民工，还有不少下岗工人、待业青年，以及高中毕业高考未录取的学生。

　　徐全龙常说："我夫妇自己原来就是国企下岗职工，亲身尝试过就业创业尤其是起步阶段的艰难困苦，我非常感同身受了解农民工、下岗职工这些社会弱势群体的苦涩艰难处境，理解他们急切渴望掌握在社会上打拼本事的愿望和心情。"在培训费用上，培训中心视不同对象给予优惠：对农民工学员，实行"特困农民免费，贫困农民减费，一般农民优惠"的办法。对下岗职工给予200-500元的学费优惠：有失业证的下岗职工，每人优惠500元；没有失业证的，视经济状况每人优惠200-500元不等。对于经济条件困难的，培训中心自主制定了优惠办法，尤其是对特别困难的学员，基地还"一人一议"给予更特殊的对待。鹤城三江村农民方忠红家庭比较困难，在学习期间父亲又突然患病去世。基地不但免除了其全部费用，还补助他200元生活费，并优先推荐他就业，助他摆脱困境。自2002年基地建立至今近20年，培训基地共减免了近2万余人的培训费，培养出5万多名农民工学员，帮助他们走上致富之路。有一件事在徐全龙记忆中刻骨铭心。2008年。高田乡一位农民面包师正在汶川一家大超市开了一爿面包店。"5·12"汶川那场特大地震顷刻间将大超市夷为平地，他投资上百万元的面包店也瞬间化为乌有。他双手空空返回家乡后，徐全龙面包培训基地热情地向他伸出双手，免费让他参加培训。不久，他带着学到的全新技术，重新振作起来，继续闯荡江湖，几年后就将面包店做得更大。说到从地震创伤中从头再来创造辉煌的经历，他内心十分感激徐全龙当初对他的无私帮助。

全龙艺术蛋糕培训基地经历了从蹒跚学步的孩童逐步发育为健全成熟青年的成长过程。基地面积由起初的300平方米，鸟枪换炮般地扩展到后来的8000平方米，以至2011年原子裂变、酵母发酵般地发展到如今的6万多平方米的全龙面包城，如今也叫资溪面包产业一条街。秉着"围绕市场需求加上科学前瞻"的办学理念，不断调整、充实和提高。一是建设了一支能教、会管、有经验的师资队伍；二是制定了毕业学员技术跟踪测评机制；三是实行竞赛式的激励机制。

为训练学员的基本功,他特意借鉴中国民间传统陶瓷工艺制作方法,设计了一个"九道沟"蛋糕。这项左手转动盘子、右手挤出奶油的裱花制作技艺看似简单,但必须凝神定气、一气呵成,稍有不慎,就会功亏一篑。

正如马克思所说的:"艺术追求美。"于此,徐全龙不愧为面包制作技艺工匠大师。资溪得天独厚的自然生态美,素有"华夏翡翠、觉者天堂"美誉,为徐全龙培训基地的教学活动创造了迥异于全国同类培训不可多得的良好条件和艺术创作空间。他匠心独运地将艺术美赋于教学过程中。在课余时间,他领着学员徜徉在资溪的青山绿水之间,引导他们细心观察一草一木、一虫一鸟,放飞心灵的翅膀,寻找创作的灵感。这里的学员多次参加全行技能竞赛屡屡获大奖。

为确保农村青年能够在培训毕业时直接就业,基地还依托县面包行业协会和协会党委,加强与分布在全国各地的面包企业的联系,及时了解各企业对烘焙技术人员的需求,接受企业的"员工定单",优先推荐优秀农村青年就业。此外,还建立了"全龙培训学校网",与全国的面包行业进行交流沟通,在发布培训学校最新信息的同时,及时了解各地面包市场的行情,为学员提供最新的就业信息。

全龙培训学校拥有全自动食品机械化生产流水线两条,国内首推的自动化氮气包装线两条。用这项设备包装的产品氮气纯度高达99.9%,能使产品完全处于无氧无菌状态下,不需要添加任何的防腐剂、干燥剂、脱氧剂,产品的保鲜期、保质期比其它包装还要大大延长。并且可以承受75公斤质量的挤压,保证产品绝不变形,便于运输。

2003年,他的故事在中央二套《激情创业》栏目播出。2004年中央七套《金土地·稻花香》摄制组来资溪拍摄资溪面包培训基地专题节目，节目播出后引起很大反响。辽宁丹东桃李食品公司创始人吴志刚慕名前来学习裱花蛋糕和面包制作工艺技术，这个公司后来成为上市公司。2004年5月，徐全龙意识到要创品牌，便注册了资溪面包全龙食品，这是资溪面包人注册的第一个以资溪命名的食品品牌。

　　桃李不言、下自成蹊。优惠的学费，过硬的技术和授业效果，不仅吸引本县的农民工、下岗工人和待业青年踊跃前来求学，还"屋里闹敲打——名声在外"，吸引全国各地的已做面包和正想学做面包的人，甚至还有俄罗斯人慕名来这里拜师学艺。辽宁丹东市桃李食品厂是个有50多个分店的食品企业，总经理吴志刚有着30多年的面包制作经验。一个偶然的机会，他在报纸上获悉资溪开办了面包人才培训中心，慕名求知抑或是好奇心，他专程千里迢迢赶到资溪参观学习。他在培训中心上了两天课，临走前，这位古道热肠的关东汉子爽快地留下2000元钱说："徐师傅，凭你的技术，我服！这2000元就算是我的咨询费。"

　　来这里"充电"的，也有不少经营多年面包制作的老手。本县乌石镇农民谢成孙在湖北开了13年的面包店，由于年纪越来越大，他越来越感觉自己技术老套，面包生意开始走下坡路，听说家乡有人在搞培训，他放弃生意，专程赶回学习。培训结束后，他拉着徐全龙的手说："学了技术后，我对今后生意更有信心了。"近20年来，全龙艺术蛋糕培训基地已培训出农民工、下岗职工等数十万名学员，学员都有所专长，走上创业致富之路，有60%的学员自主创业开店当老板，成了资溪农民面包军团的中坚力量。培训基地就是人才的摇篮，学员学成后到全国各地，一部分给面包店打工，成为技术骨干；一部分当老板，独当一面，经营面包店。桃李满天下。

徐全龙还着力打造面包旗舰店，已在全国的许多大中小城市开设了多家"全龙旗舰店"，旗舰店成了培训基地的示范店、种子店、影响力越来越大。

十、张凤林：风劲帆正 林茂艺发

张凤林，男，汉族，1965年1月出生于资溪饶桥公社杨坊大队（今马头山镇杨坊村）。第一学历初中毕业，创业后于2014年浙江大学工商管理学院MBA深造结业，现为浙江金澳艺发科技有限公司董事长。社会兼职曾任浙江省抚州商会副会长、江西面包商会顾问、余杭江西商会理事会常务副会长、资溪慈善基金会副会长。

经营面包，三起三落

1989年10月，受本村人张协旺（也是他的亲戚）带头做面包赚钱的鼓舞，张凤林心想："我也有一个脑袋两只手，张协旺他行凭啥我不行？" 正是凭着初生牛犊不怕虎的一股子愣劲，他在德安县开了第一家面包店，然而做了3个月一盘算才赚2000元，并非传说中的那么赚钱，他无奈地关门，失落地回到老家。

在家待了一段时光，按捺不住也心犹不甘的张凤林又跑去湖北老河口找店，店面是找到了却没有启动资金。他便回家在姐姐那坐了一天得了400元，最后借遍所有的亲戚得了2000元，加上贷款2000元，经营一年半竟赚了四五万。

有了两次开店的摸索，小富不止步的张凤林把目光转向四川自贡，他把老河口的设备拉到四川搞面包批发生意，主要做奶油小面包和炸鸡腿，3个月便赚了10万。最疯狂的时候一个月用了10吨面粉。6个人连着做，他像拼命三郎似的40来天没有上床睡觉，累了困了就趴桌上椅上眯眯眼。员工抱怨说："老板你可以不给工资，不给饭吃，可你一定得给我睡觉呀！" 有些天大家争抢着上厕所，都觉得上厕所的时间是幸福的，可以在那眯个十几分钟。创业初期就是这样苦干硬撑熬过来的。

1990年，由于家庭突然发生意外，他无心打理生意，一年时间里这家店从一个月用10吨面粉跌到一个月用不了1包面粉。

当表弟告诉他店里只剩400元和一包面粉的时候，张凤林再也坐不住了，他决心振作起来研究新产品。上新产品这一招救活了这家店，从一天一包面粉到三包面粉最后到十六包面粉。

整理心情重新上路，在宁波碰到一个女公交司机，那时女公交司机是个新奇事物，他跟着感觉走，跟随着女司机方言声来到慈溪。在慈溪开起面包房，竟然顺风扬帆，一年后又开一家，开始赚了个盆满钵满。

跳出面包，经营原料

1994年，不甘落后于人也不满足现状的张凤林，和张协旺同时做原料生意，张协旺在南京，他在杭州。

2000年，他与人合资首期投资1500万元，创办融植脂奶油、巧克力和烘焙系列产品为一体的杭州艺发食品有限公司，公司拥有全套从美国进口的全封闭无菌生产线，并通过ISO9001国家质量体系认证。2001年正式投产，公司产品畅销25个省市，鲜奶油销售量居全国同行业前3位，公司有员工700余人，连续多年被公司所在地授予"纳税大户""诚信企业"荣誉称号。但不久他面临一个最大的问题，即挤压货款太多，货卖出去欠债的多，账面上没有钱。张凤林立马转变发货方式——先打款后发货，且给予客户优惠多多。这样一来激活了众代理商，他们纷纷还款并预付货款发货，财源滚滚而来。

2015年6月他到意大利参观考察。一天晚上在酒店大厅碰到同行的人要外出参观，他跟着去了。行前厂家保密，同行也保密，不肯告诉此行去往何方，到了目的地才知道是家油脂厂。当得知意大利全国才3000万人1年却有35个亿的油脂销售额，张凤林心动了："我回国就要搞油脂厂！"说干就干，2016年初，他对杭州金澳司油脂有限公司和杭州艺发食品有限公司进行资源整合，总投资1.2亿元引进8条全球顶级的德国全自动生产线，在湖州东林开发区租下占地20余亩的厂房，主要用于生产烘焙油脂、裱花油脂等产品。

浴火重生，凤凰涅槃

2017年，可以说是张凤林最难的一年。他想不通意大利200年前就有做油脂的这个工艺，自己却做不好，他只恨自己没有完全掌握！屋漏偏逢连夜雨，新麻烦接踵而至：老员工不愿过来，老厂只有7个人过来，而湖州这方面人才相对较少且用工成本高。正式投产后，由于没有掌握核心技术，油脂品质不过关，导致亏了四千万！家人们之前就很反对他冒险上一个新行业，做原料商转手赚快钱不好嘛。张凤林就不信这个邪！他硬是摸索了一年，终于找到了问题的症结，他发现原来是油罐储存没有安装自动恒温装置，才导致原料变味油脂品质不过关。

风劲帆正，破浪向前。张凤林苦心孤诣用了三年时间改造、引进的全自动生产线终于成功了！他打造的动植物奶油、人造奶油等项目，成为中国食品行业一颗闪耀的新星。2020年年产值达到1.2个亿，打破了食品行业徘徊1个亿的怪圈。

张凤林再一次浴火重生凤凰涅槃。当我们徜徉在花园式的厂房，他充满自信的话语笑声在奶油香味的空气中弥散回荡。

大山母亲培育出了张凤林坚韧不屈、永不服输的性格和敢想敢

金澳艺发加工厂

干的精神。在当年艰苦的环境下，他和伙伴们一起走出了一条创新的面包之路，成为了当时首批资产上千万的面包巨商之一。之后又继续探索上游产品链的经营方向，最终在浙江成立了集生产、研发、销售和售后服务一条龙的烘培行业原辅料生产型企业浙江金澳艺发科技有限公司。几十年的奋斗过程，多次的破茧重生，不断突破自我，凭着质量第一、信誉第一、不断创新的经营理念，如今他的产品已跨出国门走向世界。

张凤林秉承一贯的"人为本、人为上"的理念，不仅对企业员工关心照顾、帮助解决实际困难，还对养育自己的家乡父老不忘初心，努力为改变他们的生活环境做出贡献，每年都会捐资帮助修路、建桥，积极组织、参与慈善活动，以帮助更多需要帮助的人。

十一、项瑞平：励志创大业，追求不平凡

项瑞平，1964年3月21日出生。祖籍浙江淳安，1969年移民江西省资溪县，在嵩市公社抚地村落户。现为江西面包商会顾问、昆山喜米璐面包食品有限公司董事长。

三十而立闯市场

1980年，在嵩市中学高中毕业的项瑞平回乡务农。不甘过"面朝黄土背朝天"简单生活的他，便跟着师傅学油漆手艺，上山植树造林。1987年，资溪本土人张协旺和同他一样是"移民佬"的洪涛在鹰潭开起了面包店，带动了一大批人外出做面包赚钱，一石激起千层浪，这个信息在项瑞平的心底也溅起了不小的涟漪。项瑞平开始盘算自己今后

也要去外面世界闯荡创业。他的一位堂兄也去了改革开放的前沿阵地江苏昆山创业，他从堂兄那了解了许多昆山的商机。1994年，"而立"之年的项瑞平毅然告别资溪，在昆山开了第一家面包店。

外面的世界很精彩，外面的世界也无奈。创业的道路并不是处处铺满鲜花。项瑞平第一家夫妻面包店，虽然苦心经营，效率却是非常差，在昆山头一年，就亏了2万多元。当年对于从山里刚走出来的农民来说，这2万元不亚于天文数字。但项瑞平没有灰心，细查深究他找出面包之所以销售不好的原因，主要是他技不如人，所做的面包品质低加上产品单一根本不能吸引顾客。痛定思痛，对症下药，于是他去南京、杭州等地拜师学艺，还到上海参加烘焙专业培训，虚心学习成功人士的面包技艺和产品。1995年回到昆山后，他踌躇满志地重新选址，在昆山市区开了另一家面包店。这回由于他手艺成熟，做出的面包质量好，加上学习别人的经营经验，开始由亏转盈。

1998年，为拓展市场，项瑞平又先后到湖北黄梅县开茶楼，在江西贵溪、浙江东阳、山东威海、湖南资水、江苏江都等地开面包

喜米露食品有限公司

店。这些地方开店经营的历练，为他以后的面包产业做强做大积累了丰富的经验。创业前期，工作、生活异常辛苦，有两年时间，租的房子不好住，"白天当老板，晚上睡地板"是这个时期的常态。为了节省开支，省下钱用于扩大再生产，有时他和妻子还得卷着被盖睡在外面，热天常蜷在屋檐下睡觉，有时晴天就搬到附近河边的桥面上去睡。每天早上6点在打开店门以前，他都不能睡觉，只有店门打开以后，他才能回家睡上一会囫囵觉。创业之初吃的那种苦，至今他都记忆犹新。

三项创新促发展

创新是企业发展的根本出路。2002年，项瑞平由自己设计，开始在昆山建设面包工厂。工厂面积600余平方米。2003年，项瑞平有了6家面包店，他以中央工厂配送的方式为面包店输送产品。2005年，中国焙烤食品糖制品工业协会面包师分会成立，众望所归项瑞平被推为该会第二届理事。2006年，项瑞平到绍兴与钟启文合伙开店，2007年9月成立绍兴市资溪面包有限责任公司，项瑞平任董事长。在绍兴经营了5年半，公司门店发展到30多家，生意做得风生水起。在此期间，他一直不断"充电"，先后参加了武汉江南大学、北京大学、河海大学食品焙烘专业和工商管理专业学习，并动员妻子和大学毕业的女儿也参加这些专业的学习；公司还专门成立了面包产品研发团队。由于出类拔萃，他成为资溪面包行业最早加入中国焙烤协会的会员之一。其间，由于他的力推实现了资溪面包企业的新纪录，引领了资溪面包跨越式发展的三项创新：资溪面包行业第一个申请QS认证；第一个实行中央工厂企业加工配送面包，完善门店和工厂绩效考核机制的企业，强化质量管理和品牌建设；第一个推行门店茶楼式经营。项瑞平在行业内也有一定的口碑和影响，众望所归他被行业人士推举为江西面包商会副会长、顾问，资溪面包产业协会监事长。他创立的"喜米璐"品牌蛋糕店获评全国优秀饼店。

2012年，项瑞平父亲患病，当地医院初诊为胃癌晚期。把孝道放在首位的项瑞平，为了照顾生病的父亲，便退掉绍兴的股份，把父亲从资溪老家接到昆山，到上海接受治疗。在上海复诊后发现父亲的癌症病属当地医院误诊，只是慢性胃病。父亲经治疗逐渐恢复健康后，项瑞平再次点燃了创业的激情热火。

三驾马车再升级

2013年5月，为了谋求更大的发展空间，项瑞平在泰州市海陵工业园区梅兰东路93#2号注册成立泰州市喜米璐食品有限公司，经营糕点、月饼和道路普通货物运输。同年9月，项瑞平把原来的昆山三益食品有限公司更名成立昆山市喜米璐食品有限公司，经营食品生产、预包装食品兼散装食品批发与零售。办公设在昆山周市镇东辉路8号。两家公司以高素质的管理团队，高水平的研发与质控中心，先进的制造检测设备，秉承"以信誉求生存、以质量求发展"宗旨，依照ISO9001国际质量管理标准，建立了完善的质量管理体系，成为各级技术质量监督局定点监控检验单位。公司凭借一流的品质、优惠的价格和良好的信誉"三驾马车"，即以雄厚的实力，热情的服务，赢得了市场的信赖和社会的肯定，驰上了面包产业发展的快车道。2017年，公司在泰州发展壮大至拥有8300平方米的中心工厂，门店近30家，并在昆山拥有2600平方米的中心工厂，有门店20多家，两家公司有员工近300人。

2017年，项瑞平开始给外国学生的培训，5月16日，在泰州与江苏食品科技学院达成培训印尼学生的协议，培训印尼学生10多名。

辛勤汗水收获丰收硕果。多年来，"喜米璐"先后在各项国家级竞赛、评比中荣获"全国月饼技术比赛团体金奖""中国月饼文化节——质量信誉产品""中国月饼文化节——优质月饼""全国面包技术比赛团体金奖""全国冰淇淋蛋糕裱花技术比赛团体金奖""改革开放四十周年优秀企业""中华烘焙优秀企业""全国优秀饼店""星级饼店""昆山市消费者放心品牌""昆山市诚信守诺单位""泰州市消费者放心品牌""泰州市诚信守诺单位""2018年泰州市农业产业化龙头企业""泰州名牌"等荣誉称号，是中华全国工商联烘培业工会会员单位、中国焙烤食品糖制品工业协会会员单位，也被列为"中国焙烤食品糖制品工业协会职业培训中心实践基地"和被誉为"中国轻工业明珠、食品专业人才摇篮"的教育部直属高等学府——江南大学的现代远程教育实践基地，及江苏农牧科技职业学院食品专业的实训基地。

项瑞平情系家乡，他2012年为村里修路捐款1万元，2017年为抚地村建档立卡贫困户潘育正的儿子潘永浣高中助学，项瑞平一次性助学5000元，让贫困家庭的孩子顺利走进了校门。项瑞平还表示，有意向今后在抚地村设立高龄老人帮扶基金。

十二、林发生：勇搏面包潮 当春乃发生

林发生1965年出生于资溪县饶桥公社榨树大队梅演洲生产队（今属马头山镇）一个农民家庭。现为四川省简阳市林家食品有限公司董事长、四川省江西商会常务副会长。

摆脱贫穷做面包

1992年，一直在家务农生活处于贫困状态的林发生，早几年就听说资溪有不少人乘着改革开放的春风走出大山在外面做面包赚钱，心里痒痒的，一直寻思着也想去外面做面包。然而一想到自己一没资金、二没技术，也只能是光手招空气——白想！

机遇总是垂青有准备的人。这年，本村在四川邛崃做面包的张文祥，赚了钱正回老家招员工和学徒工。林发生兄弟俩就去他店里学做面包，学了几个月后张文祥还热情邀约林发生筹资金和他一起合开面包店。林发生找亲戚朋友借了5000块钱，于8月27日坐火车，30日到达四川崇庆县（现在的崇州市），经过考察选址，林发生兄弟俩和张文祥兄弟俩四人便在崇庆县文化东街38号合开了一家名叫露江的面包店，9月底开业。

林发生很吃得苦，每天他骑着自行车、三轮车四处送货。他几乎跑遍了崇州的每个角落及周边的大邑、双流、新津、温江等地。

苦心琢磨巧学艺

然而，由于他刚开始摸索着做面包，技术极不成熟，所以做出的面包品质很不合格，市场销售也就很不理想。

开弓没有回头箭。林发生意识到自己技术不行，他便虚心向张文祥他们讨教，用心摸索，坚持边做边改进边提高，从不会到会，从生疏到老练。当时市场上流行一种港式面包，他们也学着做，但终因为技术不过关的原因总是做不好。林发生用心琢磨，有一次他们去绵阳也是同乡人周旭辉开的店里取面包的包装袋，那时不管到哪个老乡的店里都见有案板，林发生一直不明白是干什么用的。这回见周旭辉店里做港式面包特别多，林发生留了个心眼，当晚上他们将港式面包烤熟出炉时，林发生注意到他们都要将面包在案板上重重地敲两下，他琢磨后恍然大悟：原来这样经过"敲两下"后做出来的面包才一点都不会变形。本来就有悟性的林发生一下就明白了面包出炉通过震动排气后就不会变形的道理。

林家麦郎食品产业园

说干就干,第二天回到店里,林发生兴奋地对大家说:"今天的港式面包我来烤!"林发生按周旭辉一样的操作法,结果这次烤出来的面包跟以前烤出的面包完全不一样,其形状及韧度等都很好。大家问其究竟,林发生便把他"偷"学来"敲两下"原理告诉了他们。

拨亮一盏灯,心头豁然开。从此,他们的港式面包在崇州卖得非常好,就这样凭借一个品种撬开了新市场。但由于当时不懂经营管理,做到年底算账仍然没有多大赢利。

到了1993年5月份,大家商量决定分开发展,把原有的店估价给一个人经营。通过沟通协商后,决定把原有的店盘给林发生个人经营,他们拿钱另外去发展。林发生苦于当时没有那么多资金。老乡帮老乡,彼此好商量。林发生承诺在年底将欠张文祥余款付清。后来经过半年多努力,生意竟然越做越好,在11月底林发生就把欠款全部还清。1994年11月,林发生在成都长顺街盘下一个面包店。于11月18日改做桃酥,那时更多的是在批发销售,生意非常好。

与时俱进创大业

"一招鲜,吃遍天。" 林发生深谙这个道理。为了提高烘焙技能,1995年3月林发生报名参加广州粮贸烘焙技能培训。可到了这年5月份天气渐热,桃酥销量也渐趋下降,8月份房东通知房租到期不续租。他只得四处找地方重新开店,11月终于在简阳马号街找到了一家门市,于11月26日开业,取名叫皇家饼屋。1996年国家不允许招牌打"皇"字,又改名林家饼屋。他推出的一款汉堡包的面包非常畅销,深受消费者的喜爱,凭这款产品他很快打开了简阳的市场。1997年他在浙江宁波又买了一个店,然因对当地市场不了解,生意一直不景气,做了一年就卖掉返回简阳,继续发展林家饼屋。2000年在简阳开了第二家店做西式快餐，此后几年里连着开了5家分店，到2007年便正式成立简阳市林家食品有限公司。

形势发展催人与时俱进，否则就要掉队被淘汰。林发生的经营规模增大，但到了2007年国家规定要办理食品生产许可证，他当时租的厂房是生活区的房子，监管部门说第一次基本通过并取得了食品生产许可证，此时原办证已满三年后必须换证，还必须转入工业园区建独立的生产厂房。

因一时租不到厂房，林发生便找到当地政府商量协商，得到政府的大力支持与帮助，在城南工业园区购买了18亩土地，于2009年兴建办公楼及生产厂房13000平方米；2010年1月18日正式投入生产。现有员工300多人，在资阳、简阳、乐至、安岳等地接连设有三十多家直营店。

冬去复新春，当春乃发生——林发生乘着改革的春风大发，从与人合伙开店勉强挣钱养家糊口，发展到今天的大公司大产业，但他时刻不忘山里农民的淳朴本色。林家公司坚持以品质至上、顾客至上、服务至上、诚信至上的经营理念服务于广大客户，以做良心产品赢得顾客青睐，稳居市场制高点：公司多次被评为消费者满意单位、质量信得过企业、食品安全示范单位、食品安全先进单位、资阳诚信企业等光荣称号。2013通过ISO9000国际质量体系认证和HACCP食品质量安全认证。2006公司参加全国焙烤职业技能竞赛获团体比赛银奖，员工曾鲁国获得全国焙烤职业技能竞赛个人金奖。2018年员工焦叶文获得全国焙烤职业技能竞赛裱花金奖。他又注意学习时代风尚，注重以现代化的企业管理模式，不断引进国内外先进生产设备以及优秀的管理技术人才，提升品牌内涵。他和公司一并得到各级单位、个人和政府部门的好评和嘉奖。

第二节 人物故事

（一）

一、李国荣：坚持本心

李国荣，1972年10月生于嵩市镇胡关村。他初中毕业后，外出学做面包，刚开始也只能做一些端托盘、装袋的简单工作。但他没有泄气，坚持做好每一件小事，做事仔细有耐心的他得到老板的认可，慢慢接触到制作面包和糕点的手艺。"工欲善其事，必先利其器"，沉得住气的他学会了手艺并没有急着自己创业，而是继续打磨自己，辗转多地边打工边拜师学艺，在学习烘焙技术的同时，他还潜移默化地掌握了不少管理经验和开店选址经验。前前后后他在多家糕点店学习了五年多，不仅省吃俭用攒到起步资金，更多的是学到了烘焙技术以及积累了很多经验。

1998年，李国荣觉得时机成熟，带着全部积蓄和从亲朋好友那东拼西凑的两万块钱，到江苏启东吕四开了第一家属于自己的纯手工面包店，取名"麦香城"。夫妻俩起早贪黑，用最好的手工面包留住了顾客。

2007年，李国荣和卢方亮、周阳鸿3个资溪面包人的店坐落在长江三角口，与国际大都市上海隔江相望。他们经过反复磋商，一起在泰州注册成立麦香人家食品连锁有限公司，李国荣任总经理。

2009年对李国荣来说是重要转折的一年，他并股改制收购麦香人家连锁有限公司，出任董事长。一心做好"麦香人家"加盟，统一店招，统一制作，统一原材料配送。这种加盟制服务对起步创业的人来说太方便了，不但降低成本，没有技术、经验不足也通通不是问题，加盟者只要负责销售，大大降低了创业门槛，这让麦香人家在第二年就多了110家加盟店。

"慎终如始，则无败事。"创业路上，难的永远不是开始，而是坚守，是不忘初心，是坚持到底的勇气和毅力。李国荣20多年来始终致力于资溪面包的发展，从夫妻店到注册品牌连锁成立公司，一路走来有坎坷有风浪，但他始终心怀梦想坚定地向前走。

二、郑氏兄弟：勇闯关东

说到在东北做面包最成功的资溪人，人们几乎会不约而同地提起马头山镇昌坪村油榨窠小组的郑氏兄弟，1972年出生的郑喜厚和1974年出生的郑欢厚。仅2018年，他们在大连、沈阳、丹东3家公司的年销售额即突破3亿元，平均毛利润率达12%。

大连城市规划合理，建筑漂亮，环境卫生，给兄弟俩留下深刻印象。经过对大连及周边地区考察，1993年初，他们合伙在普兰市（县级市）开了在大连的第一家面包店。仅开了2年，就盈利100多万元。1995年下半年，两兄弟到大连市区开了

6家面包店,有的店一个月的利润就达10余万元。大连面包生意好做,他们没有忘记乡亲们,从马头山带很多乡亲到大连来开面包店,到1997年资溪人在大连开面包店就有40来家。郑氏兄弟便萌发了开面包原料店的念头。1998年下半年面包原材料厂开始生产。1999年9月正式注册成立"大连乘风食品原料有限公司",经营销售与面包有关的原料和产品。2006年,公司易名为"海升粮油经销公司"。

2018年,公司生产的产品有5000多种,仅大连公司就有员工70多人,与其合作的下游客户近4000家,其中有30多家是资溪人。公司服务对象辐射了整个东三省,其中不乏像华润万家、好利来、益海嘉里等国内知名品牌企业。公司开票营业额8000余万元,上交税收120余万元。郑氏兄弟在大连经营面包食品企业20余年,以山里人的踏实苦干劲,一步一脚印,艰苦创业,不懈探索,闯出了一条辉煌的创业之路。

三、洪志伟:志向远大创伟业

洪志伟,出生于1975年7月,祖籍浙江建德,鹤城镇人。1995年从崇仁师范毕业,后于华中科技大学学习工商管理结业。现任亚麦食品公司董事长,湖北省恩施州政协委员。

1996年4月,洪志伟在资溪全民创业的浓厚氛围中,毅然辞去公职下海。他将创业第一站选定在湖南省长沙,在湖南长沙师范大学开了一家面包店,迈出了创业第一步。洪志伟当年就顺利赚到了10多万元，赚取了创业路上的第一桶金。

1997年，洪志伟前往湖北恩施买下面包店，在舞阳坝开起"全家西饼屋"，经营高档蛋糕、面包、点心等西点食品，生意做得红红火火，之后又开了第二家、第三家。1999年至2000年两年间因投资面过宽，管理不善，亏损100多万元。经济虽然亏损，但多年的打拼却使他眼界大开，他决定跌倒了再爬起来。2001年，他借款40万元重新回到恩施创业。此后，洪志伟用了5年的时间，在恩施一心一意发展食品经营。创办了家乡鸡快餐店，又在恩施市栖凤桥燃料大院内经营糕点、糖果、饮料、冷饮和土豆、净菜加工销售、农副产品收购、加工、销售，以及中、西式餐饮服务，还开办了一家西餐店。2005年5月，洪志伟成立恩施州亚麦食品有限责任公司，拥有"全家西饼屋""家乡鸡快餐"和"美客美家西餐厅"三大品牌店。

2007年3月，洪志伟在恩施宣恩县椒园工业园投资4000万元建立亚麦食品中央工厂。占地2万平方米，其中生产车间4000平方米，员工培训楼、餐厅900平方米，职工宿舍1800平方米，办公楼900平方米。这年的4月，亚麦食品中央工厂建成投产。

他聘用国内知名企业的人才做管理人员，2010年又开始聘用世界500强企业的人才，还聘请了4个专家任公司教员和顾问。从2012年开始他每年用于学习的投入就在100万元以上。

在经营理念上，洪志伟常把"诚信是企业立足之本"挂在嘴边，他给员工定下规矩：一定要把好品质关，让食品生产、运输、销售途径在阳光下运行，让消费者吃得健康、安全、营养。在管理方面，他不以职位高低看人，只以能力大小、业绩优劣论英雄。对所有员工都关爱有加，从不拖欠他们的工资。

如今，亚麦食品有限公司已经成为恩施的一家知名民营企业。2009年1月，荣获"湖北省第十一届消费者满意单位"称号。2010年

10月，"全家蛋糕"荣获"全国优秀饼店"称号。2020年,公司拥有员工960人,年产值达1.2亿元。

20多年来,洪志伟从最初下海经商的个体工商户,成长为现代食品连锁企业的董事长,走出一条艰辛却成功的创业之路,实现了他的人生价值。

四、林保生：做开心的蛋糕

林记开心蛋糕创始人——林保生,鹤城镇西郊村人,抚州民进会员、抚州市政协委员、抚州市工商联副会长、江西省面包商会执行会长、江西省光彩事业促进会会员、抚州市萤火虫爱心协会副会长。他来自"中国面包之乡"——资溪,1991年高中毕业后一直从事面包烘焙行业,在山东省、辽宁省、江苏省、贵州省等地创业,2008年回抚州经营"林记开心蛋糕"至今。在林保生的带领和要求下,林记开心蛋糕始终秉承"做良心产品、做良心人"的宗旨,不断开拓创新。

在2018年5月的"江西省旅发大会"资溪会场上,林保生具体承担操办,用了15天时间策划设计。在5月7日现场指挥做出了一个长3188.621米、重8吨的以"中华神龙"冠名的蛋糕,现场被认证为吉尼斯世界纪录最长,同时也是时间最短内完成的吉尼斯世界之最！

林记开心,这个名称读起来琅琅上口,也方便识记,背后的含义是希望每一位光临"林记开心"的顾客都是开心的、每一位"林记开心"的员工都是开心的。

五、胡族保：大山里飞出的雄鹰

胡族保，20世纪70年代初出生于马头山镇港东村。这是一个只有十几户人家、地处大山深处的一个贫穷小山村。他是家中老小，13岁时父亲去世，可以说胡族保从小就是在苦难中长大的。他一边读书一边干农活，这也培养了他吃苦耐劳、顽强拼搏的性格。

1988年18岁的胡族保带着他的侄子，拖着疲惫的身子，扛着被窝卷，茫然无助地走出上海火车站，他们刚刚从鹰潭坐了26个小时的火车到上海。这时他们身上只有20元，不敢在市区停留，于是坐上公交车直奔当时还是城乡结合部的彭浦新村，那里新建了一个菜场，人不多。没有钱租房的他们在屋檐下把被子一铺，就这样凑合着睡了一个星期。胡族保没有社会经验，没有资本，只靠着一股拼劲闯出来，刚开始什么都做，卖蔬菜、卖手表、卖打火机……直到1997年的时候开始做食品，后面就一直没有改行。

1998年28岁的胡族保组建了自己家庭，对妻子的付出心存感激。2007年是胡族保人生的转折点，爱琢磨的他再次不安分起来——办厂搞批发。2008年8月8日，他成立了广西滋韵食品有限公司，做牛肉串、羊肉串这些冷冻食品，找经销商代销。产品到了供不应求的程度，要提前来排队才有货。将近100人的厂子，一年产值达到了两三千万。2010年成立江西分公司，2012年又成立贵州分公司。2015年开始进行产品升级，开发广西家常菜系列，走高端化路线。从年初开始筹备，到上半年开始试生产。胡族保带着一个五六人的团队搞研发、试菜，柠檬鸭、螺蛳鸭脚煲、酸汤牛蹄、香芋扣肉……不断地试，2016年开始陆陆续续地投产，在机场、动车站试销。与此同时，他在湖南常德和江西鹰潭建有糕点生产企业，研制生产"胡酥记"系列产品，主要有花生酥（原味 、椒盐、玫瑰）、芝麻酥、核桃酥等坚果产品和月饼。

2018年公司3个厂的年产值加起来有1个多亿，"一鼓作气，突破十亿"是他的目标。为完成这个目标，他明白还是要靠老百姓的口碑，做的就是真材实料、实实在在的产品。2021年，胡族保与资溪有关部门洽谈，准备回家乡投资办厂。

六、邱森茂：有爱心的面包

邱森茂，1962年出生，鹤城镇三江村人，资溪爱心面包房老板，小餐包创始人。

在很多外地人眼中，小餐包就是资溪面包、资溪面包就是小餐包。小餐包又叫代餐包、酥皮面包。一个拳头大小的面包涂上一层酥皮酱，就是这个小面包，让资溪面包被世人所知，为什么可以这么火？

2004年，由于孩子上学需要，邱森茂回到资溪，重操旧业在建设路上开业经营爱心面包房。经过多年摸索，研究出这款爆品——

小餐包。起初给每位进店的客人赠送一个小餐包品尝；若有顾客问哪款面包好吃，店里都会推荐小餐包。持续了一年多时间，小餐包渐渐为消费者熟知。

越来越多的人知道了小餐包，摆酒席和政府公务接待，桌上都会放一盘小餐包，小餐包成为了时尚。随着资溪旅游知名度的打响，小餐包跟随来大觉山漂流的大巴和自驾小车，走到了全国各地。夏天大觉山漂流旅游旺季，几乎每天要卖1000包左右，有时还需要预订才能拿到。漂流之后吃点面包充饥，再带点回去给亲朋好友，旅游的意义在这里得到升华。

曾有人拿着几个公司生产的小餐包进行对比，爱心面包房的松软度、含水量都恰到好处，其他店无法超越。小餐包也由最初的5元一袋到7元一袋，再到如今的10元一袋，购买的人依然络绎不绝，小餐包就是好吃。

小餐包，让很多人记住了资溪，记住了资溪面包，也让无数个像邱森茂这样的资溪家庭过上了充实富裕的生活。

七、吴宗南：诚信行天下，宽厚得回报

吴宗南，1958年出生于马头山镇永胜村。1994年开始从事烘焙产业。张协旺、钟启文、周金华、张风林等杨坊村民已经开了发展面包的先河，正开始从乡镇、县城向大城市发展，吴宗南开始加入面包军团。那天他背着被子出发，路上有人出于好心劝他："没那么容易的！"可他毫不在意，他想：张协旺他们跟我是一

样的农民,凭甚他们行我就不行!

创业也确实是不容易。他走出大山,第一站是浙江杭州他的连襟周金华的店,吃住和学技术都在他店上。他到旧货市场淘来一辆旧自行车,就满杭州城四处转找店面,许多本地人都叫不来的路名都让他弄熟悉了。可从酷暑天穿背心出来到寒冬腊月穿棉衣还没找到店面,他焦虑地仰望星空自问:"偌大的杭州何处容我安身?"

最终在武林路168号"御用面馆",他总算看中了这个地段的店面。进去吃面条次数多了,跟老板也混熟了,就开始"进攻"。凭着心诚租赁店面谈成,已近年关,他打铁趁热一刻不停地因陋就简,三下五除二面包店就这样开张了。每言及此,他都不忘感谢一个人,就是当地防疫站的那位涂医生。当时,涂医生在房东沈连永陪同下来店里验收办卫生执照,按条文规定本来是很难通过,但对方在了解到吴宗南是来自于江西革命老区、开始创业实在很不容易后,他很理解也很同情爽快地允许其先开业,再抓紧填表、领证。吴宗南颇为感动,为感谢他们关照,表示要请他们吃顿饭也被婉拒。

当时,武林路是一片老旧社区破屋陋巷。吴宗南在租下的店铺上空搭建起一个小阁楼,就是全体员工及老板住的地方,原本就拥挤的小店,再加上跟他同来找店的几个人就更拥挤不堪了。等员工安顿好了,他们几个就在过道上铺块纸板展开被子蒙头睡觉。也恰如2007年时任省委书记孟建柱做客央视时所说:"白天做老板,晚上睡地板",这正是资溪面包人创业之初的真实的写照!

开张后最大的生意是康师傅方便面工厂。每天要给那里送五六百块钱的面包,路程来回却有五六十华里,他脚踏三轮车也不觉得累,连续半年硬是这样坚持下来。有时,吴宗南为了5块钱的生意,也要送货到十余里路远的杭州黄龙体育中心筹建处。他骑着那辆啥都会响就是铃不响的破旧自行车，顶着凛冽寒风，手脚生冻疮，不觉得苦反而高兴，他内心庆幸又做成了一单生意！

在家千日好，出外一日难。租房空间狭小，再加上老居民有排外情绪，水泥搓衣板、晾衣铁丝宁可空着也不给他们用。生活十分不便，吴宗南勉励员工克服暂时困难咬牙坚持，以后条件都会好的，"面包会有的，牛奶会有的，什么都会有的！"他引用电影《列宁在十月》中的一句台词宽慰大家。心诚则灵，经过几个月的接触，邻居看他们都是本分人，开始接纳他们，房东更是热情地帮助他，还热心为他做了大量的工作例如就近给他们找住房；他和房东以诚相处多年，且彼此关系一直很融洽，他所租的店连续多年房东都不给他涨价，后来，他随着市场物价上扬趋势主动给房东加价。房东佩服他待人淳朴真诚的人格魅力。他遵纪守法，合法经营；他讲究卫生，注意质量，从不掺假弄假；他不断学习新技术、新工艺、新配方，提高产品质量，不断变换花色品种。他的店生产的面包、蛋糕、糕点货真价实，口感好，看相好，赢得顾客一片赞誉口碑，生意越做越红火。他所开的店，无论是武林路的还是艮山路的，乃至后来其他地方的店铺，生意都是很红火。

吴宗南做面包致富的消息不胫而走。他的面包店隔三差五地就少不了要接待一拨拨的资溪来人。有的是亲戚朋友，有的是熟人介绍；他不忘乡亲只要说是家乡人，都一样热情接待、以礼待人，给人家落个脚，给人家安排吃、住。他设身处地去为别人着想："人家到店里来，这是看得起我，出门在外举目无亲，人家不是有困难，也不会找上门来；我们但凡有这个条件，能帮人家一下就帮一下，多个朋友多条路，人多人气旺，是一件好事！"在吴宗南的帮助下，有近100人在杭州周边地区先后找到了店铺，也做起了面包生意，当起了老板，脱贫致富后，他们打心眼里感谢吴宗南曾经给予的无私诚恳的热心帮助。

八、钟德泉：第十四位"村主任"

资溪县马头山镇有13个村委会。然而，2017年，该镇的第十四个"村"却在河南郑州闪亮登场了：一夜之间，郑州街头出现了十几家"桂洲村"桃酥的门店，且一发不可收拾，"桂州村"在郑州名气也越来

越大，凭其实力和口碑效应，加盟店也犹如雨后春笋般接二连三地开起来，大有呈"蚕食"中原大市场之势。如今，"桂洲村"直营专卖店共190余家（包含加盟店167家），店内员工近200人，公司年营业额达到近6千万元。人们戏称"桂洲村"掌门人钟德泉为马头山镇的第十四位"村主任"。

桂洲村品牌创始人——钟德泉，1978年出生于资溪县马头山镇斗垣村，现任桂洲村董事长、江西省工商业联合会面包商会执行会长、中原面包商会会长、郑州市二七区工商联委员。

1995年，年仅17岁的钟德泉跟随着资溪面包创业大军的脚步外出创业。他是闻着前辈面包人做面包的香气而逐步走向成熟的，整天看到的是各种各样的面包，聆听的都是面包的字眼和故事，乡亲们忙忙碌碌做面包的场景成了他心中永恒的记忆。这种耳濡目染，让读书较少的他拥有了某种天赋机缘，潜移默化地影响着此后的人

生。当时兜里揣着东借西凑的盘缠上路了，一路杀到郑州，先是跟着老乡们认真当学徒。后来遇到了一位河南回族姑娘，他成了河南女婿。婚后两人齐心创业，拿出了所有家当创办了一家位于中原路郑州大学旁的一间十几平米的清真面包小作坊，无论刮风下雨、酷暑严寒，两人从未放弃，功夫不负有心人，面包店的生意越做越红火，这个小小的作坊承载了夫妻二人艰苦创业的奋斗历程。爱情与事业的激励，钟德泉下定决心要将面包文化发扬光大，于是创办了第一家桃酥专卖店——桂洲村桃酥。由此桂洲村进入了连锁品牌加盟市场，慕名而来加盟的人越来越多，随着事业蒸蒸日上，桂洲村桃酥如雨后春笋，遍及中原大街小巷乃至全国，被越来越多的人熟知认可。连锁加盟和品牌美誉接踵而来。——"桂洲村"桃酥被河南省电视台等媒体和部门授予"无投诉无欺诈放心品牌""30强绿色食品加盟连锁市场火爆品牌""消费者最喜欢的绿色美味名吃""最具社会责任感企业""最具发展潜力品牌""3·15信得过优秀品牌"及河南十佳甜品店、媒体机构强力推荐糕点等荣誉称号。

从无到有、从小到大，从小作坊到大公司，钟德泉眼界越来越开阔，境界也越来越开阔：他由最初的"为自己打工""为员工打工"渐渐转变成"为社会打工"：每逢佳节，钟德泉不仅免费让员工向家里的亲人寄去月饼和糕点，而且还拎着自家产的桃酥礼盒，为河南省武警支队、河南省人大老干部、郑州市残疾人学校等地方送去殷殷真情和节日问候，并且在河南电视台少儿春晚节目中，为参加活动的孩子发放共1200余件礼品。

古诗云："胡马依北风，越鸟巢南枝。"钟德泉没有忘记自己的家乡，从离开家乡那一天，累的时候想着家乡的父母，苦的时候想着家乡的亲人，乐的时候想着家乡的乡邻。在"桂洲村"的门店里，有着好多操着资溪马头山一带口音的面包技术工人，他们都是钟德泉的父老乡亲。他常说："我是资溪的儿子，是喝故乡水长大的，我希望乡亲们也能过上富裕的日子。"一带十，十带百，在他的帮扶带领下，一大批又一大批资溪老乡在面包行业就业、创业致富。无怪乎钟德泉被马头山的老百姓们亲切的称为马头山镇的第十四位"村主任"。

2021年7月，河南省郑州遭遇历史罕见特大暴雨引发洪涝灾害，资溪有一老年旅游团滞留郑州受困，他们电话求助资溪县委书记黄智迅。黄书记第一时间想到钟德泉拨通其电话，正在成都办事的钟德泉当即与公司联系，派专人给家乡旅游团老人们解决吃住，使他们安全及时返回资溪。

九、童氏兄弟：创业打拼绘佳篇

童淑琦，1972年出生，高中文化；童晓琦，1975年出生。兄弟俩是饶桥居委会居民。1991年，弟弟初中毕业后，远离家乡来到四川省彭州市，跟着哥哥走进了烘焙行业，与哥哥共同学习做面包的

技术与管理，开始新的人生。创业初期，弟弟每天早上四五点钟起床，打面、发面做面包，上午用自行车将面包送到50多公里外的各个销售点，傍晚七八点钟才能回店，常常是满天星辰陪他踏上返程的路。

1996年上半年，将彭州市面包店转让给大姐童淑芬经营，兄弟

俩转移到了江苏省金坛市，继续在面包行业里打拼。

从最初艰难地开出第一家店起，到1998年成立以从事面包、蛋糕、月饼、干点礼盒等食品开发、生产和销售的麦香园食品有限公司。以其"美味、健康"的全新理念，迅速受到消费者的认同与好评。同年被授予消费者满意产品及信得过单位称号，荣获金坛市政府文明单位和常州市共青团青年文明号，江苏省青年文明号的荣誉。2002年被中国焙烤食品糖制品工业协会饼店委员会评为全国优秀饼店，同时被常州市妇联和金坛市妇联授予文明示范岗和巾帼示范岗的荣誉称号。随着公司的壮大和发展，2003年哥哥童淑琦去常州市发展，弟弟童晓琦留在金坛公司继续经营。2006年，弟弟在金坛金城工业园区投资购买土地，建设8000平方米的专业标准化、现代化生产工厂和职工宿舍楼以及办公大楼等。公司于2014年、2017年分别获得QS食品质量安全生产许可证和国家SC食品安全生产许可证，年产值突破千万元。

资溪县委、县政府、县政协领导多次派人到其公司参观、指导，给予家乡关怀和帮助；童氏兄弟也时刻不忘回报社会和家乡，常给敬老院、幼儿园送福利，积极帮助困难学子，并在国家赈灾抗疫等重大事件和活动中，公司积极参与，捐款赠物，奉献爱心。2020年，公司为战斗在抗疫一线的医务工作者、公安人员和党员送去慰问，获得了当地政府颁发的抗疫暖心奖荣誉。

十、胡伟：用心良苦做面包

胡伟，一个80后的资溪面包人，1981年出生于马头山镇港东村。

1994年至1997年花费3年时间由面包学徒到师傅，1998年在河南开封尝试创业。

创业初期是比较有趣的。1998年学成手艺后第一次开店，是接的舅舅的一家店。接手的时候生意不怎么好，后来慢慢好起来。他记得很清楚，第一个月赚了6000多元钱，他把这钱拿来将店面重新翻新，店里亮堂多了。不久中秋节来了，胡伟大胆地在报纸上做了整个版面的广告，在开封引起轰动，仅月饼就赚了差不多3万元。中秋节过后又开了一家分店，两  家店生意都很稳定，一个月都能赚个一两万元。一年内，赚了差不多20来万，胡伟选择去江苏发展。

选择江苏是他觉得江苏的人文环境比较好，后来一直待了十多年，在他的苦心经营下，渐渐适应了市场。1999年至2009年胡伟在江苏扬州、淮安、盐城、苏州等地开设麦香村、麦香人家、可米蛋糕、麦香坊4个品牌，共计20多家面包门店。

接着胡伟把目光投向广州，2010年成立广州伟诚食品有限公司，2014年创立爌公主烘培品牌。目前广州伟诚食品有限公司主营面包、月饼、曲奇饼干OEM代工，年产值约4千万元；爌公主烘培直营实体门店20余家，年营业额约6千万元；江苏盐城东台麦香人家烘培连锁直营门店10余家，年营业额约2千万元，成为当地面包知名品牌。

十一、朱双发：从留守儿童到烘焙业大咖

朱双发，1983年出生在马头山镇昌坪村朱家小组。8岁那年，父母随面包创业浪潮到四川省开面包店，他在家读书成了留守儿

童。自幼感受父母辛劳，体验到生活在大山中的艰难。

1998年，他先到哈尔滨大表哥的店里做一名学徒，学到了制作面包蛋糕和月饼制作的技术。那时的朱双发特别有成就感，大表哥也成了他走上社会的第一个老师。

而后，朱双发怀揣5万元到哈尔滨师范大学门口开了人生中的第一家面包店，很多事情都要自己去做。东北的气温很低，出去买个东西拎回来手就冻僵了。办个暂住证赶到派出所门口他怯生生地不敢进去。10月份小店终于开业了，生意还不错，只是人比较辛苦，每天需要工作16小时，晚上就睡在面案板上。在哈尔滨做了6年，娶妻生子，最多的时候开了3家店，有心酸也有喜悦。后因生意下滑，他转往南方发展。

2008年来到泰州麦香人家，他拜在资溪烘焙行业前辈师傅李国荣门下，李国荣鼓励他去高邮开麦香人家。在麦香人家公司的指导和支持下，2009年3月烘焙店开业，刚开业生意并不景气，但夫妻俩坚信生意不是一天做起来的，相继又开了2家店。到第二年冬天生意始有好转，呈上升趋势，他在5年中接连开了16家店，产值也由最初的100万元做到了3000万元。

高邮麦香人家，至今立足于高邮烘焙行业的制高点，主要是生日蛋糕、面包、西点、月饼的一体化生产和门店直营销售。公司旗下有"麦香人家"连锁直营店19家和"酥子茉"中式传统美味糕点店2家，中央工厂占地3500平米。

十二、张树长：面包里的"小香港"

张树长，1958年出生，高田乡高田村人。是资溪面包做面包人老一代的代表，他是典型的创业移民，南京"小香港"食品有限公司总经理。

1989年，张树长从亲朋好友处借了几万块钱外出做面包，先是在河南做，1990年跑到山东，1992年到南京，1994年到潍坊。他到处跑，生意不好，打一枪换个地方，人瘦得黑不溜秋的，几年下来，他的生意只能说是平平淡淡，凑个温饱，总比在家里好些。他心里想，既然出来了，不混出个人样，都不好意思回去了，怎么好意思见人呢？在他这儿，他有的资本是能吃苦，打地铺对他张树长，是家常便饭了。当年修车子，不也是常常倒下去，睡一个呼噜？所以，张树长就拿出当年修车的精神和吃苦劲头，做面包，但他没怎么读到书，只是在实践中做，在实践中学，就是这样做面包，省吃俭用，便也就少有积蓄。可是这样下去，能不能行呢？树挪死，人挪活啊！多年的做面包，让他的榆木脑子开窍了许多。就在1995年他作出一生中的重大决定：要混就要去大城市，在那儿人多生意才会好，再说南京坐车到江西也近。

就是这样，他把店搬到南京后，生意十分红火。一来当地人对面包比较喜欢，二来政府加以引导，对外来企业格外高看一眼，加以重视。加上张树长是个硬实的人，人老实，讲诚信，人脉渐渐地多起来，他做得越来越有劲了。一晃二十三年过去了，张树长已经有2个中央工厂、20个分店，配送的员工就有200多人。当年他是苦得如牛,如今自己当了老板,这是张树长当年不可能的梦想啊!他想到这个,就心中暗自地高兴。他觉得自己当年的作坊式,早已淘汰。他开始到处听课,对公司开始进行程序化、电脑化管理,公司也不断扩大规模,得到发展的同时给当地带来财政收入;同时他在当地热心公益,出钱出力,在社会上收获好口碑。

张树长创业成功以后,没有忘记自己的乡亲乡邻。就在1997年底,他出资在家乡召开移民30周年庆典活动,他宣传移风易俗,加强移民和当地群众团结,帮助村民脱贫致富,改变家乡面貌。

十三、林志华:有种感动来自手心的温度

林志华,1967年出生,鹤城镇人,中共党员。江西省面包商会副会长、四川省巴中市工商联副会长、南江江西商会副会长。1997年在江苏泰州创业,1999年在泸州创业,2006年在巴中正式创立伟超王子品牌,是四川巴中伟超王子食品有限公司创始人、董事长。伟超王子主要从事面包、蛋糕、中西糕点、月饼、粽子、咖啡饮品等生产与销售。15年来一直秉持"为顾客提供放心美味的产品、热情周到的服务"为宗旨。现已在巴中地区开设直营店32家,覆盖巴中所有县市,员工280余人,是巴中地区家喻户晓最有影响力的烘焙连锁品牌。

公司在经营和管理中,始终坚持将食品安全和产品品质视为企业的生命之源。为实现食品安全及品质全方位的控制,2016年建设

占地20000余平方米的花园式观光工厂。工厂有专业级无菌生产车间及现代化办公楼，引进高端先进生产设备，先后通过 QS、SC认证及HACCP质量标准认证。

遵循给顾客创造便利的理念，公司门店选址选在繁华商业圈，及学校、写字楼、住宅区等处，店面装修简洁时尚，功能齐备，旨在给顾客提供愉悦开心的购买环境和体验。品牌先后荣获巴中市"守合同重信用企业""市重点龙头企业"及省级"食品质量合格达标单位"等荣誉称号。

他全心做面包，把来自手心的温度传送到顾客味蕾，感动你我。林志华创立的伟超王子正是秉持即是生产者也是服务者的社会理念，企业不断学习和探寻顾客满意度状况，不断优化服务流程和标准。他的面包企业稳居巴中地区市场制高点。

十四、徐云林：获"新疆和田荣誉市民"的资溪面包人

徐云林，高阜镇石陂村排上组人。现为新疆维利麦食品科技有限公司董事长、和田玉隆府堂主、和田地区温州商会常务副会长、和田地区工商联常委，荣获"和田市荣誉市民"称号。

1995年徐云林进入新疆喀什地区，先后在喀什、莎车、巴楚、库车、吐鲁番、和田创业。新疆维利麦食品科技有限公司成立于1996年3月，坐落于新疆和田市北京和田工业园区（杭州大道149号），占地面积13000多平方米，注册资金1060万元。至今总投资8600万元，企业总资产7200万

元。企业设计生产规模为年产辣皮子馕3300万个、玫瑰花馕2600万个、鲜牛乳香小馕3500万个、沙漠玫瑰香小馕4000万个，面包、蛋糕、粽子、月饼共1600吨，年产值1.2亿。公司注册商标有"维利麦"和"女王爵士"。

徐云林办企业始终坚持"以诚为本、以情交友、以信创业"的经营方针和"精益求精、以质取胜"的核心理念。尤为可贵的是，他致力把企业营造为多民族和谐的大家庭。公司现有员工267人，其中少数民族174人，占员工总人数的65%。旗下品牌门店有：女王爵士闲趣餐厅、女王爵士烘焙印象、维利麦辣皮子馕、维利麦汉堡、维利麦蛋糕世界等。企业主要产品有十大类：中西餐饮、辣皮子馕、玫瑰花馕、鲜牛乳香小馕、沙漠玫瑰香小馕和面包、蛋糕、粽子、中秋月饼、汉堡等。企业在自治区所辖的各市（区）县建立旗舰店和专卖店，采用线上线下、电商平台和农特产品全国连锁3种经营方式，实施新疆好物品牌战略，推动小馕大产业规划，产品运销国内各大城市。

十五、饶晓红：走出大山的铁娘子

饶晓红，女，1976年出生于乌石镇桐埠村。河北省邢台市华鑫食品有限公司董事长。2012年，公司被河北省烘焙食品行业协会吸收为会员单位，2013年被河北省江西商会授予"诚信企业"单位，2015年被中国保护消费者基金授予"全国质量月重点推荐单位"。

1991年2月她经舅舅介绍到县城做

保姆，3月到江苏徐州姨夫店内帮忙做面包。1995年下半年到河北邢台舅舅的面包店打工，期间认识一小伙，两人于1996年5月结婚。

当时创业氛围甚浓，大量人员外出务工和创业，夫妻二人也决定要用自己的双手打开一片属于自己的天空。1996年9月18日，他俩在河北邢台市粮食局门口摆起地摊，开始了第一次创业历程。初次创业中，她倍尝了酸甜苦辣：小两口起早贪黑，任劳任怨，上午在一间20多平方米的店面里做面包，下午推车到邢台的大街小巷售卖，晚上睡在小阁楼里，真正是"白天当老板，晚上睡地板"。

凭着过硬的质量、良好的信誉、顽强的拼搏精神，渐渐站住了脚跟，生意做大了，市场打开了：先是在市里招了10余名员工一起摆地摊，后陆陆续续扩展为拥有300多平方米的厂房。到2002年，饶晓红并不满足现状，放弃摆摊，厂房面积扩大到1000多平方米，员工二三十人。她把企业的"蛋糕"越做越大，最后发展到邢台全市销售的面包80%都是出自她的公司。

事情并非总是一帆风顺。2011年，由于企业的扩大经营需要，夫妻二人把厂房由肉联厂搬到临街的新兴区西大街，接管了一家濒临破产的食品厂。但是由于经营方式不善，人员成本增加，导致企业濒临破产。夫妻二人在这度过了他们低潮的三年。尤其是2016年河北发生"7·19"特大洪灾，厂房大面积被淹，直接损失达一千余万元。在夫妻二人一筹莫展的时候，当地政府给予低息贷款500万，她把6000多平方米的旧厂房拆除，对门店进行装修，共花费了2000多万元。

天道酬勤，有志者事竟成。她终于闯过了一道道难关，企业转危为安，企业日益做大。由于远在他乡，日益想念家乡亲人和家乡。再加上饶晓红怀有强烈的家乡情结，有意识地在自己的企业和产品中融入家乡资溪的元素。2016年下半年，饶晓红开了一家包含家乡情怀资溪特产的"资溪小镇"，占地460平方米，其中大多食材都是来自家乡资溪，如资溪的小竹笋、香菇等。2018年又开设一家名为"江南涮"的以赣笋为主要菜色、以资溪县九龙湖为主题的特色餐馆，生意日渐红火。

饶晓红多次参加在职学习，在清华大学商学院就读MBA专业，在山东大学学习企业管理等，经常参加企业家的论坛，提升自身的知识，学有所成。

经过20多年的发展，公司营业额大幅增长，每年面包加工企业收入达7000万元，餐饮收入达600万元。

十六、刘建民：面包路上追梦的中共党员

刘建民，1975年生于高田乡高田村，中共党员。1993年，刘建民刚走出学校的大门，跟着父亲去湖北省天门市学做面包，踏上面包追梦之旅。1995年，他成家后带着妻子去云南省昆明市单独开了一家小面包店，边学边做。创业伊始，条件艰苦，由于技术原因，生意欠佳，后来将店转让。1999年，刘建民贷款5万元在湖北省公安县开了两家面包店，主要生产蛋糕，生意转好，掌握了技术，又诚信经营，湖北成了他创业的"根据地"。

刘建民是一个商界智者。他打破最初的小作坊、家族管理等传统经营管理模式，学习现代先进的高级管理模式，公司效益蒸蒸日上。创立的公司以"以人为本，内强素质，外树形象，创造美味，

传播快乐，食赏建民"为宗旨，集现代化中央工厂、配套运输及连锁门店经营于一体，通过对原材料质量和渠道的科学把控，及资深烘焙师自主研发投入，致力打造消费者信得过、安全健康放心的食品。2010年创立"食赏建民"连锁品牌，2017年还被评为荆州市知名商标，现已发展为10家连锁品牌。"食赏建民"品牌已然深入人心，建民老面包、建民核桃酥、建民蛋糕、建民中秋饼等糕点普遍受到当地消费者青睐和喜爱，他的企业年产值达到1000余万元，员工有130人（其中资溪县20人、公司所在地110人），为家乡和当地解决了富余劳力人员就业问题。

一名党员一面旗帜。2016年，身为共产党员的他，在当地组织成立了面包党支部，他任党支部书记，积极开展组织活动，引导广大流动党员增强组织意识，诚信经商，致富不忘回报社会。

十七、严品前：感恩，因为有面包

严品前，1982年4月出生于马头山镇杨坊村。宜兴市严派食品有限公司总经理。

因家境贫寒，从小就开始自食其力，跟着人生中的第一个师傅——张协旺到南京做豆沙。少年稚气未退的他，白天一股劲的努力工作，一到晚上就思念家人，可以这样说，干了三个月哭了三个月。三个月后回到家，就不想再出远门，可看到家庭人口多，生活这么苦，他重新有了拜师学

艺的念头，决定跟着本地的老板出去做面包。这一干就是三年。在这三年里，他省吃俭用，当年月薪两三百的他，却存了

几千元的工资并全部寄给家人；他每天干16小时，努力钻研手艺。三年后学成归来，在短暂的相聚后，他相继辗转陕西、江苏、福建等省，这一出门又是六年。

机遇总是留给努力的人，一天，他接到钟启文电话，说要给他一次做业务的机会。他随即从西安来到钟启文在杭州开办的公司。公司为了锻炼他，把他安排在安徽做业务，经过严品前6年的不断努力，公司销售额翻盘一跃排行第一。这6年来，他的辛苦、他的付出、他的成绩有目共睹，他成为了全公司的佼佼者。

2015年他独立创业，在江苏创办宜兴市严派食品有限公司。总投资2000万元，公司总面积4000平方米，建筑面积4500平方米。2020年公司控股宜兴市（齐歌）奶油生产公司50%的股权，控股宜兴（利歌）食品88%的股权，控股下游品牌（长寿）3家面包店50%股权，年营业额达3000万元。

十八、张学秀：面包和奶茶更配

张学秀，1978年出生，马头山镇柏泉村人。重庆武隆恰呷食品有限公司董事长，古茗奶茶加盟商。

他初中毕业后跟随亲戚来到湖南一个小镇做面包。2000年来到上海郊区，当地人喜欢吃面包经常排队买面包，有时门还没开就有人敲门买。他从中悟出做面包有奔头！

2012年，他来到武隆成立恰呷食品有限公司，取名为全家蛋糕，在武隆都市广场开设第一家店，经过8年的打拼，在城区拥有8家门店，成为当地领先品牌。

2015年,张学秀开始加盟古茗奶茶。古茗茶饮汲取中国传统茶的精髓,结合现代拼配置茶理念,搭配专属产地的新鲜水果,呈现独特的古茗风味饮品。

有人问过他:"哪一家店是你最满意的?"他回答:"下一家店吧。"张学秀一直在开店路上,每一次开新店都是一次蜕变的过程。选址,设计,讨论,不同意见的叠加,到每一条桌椅板凳,甚至挂钩的选定都费尽良苦用心。和一帮无怨无悔的伙伴,力争打造全系统操作,他们一直在砥砺前行,也在古茗系统中完成自我进化。他将古茗奶茶学到的理念运用到全家蛋糕,将全家蛋糕的思路带到古茗奶茶,面包和奶茶有机融合,努力将食品做成艺术品。

如今,张学秀拥有全家蛋糕20多家、古茗奶茶10多家,一年产值约5千万元。只要心中有梦想,就没有到不了的远方。每一年,张学秀都会去很多地方,多走,多看,去感受市场的温度。

面包和奶茶,有机统一,物竞天择,适者生存。从中他收获满满。

十九、周建辉:门外汉到面包大师

周建辉,资溪县乌石镇桐埠村杨源组人,高中学历。2004年10月在江苏南通从事面包烘焙工作,现任艾安阁食品科技有限公司总经理。现有门店数10家,年收入约1000万元,直接带动就业138人。

自2004年从事面包烘焙工作16年以来,周建辉一直用无私奉献的精神诠释面包人的初心。学历不高的他用自己刻苦钻研的学习态度,向具有丰富经验的张协旺、洪涛面包大佬学习,不断提

高自己的业务水平，自己从"门外汉"成长为现在别人眼里的"面包大师"。

他用勇于创新的精神规范制度管理。由于历史原因，资溪面包多为小作坊式，管理工作存在工作人员不足、相关管理制度不够完善等情况。为了提高工作效能，完善管理机制，消除隐患所带来的风险，周建辉在没有资料参考的情况下，跑遍了周边区县求教取经，搜集外省面包店的先进管理经验，努力探索研究并结合资溪面包实际情况，牵头起草制定了《艾安阁食品科技有限公司人员管理细则》等更有操作性的文件，为进一步规范面包店的管理体制、轮换机制、储存管理等工作倾注了大量的心血。他还将这些创新的监督管理机制分享给兄弟区县，供他们参考，受到了一致的好评。

他用毫无保留的精神培养年轻骨干。多年来，周建辉对公司的年轻人都一视同仁，生活上关心备至，工作上严格要求，业务上倾囊相授。为年轻人创造各种机会参加各类专业培训，提高他们的专业知识与技能，目前，其公司所有面包工作人员都参加了面包技能培训，均获得面包职业技能学校颁发的相关资格证书，有效提升了公司的日常管理效率和专业化。

他用满腔热情回报家乡。2020年春节，周建辉冒着严寒再次回到家乡乌石开展"回报家乡，助力扶贫"公益活动。

二十、游小辉：小小光辉耀面包

游小辉，1973年10月出生于资溪，现任江西省资溪面包科技发展股份公司董事、常务副总经理、江西工商联面包商会执行会长。

游小辉高中毕业后，不等不靠，很快学会驾驶技术，从事货物运输，用勤劳和朴实方式步入社会，开启奋斗而美好的人生。

1997年10月，他加入南京协旺公司，拜师于资溪面包鼻祖张协

旺，进入面包行业，凭着自己的踏实肯干和极强的悟性，一步一个脚印地从学徒工干到业务员再到部门经理，赢得公司领导和同行们的信任，同时也奠定了自身事业发展的基础。

2000年，开始自主创业，先后成立南京市面包树烘焙工坊和南京市大饮食品等几家企业，为央企扬子石化做烘焙食品配套服务。2014年，游小辉在南京合资成立乐芙德食品科技有限公司担任总经理。由于公司的产品价廉物美、技术上的不断创新和良好的服务态度，公司很快在全国有了自己的市场，在烘焙行业内也迅速有了影响。

2016年，县委、县政府决定举办首届"资溪面包文化节"。这是一次尝试和探索，更是一次挑战。由于行业的特殊性及现有的条件，活动的举办面临着许多困难，最关键是需要一位行业影响力大、业务能力强的人牵头组织。身为江西面包商会执行会长的他，在第一时间安排好手头工作，主动向县委、县政府请缨，立下"军令状"，尽全力做好面包节的筹备和组织工作。他带着团队坐阵资溪，历时2个月，从方案策划、场馆搭建、赛事安排、参展商邀请、活动开展等各个环节都亲力亲为，常常是夜以继日、通宵达旦、废寝忘食。首届"资溪面包文化节"取得圆满成功，得到业界的高度认可。

至今，县委、县政府已连续举办5届"资溪面包文化节"，每一次游小辉都是全身心参与，每次都灌注了他辛勤努力的付出，确保了活动圆满成功。目前"资溪面包文化节"已成为国内烘焙业界的一大节庆活动，更成为宣传"资溪面包"的重要平台。他在2018年，获得了县委、县政府授予的江西省旅游产业发展大会"先进个人"奖和江西省面包商会授予的中华神龙蛋糕制作"特殊贡献奖"，"中华神龙蛋糕"成功获吉尼斯世界记录。

2020年，游小辉被评为"资溪县劳动模范"。小小的光辉，大大的面包，其实游小辉经营更大的面包店，憧憬践行更大的光辉。

二十一、曾楠：无声的cake享誉世界

曾楠，高阜镇人，1989年出生，一个把面包卖到马来西亚、把面包技术培训做到法国的年轻人。2014年，加入法兰西烘焙西餐学院，任职副校长、总经理。2015年，赴法国圣马丁酒店管理学校进修西点课程，并与圣马丁酒店管理学校合作开班。2017年，联合创办马来西亚DELIGHTGO，荣获"马来西亚CIG咖啡师"职称。2019年，创办小分贝技能培训学校及小分贝西点无声面包连锁店。

2008年，曾楠在西点烘焙教学时，招收了第一个聋哑学员刘良州。刘良州上课听不到声音，曾楠在课后以手写方式，单独对他进行耐心细致的辅导指点，使刘良州与其他学员一起同步顺利毕业。之后，曾楠的烘焙学校又陆续招收培训了500多名聋哑学员。很快，曾楠发现这些聋哑学员学成之后，难以找到工作，许多公司店铺不招聋哑人。即使一些聋哑学员有幸找到工作，也难以融入健全人之中，最后不得不辞职或被辞退。

如何来帮助这些聋哑学员就业,为他们提供一个展现才华的平台,为他们自强自立出一份力呢?曾楠陷入深思,一个念头在心底发酵:我何不干脆专门开一家聋哑人的店,开一家"无声人"的面包店,这些聋哑人就业的难题不就迎刃而解吗?说干就干,曾楠开始马不停蹄地忙开来,跑店面,购设备,招人员。

2009年4月28日,一个值得铭记的日子,无声的cake店,在喧闹的锣鼓声中,在千百双期待的目光中隆重开业了。除了店长,店里的西点师、咖啡师、打包员等都是聋哑无声人。22名员工来自全国各地,均是1990年后出生的年轻人。顾客和店员、店员和店员之间,借助于眼神、手势、纸笔,还有微笑和关爱进行交流,完成哑剧般的交易。

无声的cake店帮助聋哑无声人就业,在无声的世界,构建了有声的关爱。国内各大媒体集体为他们发声,力挺他们。几乎每天都有来自全国各地的聋哑人前来捧场,为他们点赞。周边的居民、过往的游人,纷纷前来购买品尝。看到这一切,曾楠开心地笑了。

二十二、傅各敏:人各有志,我自费歌

傅各敏,1978年出生于鹤城镇大觉山村上傅。现任费氏集团上海费氏公司总经理、资溪费歌食品有限公司副总经理、江西面包商会副秘书长。

2015年他进入费氏集团从事销售工作,第一天干销售,是从拉着一拉杠箱的肉松样品开始的。这一天十分难熬,从街头走到街尾,来来回回在寒风中走了无数趟,是进去呢还是不进去呢?经

过激烈的思想斗争，他终于放下思想包袱，鼓起勇气走进第一家店，顺利推销出2斤样品。接下来的几家也很顺利，居然把一箱的肉松样品卖光了，他激动地发了个朋友圈："样品让客户买了，我们生产的费氏肉松都是这样品质优、价格实！"

2017年8月，他得知费氏集团建新项目的消息后，第一时间向江西面包商会汇报情况并积极向费氏董事长宣传资溪的营商环境和招商政策。在县委、县政府及江西面包商会的共同推动下，成功将费氏集团引进资溪。

2020年4月，投资1.5亿的费歌食品有限公司正式建成，费歌肉松厂顺利投产，预计年产值3亿元、解决就业150余人。

二十三、王信文：与省委书记一同做客央视的农民面包师

2007年3月11日晚，资溪县农民王信文做客央视新闻频道《新闻会客厅·小崔会客》"两会"特别节目，与全国人大代表、江西省委书记孟建柱，央视著名节目主持人崔永元及现场观众一起畅谈全民创业话题。

3月10日20时，开始录制节目。在现场，金黄的面包送给了所有人，喷香可口的面包赢得阵阵掌声。在会客现场，王信文一家给书记献上自己做面包的秘方。接过礼物，孟建柱书记感慨：他把这个配方交给大家，可见王信文多么的慷慨，他不怕别人学了配方来跟他竞争，而是希望有更多的人会做面包，使更多的人通过做面包富起来，过上幸福美满的日子，这就是老王的心愿。孟书记回赠王

信文的礼物是2支毛笔和一个笔筒。王信文一家十分激动，坚信在全民创业的和谐大环境中，百姓创家业、能人办企业的会如雨后春笋般越来越多……

二十四、周国义：把资溪面包卖进省委大院

周国义，1968年11月出生，马头山镇梁家村人。南昌市资溪商会党支部书记。

1992年初，周国义离开新婚不久的妻子，一个人出门找面包店。他一边找店，一边在朋友那里学习面包烘焙技术。6月份他在河南伊川开了自己的第一家面包作坊。第二年在三门峡开了第二家面包作坊，那时都是租单位食品厂，没有门店做送货生意，自己又当师傅又当推销员，一天仅仅休息5个小时。

1994年，周国义离开河南，和朋友合伙在江苏镇江开始经营有门店的面包店，他想拥有完全属于自己的面包店，于是决定撤股。撤股后，他到浙江杭州下沙开发区开了一家云达蛋糕店，苦心经营，加上面包口感好、品质佳，深受顾客喜爱，生意也越来越红火。这家店成为了他人生的起点。而后，1998年第二家、第三家云达蛋糕也迅速诞生。

2004年，时任江西省委书记孟建柱到资溪视察工作，品尝了资溪特色小吃——资溪面包后，就问当时的县委书记熊云鹏在南昌有没有资溪面包。而当时确实没有资溪本土人在南昌经营面包店，于是县委领导把周国义从外面请回来，让他到省委大院附近开一家用

"资溪面包"命名的面包店，这也是南昌市的第一家以"资溪面包"冠名的商店。在省委食堂加工、销售面包。省委办公厅给予大力支持，还在豫章路为其找好4个店面，为省委食堂定点销售面包。

资溪面包开业后，由于口碑好、品质佳，一传十、十传百，几乎所有的南昌人都知道资溪面包。就连江西五套、江西二套都市现场和报社记者都来采访过，江西卫视还专门做过一期专访。随后，在南昌大学前湖校区、东湖区、老福山开了资溪面包分店。

2006年，周国义又在杭州市、泉州市等地开了几家面包分店。由于时代发展餐饮服务业迅速崛起，目光敏锐的他决定投资餐饮行业，2010年他开了自己的第一家餐饮店。2014年，他代理了杭州"金华砂锅"，2020年，除投资餐饮业外，他在南昌还有9家"摩萨哥"资溪面包店。

作为资溪面包界的精英人物，周国义善于抓住机遇、目光敏锐、敢于挑战。2019年回到梁家村担任党支部书记，带领家乡人民共同奋斗。

二十五、蒋友良：乐做人民的良友

1956年出生的蒋友良从小与人为善，热心助人。20世纪80年代，做啥像啥的蒋友良很快就被推选为村委会主任。1993年不满现状的他只身来到山东莱芜，加入面包大军行列。他准备在一家宾馆开面

店，宾馆经理劝他不要开，因为以前几家都亏得吓走了，怕他也亏本交不起店租。蒋友良不信邪，先交钱后签租店合同。这店面以前

由于宾馆方面不懂得做面包的情况，除了房租每月规定只收50元水电费。蒋友良却主动对宾馆经理说，那样你们宾馆是要吃亏的，我们做面包用水量和电量都很大，我还是自己装水表和电表，按实际用数记付吧。结果每月下来，水电费500多元。这样他赢得了宾馆的信任。宾馆主动为他销售面包加上他自己的宣传及多方的努力，他终于打开了市场，站稳了脚跟，销售额由开始每天100多元一下子剧增到3000多元，店也越开越大、越开越多，最多时同时开了4家，资产达到数千万，成为远近闻名的做小面包的大老板。

高田乡在外地做面包的人中，有不少党员反映他们想要过党组织生活，苦于每次回老家不方便，2002年蒋友良大胆地向高田乡党委申请在济南成立流动党支部。这一想法得到乡党委政府的认可，当时党员只有5个，由蒋友良任党支部书记。

在党支部，除了过党组织生活，还不定期地召集大家聚在一起探讨面包制作技术、经营管理之道。此外，只要有乡亲和其他人想学技术，支部党员都义不容辞的承担起师傅的角色。这个支部先后帮助他人在北京、镇江、济南、兖州、东营、潍坊、淄博、新泰等地发展面包经营。他们没有资金，蒋友良主动借给他们，没有技术就手把手地教，不懂管理就苦口婆心地讲。在他的带领下100余户近500余人先后成为面包产业致富户。蒋友良热心社会公益事业，义务担任民事纠纷调解员，积极为构建和谐社会献热发光。2020年10月，国家司法部授予其"全国模范人民调解员"殊荣。

二十六、吴敦华：坚守本心，传承中式糕点

吴敦华，桂洲村总经理兼首席研发运营总监。祖籍浙江省丽水龙包泉，爷爷辈时迁移至嵩市镇，他16岁初中毕业后加入资溪面包大军。

在众多面包大军中，吴敦华是幸运的，其选择也是正确的。他的选择就是传承中华传统糕点，将中华传统糕点做大做强。

1995年，吴敦华遇到了人生的挚友钟德泉，两人一见如故，一拍即合，创建了中式糕点品牌——桂洲村，吴担任总经理并兼任首席研发运营总监。事业取得初步成功后，他不忘初心，依旧坚持传统工艺，并立意古味新作，传承中点并创新中式糕点。带领团队研发制作宫廷桃酥、金牛角、桂圆红枣、岩烧乳酪、香酥玫瑰、老婆饼等百余种深受消费者喜爱的中式糕点。

2018年，在河南郑州建立近 4000 平方米十万级净化现代化生产车间，主要从事于中式糕点类面包、月饼、各类点心及西式甜点、生日蛋糕等绿色健康系列食品的生产、销售及研发。

吴敦华创立的企业，产品品质优异，获得顾客的好口碑。桂洲村成为第十一届全国少数民族运动会代表团指定糕点类供应商，并与河南电视台、河南广播电视台达成合作共建关系。截至2021年，桂洲村已在全国开设近100家连锁店铺。

二十七、方忠宝：诚信面包人

方忠宝，1972年出生于株溪林场下株溪村。1991年高中毕业于资溪一中，1997年至2021年从事面包行业24个年头。

1997年，方忠宝和资溪其他面包人一样，带着憧憬来到江苏南通亲戚家的面包房当学徒。当时南通的面包市场主要是送货到摊点卖，其中最有趣的一件事，就是刚到南通，叔叔带他去送货熟悉市场。因为没有多余的自行车，叔叔后面带16箱货，让他坐"驾驶室"，也就是前面的杠上，艰辛可见，也由此开始了他的面包人生。

他学徒的时间不长，有一次送货，偶然看到一个店面出租每月800元。于是他就想自己开一家门店，东拼西凑了10000元，1999年1月1号在南通一小街上开了第一家面包房门店。开始两年还算比较顺利，几年后市区的面包店越来越多，市场竞争压力也越来越大。他是一个比较保守的人，出生于农民家庭，几年后退守到周边的乡镇，守住自己的一亩三分地，在乡镇开了四家门店，过好一个平常人家的生活，只想做一个诚信的面包人。他的选择是正确的，在南通稳扎稳打收获了财富。

十几年前，曾经有人问他面包会不会淘汰，他语重心长地回答："面包一定不会淘汰，但做面包的一部分人肯定会被淘汰。"现在事实也已经证明了他说的话，他衷心地希望家乡的领导和能人"大鸡带小鸡"，带领家乡的面包人勇往直前，奋发图强，创造美好的生活！

二十八、方惠国：致富不忘报党恩

方惠国，1978年12月出生于资溪县城。现任成都亿铭餐饮管理有限公司总经理，中共党员，汉族，毕业于广播电视大学本科（在职）。1994年高中毕业后，在资溪面包大潮推动下，他出外做面包，先后在山东、江苏、安徽、天津、四川、河南等地，从学徒工到开店，从小家小业到现在的高大上。

创业经历使他深刻认识到文化知识和企业管理团队打造的重要性，他报考了四川广播电视大学本科工商管理专业进修，在校期间担任了学生会主席。2008年汶川大地震，他亲身感受到了解放军战士那种无所畏惧的救援行动，他加入了一心为受灾群众重建捐款捐物的行列，并在捐款后递交了入党申请书，2010年他光荣加入了中国共产党。

他创立了成都亿铭餐饮管理有限公司，旗下壹品麦方蛋糕品牌深受当地消费者青睐。致富后他不忘党恩，在外创业的他一直与党组织保持密切联系，积极参加配合当地党组织工作，特别是2020年新型冠状病毒性肺炎疫情期间，积极组织复工复产。

二十九、杨起贵：下岗工人的面包之路

杨起贵，1967年出生于资溪县城，中共党员。1998年因资溪县花岗石厂关停，杨起贵成了一名下岗工人，生活压力不断加重，这让他不得不考虑今后的发展。在了解到一些朋友在外做面包挣钱，夫妻俩就商量着去外面做面包，走出资溪，走上面包之路。

1998年，杨起贵夫妇来到河南郑州，这一待就是18年。18年来杨起贵由

最初一家夫妻店发展到5家门店，一路走来，实属不易。创业初期的酸甜苦辣只有他们自己知道，因资金有限，他们以店为家，白天在面包店里忙碌、经营，晚上门一关就在店里面住，他们坚信"只要努力，生活就会越来越好"。经过几年的艰辛，杨起贵夫妇挣了钱，先后在郑州开了5家面包店，并买了一套房。2016年，经过多地考察，杨起贵来到了四川省南充市西充县，注册了鑫尚好运来食品有限公司。2020年底扩建1000余平方米的生产厂房，2021年3月份正式投入生产。鑫尚好运来食品有限公司拥有国家食品SC标准生产线，是一家专业烘焙直营企业，拥有直营店9家，年产值1500万元左右，带动72人就业。

如今，杨起贵拥有厂房1家、直营店9家、房子5套（郑州1套，资溪2套，西充2套），资溪门面房1间。他计划在两年内发展直营连锁店至15家以上，到时候年产值可达到3000万元左右。目前，杨起贵的儿子杨超已从天津外国语大学毕业，在他的公司任总经理，分担着他的压力。杨超也将在父亲的带领下，充分发挥自己的学识，不断将鑫尚好运来食品有限公司做得更大更强，将面包之路越走越远。

三十、何诚：盒子达人

何诚，高田乡枫林村人。在资溪众多面包人中，何诚是特立独行的一位。他投身面包业的14年中，做了10年的蛋糕盒子，称为"十四年面包十年盒"。

他第一次出去闯"江湖"时，赔光了从亲戚那儿借来的仅有的几千块钱。他想到生病的母亲，想到找店面时人家嘲笑他做面包是闹着玩。他个子不高，又偏瘦，但是好强啊，骨子里不服输，"赌一赌吧！"他对自己说。而后找熟人贷到6万块钱，奔赴南京。这一次，好运来了。花尽心思地盘店、装修和营业，终有回报，人生的第一桶金让他不仅还清了贷款，还富余十多万元。

33岁这年，在一次与自家蛋糕盒子供应商的聊天中，何诚敏锐地悟到了新的商机：当前做面包的人越来越多，每个人的市场占有率越来越低，但做蛋糕盒子的人却少，市场前景好，况且原本是竞争对手的面包人，一下子可以变成庞大的客源，这是化危机为生机的好出路。何诚与自家蛋糕盒子供应商既是合作关系又是好朋友，他通过供应商，到盒子厂参观，学习技术，购买设备。为了遵循他的生意行规"不与同行竞争"，他转至湖南邵阳开厂经营，通过辛勤打拼，积攒了百万财富。8年后他又前往贵阳开疆拓土。

三十一、陈永忠：致富引路人

陈永忠，1969年7月出生于石峡乡堡上村。1988年高中毕业后，满怀憧憬加入到浩浩荡荡的资溪面包大军，把他的第一家面包店开在了江苏南通。

创业之初，艰辛自不必说，夫妻两人每天起早贪黑，忙忙碌碌。因为是第一次做面包，急着快速开店，没有考察店面所在地段的客源量，也没预算店面租金，高昂的租金草率地开张，请的员工也无从业经验，本人又无管理经验，技术不精，产品口感不好，生意一天不如一天，每天亏本经营，月亏损上万元,可他咬咬牙坚持做下去,坚持经营了半年,后来实在是没钱再投入,负债累累只好关停,第一次创业以失败告终。

第二次创业,他总结上次失败原因,亲自到做面包成功的店去当学徒,自己边做边总结技术,向同行学习技术和管理经验。通过一年的学习,技术日见提升,再用半年的时间到全国各地找适合开店的店铺,终于在南通市找到理想的店铺。先设计装修,买最新款的烘焙机械,员工培训后上岗,开业后因面包的口感好加上热情周到的服务,他的面包赢得了顾客的青睐,生意迅速一路跑火。他欣喜地看到了面包产业的光明未来。

随着资金的积累,他不再满足于现状,频繁外出考察选址,审时度势,抓住机遇扩大规模。1992年他已有了5家面包店,2017年已发展壮大到10家。由面包起家,到年收入上百万元,他成功了,成了当地响当当的面包领军人物。

2017年回乡期间,得知政府鼓励在外创业成功人士返乡创业。得知消息后,他认真思考过,这么多年在外打拼,虽然自己富裕了,但村级集体经济非常落后,很多在家的村民依然找不到致富的门路。希望能带领周边群众创业,解决他们外出打工的烦恼,帮助百姓增收,实现共同致富。于是,他积极响应政府"双返双创"号召,带着资金和满腔热情回到了自己深爱的家乡堡上村,开始了坎坷的再创业之路。

三十二、陈根祥:不怕苦累

陈根祥,1970年8月出生于高阜林场下源村下源小组,家有六姐弟排行老三的他从小就有干劲,有着出去闯一片天地的执念。他将自己的面包店不断发展壮大,现已是面包大户。

20世纪90年代初,他跟亲戚朋友借了2万元,同贵溪连襟一起到四川省遂宁县偏僻地段，合租了一套民房开店。和在南充经商的老乡坐车到成都买机器设备下车，已是半夜，资金紧张想在当地居民家借宿一宿，敲了几家都未同意还被巡警误认成黑社会分子，好在解释清楚。几经波折，人生中第一家外送面包店经营起来，1993年到  1994年的时候同家里兄弟姐妹一起在宁波合伙开了面包店，日收入近千元。有着年轻爱闯的干劲，几个月后他主动提出要重新找一家店开。在宁波折腾了近一年多，后来陆续在贵州六盘水、广西玉林、四川木川等地开店，留下面包特产和他经营的身影。直到2014年，在四川越西县扎根，开了一家又一家的面包店。

陈根祥有着不怕苦、不怕累的面包人精神，一心想在面包行业里做出成就，带动亲朋好友共同发展。成为面包大户后，为下源村的产业发展、基础设施建设做出了积极的贡献。

三十三、林志勇：把"资溪面包"推向拉萨

林志勇，1975年8月出生于乌石镇陈坊村。乌石中学读完初中，在福建永泰参军服兵役三年，退伍后返乡走向社会，先后在资溪做过建材、农资生意。

十年磨一剑，有了一定积蓄后林志勇把事业向新的领域拓展。2019年，他和表弟魏祥前往西藏拉萨投资，一边经

营奶茶和砂钵粉，一边寻找新的商机。思路一打开，他也不再局限于砂钵粉，经过考察，他发现整个拉萨市内做面包的并不多，尤其是竟然没有一家资溪面包店。他决心填补这个空白！于是他在拉萨市主街道民族北路一家大商城盘下110平方米旺铺店面。2020年国庆节开张，经营面包、蛋糕、西点和粿子，每天顾客络绎不绝，年销售额达200万元以上。他为"资溪面包"终于在雪域高原拉萨市场有一席之地而自豪，和资溪面包办申请使用"资溪面包"标识，增加资溪面包品牌辨识度，并自信做大做强。拉萨，高原首府城市，日后定会有资溪面包的身影。

林志勇说："人这一辈子，可以赚很多的钱，但一定不能丢掉本心，要学会感恩，感恩遇到的贵人，也要让自己变得更优秀当别人的贵人！"

三十四、罗怀玉：雪域高原面包人

罗怀玉，1979年7月出生，毕业于江西赣州林校，原是石峡林场一名干部，2002年由于林场经济效益不好，停薪留职外出创业，到西藏跟着一名亲戚做面包学徒工。他天没亮起床，午夜才睡觉，一天睡眠不足6小时，特别辛苦。开弓没有回头箭，他咬牙坚持下去。做面包的整个过程，就像一块磁铁，深深吸引着他全身心地投入。配料、和面（打面）、成型、醒发、烘烤、包装，每个环节他都从生疏到熟练，再有所创新，每一道工序他都做得有滋有味。

掌握技术后，他决定自己做老板。

第二年，在家人及朋友的帮助下，他在西藏昌都开了第一家面包店。为了省店租，他把店开在城郊接合部；为了面包做得味道好吸引顾客，他既当老板又做伙计，与面点师一道，对面包制作的每一道工序都精益求精。磨刀不误砍柴工，他还不惜重金，先后到北京、上海等一线城市学习面包、西点制作技术。每年烘焙行业举办各种各样大型的展会，他都会去学习，不断开发新产品。随着新产品的开发，所选用的原材料也在不断升级，面包甜点种类也经常更新，基本两三个月就要更换一次。

他做的面包新鲜香甜、品种繁多、价格实惠，颇受顾客青睐，总是门庭若市。自己在烘焙行业摸爬滚打的18年里，他先后创立3家自己的品牌烘焙蛋糕店，资产达到1000万元以上。匠人精神一直体现在他对待事物的方方面面。"从原材料的选取到制作的每一道工序，每一个环节都不能马虎，尤其是做食品，一定要有敬业精神。" 罗怀玉说。

三十五、胡红梅：凌寒梅绽溢芬芳

胡红梅，1976年出生于马头山林场，农村出生的她积极上进，勤俭友善。1994年参加工作，为马头山林场职工。1998年加入资溪面包大军，前往东北开启创业之路。创业初期，胡红梅也遇到种种困难，气候的不适应、当地同行的打压、房东的为难等等，身为女子的她，克服重重困难，毅然决然坚持了下来。她现在牡丹江拥有面包店10余家，大连7家，员工100余人，年产值达2千余万元。

2014年马头山林场进行了改制，胡红梅带头签订了改制协议。如今，事业蒸蒸日上的胡红梅，一直心系家乡父老。她已先后带领、帮助30余位家乡的亲戚、朋友前往东北创业、谋生。他们在创业初期，没有启动资金，胡红梅就无偿借钱给他们；没有技术，胡红梅就手把手的传授技术；没有人手，胡红梅就利用自己的人脉关系帮忙招人。

2020年，抗疫期间，胡红梅第一时间向湖北捐款1万元，通过各种渠道向东北捐款达2万余元。

三十六、程海龙：海龙见真州

程海龙，1973年9月出生于马头山镇马头山村。从江西到江苏，从马头山到扬州仪征，开始了近20年的烘焙生涯。从一开始三四十平方米的夫妻店，外加一两个帮工老乡，到现在的连锁模式，第七家分店也在筹划中，其中的不易只有他自己知道。

烘焙行业，多少人想在其中分一杯羹，却又有多少人真正能从其中获利？早些年竞争不大，门槛低，哪怕不能借此大富大贵，怎么也足以养家糊口。近些年，人们对食品、对店面要求越来越高，想要在市场站稳脚跟，必须要不断完善自己的经营模式，改变自己对面包行业的旧认知，不断扩展自己的眼界，不断更新，不断创新。现在他已经不做手艺人，尝试去做一个老板，以老板的心态去经营，经营也是需要对整个生产流程十分熟悉的，才能更好地渗入管理。前两年由于门店的拓展，工作间生产跟不上前场门店的需求，决心做一个生产工厂，经过两年多的磨合，现在工厂也进入了正轨，想要拓展店面就有了强有力的后备力量，无后顾之忧。现在，正是抢占市场的时候。

最艰难的时候是刚建完工厂，当时的资金压力大，门店的业绩也肉眼可见下滑，不敢盲目投资，当时只能一门心思加强管理的规范化。现在的面包行业，已经不单单是零售，更需要加强与顾客间的粘性，还要跟上新媒体时代的步伐，门店也折腾了近一年的时间，才把销售额做稳定。回头看看，感慨万千，要折腾，要不停的折腾，才能让企业永远有活力，永远在进步。

仪征古称真州，程海龙将烘焙行业做大做强，最终得到真州。

三十七、熊维文：撸起袖子加油干

熊维文，1981年4月出生于陈坊林场。1999年底入伍参军，两年军旅生涯使他养成了吃苦耐劳的好习惯。退伍后成为陈坊林场的一名职工，不等不靠，自主创业。

从帮人打工学技术开始，慢慢的夫妻俩开了个小面包作坊。开始经常有些小混混来闹事，面包也经常烤焦整盘倒掉，但他并不在意眼前的得失，他常说："匠业需要工匠精神。只要我认准的事，一定要下决心把它做到极致。"就这样打拼了二十年，店面越做越大，生意越来越好。

遇到困难的时候，要强的熊维文，咬紧牙关，决不放弃，他坚信付出努力就一定会有回报，奔着做大做强的信念。

皇天不负有心人。2017年他在江苏镇江安定下来，投资140余万元，开了两家大型面包店，年收入80万元，长期带动20多名资溪人就业，现在资产达千万元。

他明白生活会越过越红火，一定要放远目光，现在面包制作技术和市场营销学问日新月异，得不断跟上时代步伐，多学习、勤钻研、善思考，为了面包事业，撸起袖子加油干吧！

（二）

一、张露：虎父无犬女

张露，女，1989年2月出生在马头山镇杨坊村。2011年毕业于南京大学外语系，后在英国留学1年，主修人力资源开发。

2012年10月，她到父亲张协旺创办的协旺浩恩（南京）食品有限公司参与父辈创业。父亲秉承"刀在石上磨，人在苦中练"的传统家训，有意识地安排张露从公司的最底层、最烦琐的工种历

练做起，先让她在销售门市部做营业员，后又让她在采购部第一

线。干了4年后她积累了经验,增长了才干。从2016年开始,张协旺才将公司的"半壁江山"贸易分公司全盘交给爱女打理。在女儿心目中,父亲张协旺"是一个执着务实的人,说得少,做得多"。张露也时时处处以父亲为榜样,执掌贸易业务这一块,她踏踏实实做好每一笔业务。在与客商打交道中,她诚信为先,礼貌待人;她柔中有刚,不失原则。在2020年上半年防治新冠肺炎疫情的大考中,她主动为父亲分忧,担当作为,提前做好公司内外部环境消毒等各项工作,并免费向客户赠送防疫药品、用具。她自己和手下高管全部上第一线顶岗,在线上开会商讨公司业务,认真做好辅导客户应对疫情的工作,受到客户和公司上下员工的普遍赞誉。

二、钟涛:不负父望勇立涛头

钟涛,1990年出生。在老家资溪和浙江嵊州读完小学。父亲钟启文在杭州创办艺发食品有限公司时,他随父在杭州读初中;此后回资溪读完高中参加高考,录取于天津大学。大学期间每年寒暑假他都主动到父亲的公司里,以一个打工仔的身份参加工厂生产、门店销售开车送货等各项劳动体验。

大学毕业前钟涛所经历的一件事,给企业家的父亲留下极好印象:假期里,他相邀4位同学,5人结伴赴西藏并出国尼泊尔自主旅游。他们将此行纯粹作为一次"驴友"式生存意志的人生体验。尚未走到西藏，其所带盘缠已所剩无几，那4位同学都先后打退堂鼓返程回家；唯有钟涛虽然也是囊中羞涩，仍坚毅地只身继续前行，一路上餐风饮露省吃俭用加上给人帮工挣钱，坚持到了拉萨，还越过喜马拉雅山到了尼泊尔，见识了青藏高原和异域风光。父亲打量着儿子被高原强烈阳光曝晒变黑的面庞和听他一路艰辛跋涉经历的讲述，从中欣慰地看到了儿子俨若自己当初艰辛打拼创业的身影和敢闯有担当的优良品质。

2014年钟涛毕业后即来到父亲的绍兴资溪面包有限公司，很快就轻车熟路地完成了大学生到打工仔的身份转换：起初，父亲并未直接对他委以公司高职，而仍然要他到基层踏踏实实地历练，先从车间操作工做起，再到供销链上开车接送货。2015年，父亲派他到宁波独当一面地开发营运市场，历练三年表现不俗，父亲才在2018年将他提为公司总经理。是年，钟启文肩负资溪县领导和父老乡亲重担，告别绍兴回老家，领衔资溪面包"航母"产业项目。钟涛担负父亲重托执掌绍兴资溪面包有限公司，他全身心地投入公司运营。

他接过父亲的重担后，领导企业不断研发新产品，改良旧产品，致力站稳市场制高点。尤其是2020年春新冠肺炎疫情肆虐，党领导防疫战打响以来，钟涛沉着冷静，以企业家的担当精神，在最紧张的时期，资溪面包公司从1月31日至2月14日，坚持每天为战斗在绍兴第一线的"白衣天使"和"幕后英雄"们免费捐赠爱心餐点2000余份，赢得社会好评。2020年虽然上半年产品销售额较上年同期下降，但下半年他运筹帷幄，上下合力，措施到位，至年底，全年销售率比上年还略有上升。绍兴市人大主任和副市长莅临公司视察，热情赞赏钟涛年轻有为和资溪面包公司所取得的新成就。他向父亲交出了一份满意的试卷。

三、徐灿：资溪面包代言人

徐灿，1994年3月出生，高田乡翁源村人。世界拳王金腰带获得者，资溪面包代言人。

在父亲徐小龙的熏陶下，徐灿自小喜欢体育运动，后来爱上了拳击。徐灿14岁时，为了支持其爱好和事业，父母卖掉在湖北的面包店铺，举家搬到云南昆明，一边从事面包生意，一边让徐灿拜师练习拳击，从而毅然地走上职业拳击之路。正因有父母的全力支持和无微不至的照顾，徐灿才得以全身心投入到训练中。从不会出拳到逐渐从师兄们那里偷师，从不被教练看好，到逐渐被喊去安排手靶训练，凭着资溪面包人敢闯敢拼不服输的意志和韧劲，徐灿经过不到五年的磨练，逐渐在国内拳坛崭露头角。

2016年6月24日WBA超次轻量级国际拳王争霸赛，徐灿成功卫冕WBA130磅国际级金腰带和WBA东方洲际组织130磅头衔。2019年1月14日，徐灿击败卫冕拳王罗哈斯，赢得WBA羽量级世界拳王金腰带，同时成为继熊朝忠、邹市明后第三位中国的男子世界拳王。之后徐灿评级升至五星级，成为中国拳击史的首位五星级拳王。2019年5月26日，中国抚州WBA世界拳王争霸赛上，徐灿在家乡父老面前以TKO的方式干净利落地击败前WBA世界拳王久保隼，也是中国拳王战胜日本拳王第一人，成功卫冕WBA羽量级世界拳王！之后徐灿获得2019福布斯中国30岁以下精英榜，WBA（世界拳击组织）杰出拳手，被提名为 2019CCTV体坛风云人物"年度最佳男子运动员""2019今日头条年度体育人物"称号。

徐灿是资溪面包喂养长大的,也正是父辈的面包创业圆了他的拳王梦。徐灿就是资溪面包的形象代言人。"吃资溪面包,做世界拳王!"——是资溪面包最具感召力的广告语。

有联赞曰:父辈柔手做西点,资溪面包香溢天下;

儿郎铁拳制洋番,中国功夫誉满全球。

四、方氏兄弟:亚卡芙的面包生活

方杰, 1982年出生。方俊,1983年出生。他们的出生地有一个美丽的名字——双门石,位于"中国面包第一村"杨坊村,双门石现在也是他的企业名称。

2008年,方氏兄弟来到浙江省安吉县,创立亚卡芙品牌。方俊每一步都走得很稳,初期一年一家店地扩张,不会爆炸式的开店,也不会原地踏步。

亚卡芙代表了一个独特而丰富的艺术、设计和食物的交汇点,这个交汇也是安吉县到湖州市的交汇。

2020年,亚卡芙逆市开业7家门店,湖州市区达到13家总计27家门店。其中最好的一家从年营业额60万元到300万元,再到1400万元,这说明亚卡芙把产品和服务做到了极致。2020年1.2亿元的销售额目标基本实现,方氏兄弟在谋划着更大的愿景,以后要在湖州建立自己的供应链中心和中央厂房。

一个爱学习的老总,造就一个非凡品牌。不断更新产品,改善服务，造就了亚卡芙。方俊常这样诠释：你是怎么第一次接待老丈人的就怎么接待顾客，做到笑、跑、达、有礼貌。他到日本北海道看小麦的生长，到美国哈佛大学、麻省理工大学只为感受学术的氛围，到西雅图学习星巴克，向小罐茶创始人杜国楹拜师，向海底捞咨询服务。哥哥方杰则沉稳老道，专攻技术，弟弟方俊会为了一个新产品飞到国外。产品买回后，方杰会放一放，改良到适合湖州人、安吉人口味的时候再上市。

亚卡芙的面包生活，其实就是方氏兄弟的面包人生。

五、江梁：善心做人，匠心做事

江梁，1982年2月出生于杨坊村方家。江梁秉持初心、恒心及匠心，二十年如一日地深耕烘焙领域，旨在为广大消费者提供健康又美味的烘焙产品；为更多"平凡"且热爱烘焙行业的伙伴打造实现共同价值的"凯客模式"，吸引并激励有着相同理念的伙伴；也为更多年轻人提供发展的平台。

20世纪90年代台湾正值烘焙盛世，20世纪末先进技术流入上海，两位老者跟随潮流即引进先进技术，1997年在浙江嵊州市北直街创办了第一家店"麦香村"，传遍了街头巷尾。2007年，江梁在父辈的支持下，传承了匠心工艺。他将麦香村更名为CANCO "凯客"（C:Cake蛋糕、A:Artisan工匠、N:New新鲜、C:Calculated精心制作、O:Odour味道），以表达他对传统工艺和品质的崇尚追求。传承，只为用品质感动顾客；匠心，只为打造出与众不同的味觉体验。

嵊州市凯客麦香村食品有限公司，创立于1997年，公司位于浙江省绍兴市内一座诗意的县城——嵊州市，公司目前开办有1家现代化中央工厂，配置了系统的现代化烘焙生产设备，为全市所有门店批量供应烘焙类产品；同时，根据不同市场需求进行精准定位，分设专卖店、社区店、便利店、网红店，共计10余家。

公司聚集了大量优质的烘焙技术人员及年轻化的销售服务团队，现有员工共计100余名。

每一款产品都倾注了研发团队的心血，他们坚持用好食材、好工艺造好产品，竭力保障消费者的健康，让更多的消费者品尝到好看、好吃、新鲜的面包与蛋糕。正如每一款产品传达的凯客品牌理念与魅力一样，始终坚持"微笑式"服务，给顾客带去舒心、便捷的购物体验。而这些无不传达着江梁的价值观——善心做人，匠心做事。

2020年，在面包村建设中，江梁为杨坊村老百姓捐建一个凉亭，并取名为创业亭。

六、金选庭：是金子总会发光

金选庭，男，1977年10月出生于马头山镇。2007年起担任江苏南通海安琦琦麦香人家公司董事长、江西省面包商会副会

长、海安食品商会副会长。

1992年，因家境贫寒，他初中未毕业便随父前往河南辉县学习烘焙，学徒5年。1998年至2004年，通过家人的一起努力，在江苏泰州市戴南开设了第一家属于自己的面包店。之后在靖江市季四镇又开了一家面包店，在此期间一直奔波于两地。

2007年，他来到江苏海安开创了麦香人家第一家店，由于当时不懂得经营管理，又面临高额的房租，勉强维持一年后决定择址重新开始。2008年至2009年，在开设4家分店的基础上，成立了属于自己的面包作坊。2010年至2012年，经过不断发展和朋友协助，门店扩展到7家。2013年，因门店数量的持续增加，小作坊工厂供应紧张，他找到了新的符合国家标准要求SC证场地规模的工厂。2014年至2018年，放慢前进的脚步，只开设了两家分店。

2020年，麦香人家直营店增至11家，加盟店增至5家，直营店每年销售额达到3000万元，员工人数超过110人。金选庭增加线上蛋糕，经营米兰西饼中高端品牌，并涉足商务公司，为海安面包户做平台。

他始终持守一个理念：因为价格离去的顾客，还有可能会回来；因为质量离去的顾客，多半不会再回来；因为态度离去的顾客，永远不可能会回来。

金选庭的成功不止这些，他引以自豪的是有一对上进学业有成的儿女。女儿在南京工程学院毕业后进入一家国企上班，儿子在新加坡读高中，并已收到多所国际知名大学录取通知书。

第三节 人物名录

一、鹤城镇

姓 名	性别	出生年月	户籍	经营地点	行业时间
王孔亮	男	1979.12	城东社区	江西资溪	2002 年
李美玲	女	1978.10	城东社区	山西	2009 年
洪 涛	男	1975.08	城东社区	山西	2009 年
周国强	男	1966.06	城东社区	浙江台州	1995 年
王 英	女	1971.03	城东社区	山西	2007 年
龚家钦	男	1970.05	城东社区	山西	2007 年
任 俊	男	1979.06	大觉山村	重庆	2011 年
付志民	男	1978.11	大觉山村	重庆	2002 年
付里辉	男	1980.11	大觉山村	贵州	2013 年
杨明高	男	1968.06	大觉山村	广东	2007 年
付黄强	男	1988.08	大觉山村	湖南	2011 年
付宝书	男	1978.09	大觉山村	江西萍乡	2008 年
付宝平	男	1980.03	大觉山村	江西萍乡	2008 年
付金龙	男	1971.07	大觉山村	安徽	2010 年
付角文	男	1984.10	大觉山村	江西	2010 年
练良发	男	1981.07	大觉山村	江西峡江	2015 年
程海云	男	1978.06	火车站社区	广东广州	1997 年
张国忠	男	1972.01	火车站社区	贵州	2013 年
邓保明	男	1973.11	火车站社区	浙江兰溪	2017 年
邓飞明	男	1978.03	火车站社区	浙江兰溪	2017 年
李 聪	男	1990.08	火车站社区	四川成都	2016 年
刘毛仔	男	1971.09	火车站社区	河北邯郸	2016 年
余根福	男	1964.08	火车站社区	辽宁大连	1990 年
钱 静	女	1981.01	火车站社区	山西长治	2002 年
周平军	男	1977.11	火车站社区	湖南	1999 年
连元生	男	2000.04	火车站社区	河北邢台	2018 年

续表

姓 名	性别	出生年月	户籍	经营地点	行业时间
罗 卿	男	1987.07	火车站社区	上海	2019 年
邓汉兴	男	1975.01	泸声村	浙江	2010 年
邓志安	男	1976.05	泸声村	江苏	2008 年
黄 文	男	1976.06	泸声村	江苏	2009 年
黄 华	男	1973.02	泸声村	安徽	2005 年
叶木胜	男	1969.05	泸声村	上海	2012 年
江文锋	男	1967.08	泸声村	广东	2015 年
项仁江	男	1982.05	泸声村	湖北	2016 年
曾志军	男	1983.01	泸声村	上海	2018 年
林长明	男	1985.06	泸声村	浙江	2013 年
张大光	男	1988.07	泸声村	四川	2015 年
黄广华	男	1979.08	排上村	福建泉州	2006 年
吴文斌	男	1987.09	排上村	湖南长沙	2016 年
张发生	男	1974.07	排上村	江苏无锡	2004 年
项泽鸿	男	1974.09	排上村	广东东莞	2000 年
林银生	男	1983.03	排上村	广西柳州	2008 年
周细松	男	1963.05	排上村	广西桂林	2001 年
肖德贵	男	1979.10	排上村	江西宜黄	2002 年
肖德仁	男	1981.08	排上村	江西乐安	2006 年
周宏翔	男	1980.08	排上村	湖南娄底	2008 年
万友明	男	1982.01	排上村	南昌莲塘	2007 年
吴志刚	男	1987.01	排上村	湖南长沙	2001 年
付国荣	男	1974.10	泉坑村	湖南益阳	2010 年
易任生	男	1968.07	泉坑村	河南郑州	2007 年
曾启升	男	1964.08	泉坑村	江苏盐城	2005 年
曾文升	男	1970.08	泉坑村	江苏常熟	2010 年
周小兵	男	1985.09	泉坑村	浙江丽水	2016 年
曾海水	男	1978.07	泉坑村	江苏盐城	2012 年
林志华	男	1967.05	泉坑村	四川巴东	2005 年

续表

姓　名	性别	出生年月	户籍	经营地点	行业时间
龚其福	男	1979.05	泉坑村	江苏盐城	2014 年
曾志勇	男	1984.06	泉坑村	江苏盐城	2014 年
陈青龙	男	1982.07	泉坑村	河南周口	2012 年
林建忠	男	1974.10	泉坑村	浙江龙泉	2011 年
方忠敏	男	1983.11	三江村	河南新乡	2003 年
易雄伟	男	1976.11	三江村	河南洛阳	2002 年
徐高贵	男	1970.10	三江村	河南新郑	1993 年
黄学文	男	1975.12	三江村	湖南郴州	2001 年
李美云	女	1971.12	三江村	河南蓟县	1993 年
徐达生	男	1963.07	三江村	江苏江都	1995 年
夏日光	男	1954.11	三江村	河南新密	1997 年
徐志军	男	1974.10	三江村	江西九江	2011 年
方建国	男	1966.08	三江村	江苏昆山	1996 年
郑如安	男	1963.04	上皇村	江苏扬州	2000 年
郑赛芬	女	1988.01	上皇村	江苏扬州	2012 年
郑梦欣	女	1990.02	上皇村	江苏扬州	2008 年
朱勤民	男	1965.10	上皇村	江苏扬州	2013 年
付　伟	男	1986.07	上皇村	江苏扬州	2013 年
邓斐鹏	男	1987.08	上皇村	山东枣庄	2014 年
付德师	男	1975.11	上皇村	山东淄博	2014 年
邓志强	男	1985.04	上皇村	江西九江	2016 年
林水根	男	1971.03	上皇村	安徽阜阳	2016 年
周建平	男	1986.08	上皇村	江苏南京	2016 年
许志荣	男	1957.02	司前社区	江苏盐城	1994 年
龚木龙	男	1965.05	西郊村	四川大竹	2010 年
龚木水	男	1967.12	西郊村	重庆大学城	2009 年
封繁勇	男	1977.07	西郊村	南昌新建	2012 年
项红文	男	1975.05	下长兴村	江西资溪	1977 年

续表

姓　名	性别	出生年月	户籍	经营地点	行业时间
林刚华	男	1976.08	下长兴村	河北邢台	2003 年
夏美香	女	1979.07	下长兴村	安徽合肥	2005 年
林继靖	男	1978.04	下长兴村	湖南湘潭	2007 年
钱新明	男	1977.12	下长兴村	湖北孝感	2010 年
童国福	男	1979.10	下长兴村	广东东莞	1999 年
林升友	男	1981.11	下长兴村	河北石家庄	2015 年
林升彪	男	1984.19	下长兴村	湖南洪江	2011 年
徐德禄	男	1982.01	下长兴村	江苏泰州	2009 年
钱洪兵	男	1976.01	下长兴村	江苏泰州	2019 年
徐来福	男	1989.03	下长兴村	云南昆明	2003 年
陈雪荣	男	1963.02	长兴村	浙江杭州	2015 年
陈雪亮	男	1972.08	长兴村	浙江杭州	2017 年
许德平	男	1970.02	长兴村	山东淄博	2010 年
陈宝龙	男	1968.06	长兴村	江苏扬州	2010 年
许　铭	男	1977.12	长兴村	福建晋江	2010 年
许　赞	男	1980.01	长兴村	福建晋江	2010 年
李志超	男	1985.10	长兴村	浙江杭州	2010 年
李志强	男	1989.09	长兴村	浙江杭州	2010 年
邓进忠	男	1973.09	长兴村	福建光泽	2017 年
许志华	男	1975.08	长兴村	福建光泽	2017 年
项正文	男	1975.12	沙苑村	河南商丘	1989 年
方　平	男	1987.09	沙苑村	安徽合肥	2006 年
周建军	男	1970.07	沙苑村	湖南衡阳	1999 年
邓长龙	男	1974.11	沙苑村	江苏无锡	2001 年
夏长华	男	1977.11	沙苑村	江苏泰州	2001 年
元水来	男	1966.08	沙苑村	江苏常州	1997 年
许利梁	男	1988.01	沙苑村	四川南充	2005 年
林小剑	男	1983.03	沙苑村	江苏盐城	2007 年

续表

姓 名	性别	出生年月	户籍	经营地点	行业时间
黄 辉	男	1982.04	沙苑村	浙江龙游	2000 年
胡青田	男	1968.08	沙苑村	浙江台州	1999 年
方有财	男	1969.10	沙苑村	湖北恩施	1996 年
邱海翔	男	1989.11	城关社区	江西资溪	2003 年
吴金英	男	1970.10	城关社区	江西资溪	2011 年
方晓红	女	1981.03	城关社区	江西资溪	1984 年
叶秀龙	男	1974.03	城关社区	江西资溪	1996 年

二、高阜镇

姓 名	性别	出生年月	户籍	经营地点	行业时间
胡光华	男	1977.03	港口村	福建惠安	2014 年
马早忠	男	1976.05	港口村	南昌	2010 年
朱 宁	男	1990.10	港口村	吉安	2015 年
徐国明	男	1976.10	港口村	福建福岭	2010 年
上官国顺	男	1985.06	港口村	云南天水	2013 年
李勇平	男	1988.09	港口村	南昌	2010 年
吴发贵	男	1950.01	港口村	浙江杭州	2009 年
吴志清	男	1986.09	港口村	上海	2010 年
付永鑫	男	1988.11	港口村	福建厦门	2013 年
黄 辉	男	1983.10	港口村	山东济南	2013 年
徐立权	男	1978.11	港口村	浙江台州	2011 年
张益武	男	1965.06	初居村	江西	2000 年
方光金	男	1972.11	初居村	江苏	2005 年
张国安	男	1969.11	初居村	江西崇仁	1995 年
张银宝	男	1973.12	初居村	江西九江	1995 年
邱斌斌	男	1982.02	初居村	江苏	2008 年
李文财	男	1968.09	初居村	江西丰城	1995 年
刘五云	男	1962.02	初居村	湖南	2000 年
汪长贵	男	1955.03	初居村	江苏盐城	2000 年
杨 峰	男	1979.08	初居村	内蒙古鄂尔多斯	2000 年
曹 挺	男	1980.09	初居村	湖北宜昌	2005 年
夏印旺	男	1983.12	孔坑村	江西丰城	2000 年

续表

姓　名	性别	出生年月	户籍	经营地点	行业时间
曾成芳	男	1974.08	孔坑村	宜春	2010 年
曾亮文	男	1984.03	孔坑村	山西长治	2010 年
黄志生	男	1976.06	孔坑村	江苏如皋	2014 年
章书良	男	1971.08	孔坑村	甘肃兰州	2010 年
蒋志宏	男	1965.09	孔坑村	江苏东台	2010 年
曾新华	男	1976.12	孔坑村	四川成都	1995 年
夏月成	男	1976.12	孔坑村	浙江台州	1997 年
张彩良	男	1985.01	务农村	湖南郴州	2006 年
曾裕斌	男	1989.08	孔坑村	山东省济宁	2009 年
周春生	男	1969.03	务农村	湖南郴州	2009 年
王红武	男	1979.11	务农村	湖南郴州	2001 年
石肃兵	男	1987.07	务农村	南昌	2019 年
李星文	男	1977.11	务农村	江苏	2005 年
李有生	男	1971.10	务农村	上海	1998 年
李忠生	男	1965.10	务农村	江西宜春	1993 年
吕红明	男	1969.06	务农村	福建晋江	2004 年
张良明	男	1988.03	务农村	杭州嘉兴	2017 年
曾建平	男	1973.07	务农村	内蒙古	2012 年
张火明	男	1983.10	务农村	河北	2017 年
熊文生	男	1976.09	溪南村	浙江衢州	2003 年
杨修辉	男	1987.11	溪南村	河南周口	2006 年
钱万明	男	1966.02	溪南村	河北保定	2001 年
卢　斌	男	1972.08	溪南村	河南郑州	1997 年
熊英胜	男	1969.11	溪南村	河南许昌	2000 年
黄建文	男	1976.10	溪南村	福建莆田	2005 年
黄庆文	男	1982.11	溪南村	广东广州	2008 年
范良德	男	1963.05	溪南村	江西抚州	1998 年
徐资文	男	1970.10	溪南村	江西鹰潭	1999 年
徐仁平	男	1972.01	溪南村	福建莆田	2003 年
杨修平	男	1979.06	溪南村	江苏南通	2008 年
邓龙寿	男	1965.02	莒洲村	江西九江	1995 年
邓爱军	男	1977.03	莒洲村	湖南	2010 年
尧魁权	男	1983.06	莒洲村	浙江	2014 年
邓金仁	男	1968.05	莒洲村	河北石家庄	2000 年

续表

姓 名	性别	出生年月	户籍	经营地点	行业时间
李文斌	男	1971.08	莒洲村	福建泉州	1997 年
邓龙辉	男	1978.05	莒洲村	河北石家庄	1998 年
李振福	男	1975.07	莒洲村	湖南邵阳	1997 年
邓梅香	女	1977.08	莒洲村	湖南邵阳	1989 年
邓资平	男	1982.07	莒洲村	湖南邵阳	1989 年
邓前进	男	1968.05	莒洲村	福建泉州	1989 年
邓保明	男	1970.05	莒洲村	安徽	1996 年
何道群	男	1972.08	高阜村	福建厦门	1998 年
肖建文	男	1974.06	高阜村	重庆	1995 年
钟爱林	男	1960.07	高阜村	江苏南京	1993 年
高生源	男	1975.06	高阜村	广东中山	1996 年
汪 鹏	男	1984.02	高阜村	湖南长沙	2004 年
李建文	男	1974.05	高阜村	福建泉州	1998 年
张长奇	男	1981.07	高阜村	山东烟台	1996 年
熊金生	男	1969.12	水东村	江苏	2008 年
肖 乐	男	1986.05	水东村	江苏	2011 年
穆诗文	男	1964.03	水东村	浙江	1995 年
曾爱明	男	1970.1	水东村	南昌	2005 年
赵志忠	男	1991.02	水东村	上海	2015 年
陈志勇	男	1970.11	水东村	福建	2000 年
黄长华	男	1976.12	水东村	湖南	2002 年
龚任生	男	1968.02	水东村	福建	2000 年
胡连青	男	1964.10	水东村	北京	1990 年
龚兴洪	男	1968.08	水东村	河南	1990 年
吴志强	男	1982.4	石陂村	河北石家庄	2018 年
曾月峰	男	1984.6	石陂村	湖南郴州	2018 年
吴志锋	男	1981.8	石陂村	湖南邵阳	2015 年
严寿成	男	1964.10	石陂村	甘肃定西	2014 年
徐 彪	男	1986.5	石陂村	河南开封	2018 年
周 军	男	1988.6	石陂村	云南文山	2018 年
周 亮	男	1990.3	石陂村	云南文山	2015 年
徐少龙	男	1991.11	石陂村	山东青岛	2018 年
徐新龙	男	1989.6	石陂村	四川攀枝花	2015 年
林睦星	男	1966.5	石陂村	上海浦东	2013 年

三、嵩市镇

姓　名	性别	出生年月	户籍	经营地点	行业时间
章延辉	男	1982.08	法水村	南昌	2010 年
章建华	男	1982.12	法水村	山东济南	2010 年
周小斌	男	1984.02	法水村	内蒙古呼和浩特	2010 年
付兴华	男	1984.02	法水村	云南昆明	2010 年
江小奇	男	1971.06	法水村	山东济南	2000 年
魏志辉	男	1981.03	法水村	湖南邵阳	2010 年
江华	男	1984.10	法水村	安徽亳州	2010 年
付雪江	男	1979.12	法水村	河南漯河	2005 年
江锦鑫	男	1996.08	法水村	四川达州	2015 年
章兴	男	1996.10	法水村	河南焦作	2015 年
黄群生	男	1975.09	法水村	湖北荆门	1995 年
付任发	男	1963.03	法水村	上海	1996 年
黄荣生	男	1967.10	法水村	黑龙江哈尔滨	2001 年
付国荣	男	1975.01	法水村	内蒙古呼和浩特	1990 年
付小勇	男	1990.06	法水村	江苏泰州	2010 年
李国强	男	1978.10	杜兰村	南昌	2002 年
石国旺	男	1969.06	杜兰村	甘肃山丹	2000 年
石磊	男	1989.02	杜兰村	四川天全	2004 年
石建国	男	1978.05	杜兰村	陕西潼关	2003 年
石建寿	男	1975.12	杜兰村	四川广安	2001 年
石建兴	男	1975.08	杜兰村	河南罗山	2000 年
石国梁	男	1977.08	杜兰村	新疆温泉	2000 年
石文悝	男	1983.08	杜兰村	湖北蕲春	1999 年
胡思雄	男	1966.09	杜兰村	南昌	2015 年
周锦兴	男	1967.03	杜兰村	湖北武汉	2021 年
杨文高	男	1968.06	杜兰村	河北衡水	2010 年
张建来	男	1977.04	抚地村	湖北恩施	1997 年
张建平	男	1965.06	抚地村	南昌	1990 年
钱胜利	男	1971.06	抚地村	湖南邵阳	1994 年
芦云	男	1974.07	抚地村	河南	1994 年
徐真勇	男	1973.02	抚地村	河南洛阳	1989 年

续表

姓　名	性别	出生年月	户籍	经营地点	行业时间
徐金根	男	1968.04	抚地村	内蒙古	1993 年
陆志平	男	1965.07	抚地村	河北衡水	1991 年
黄 欢	男	1984.06	抚地村	江苏台东	1994 年
吴 伟	男	1986.04	抚地村	内蒙古	1995 年
洪跃平	男	1969.06	抚地村	河南郑州	1989 年
李国华	男	1978.12	高陂村	山西阳泉	2003 年
吴敦树	男	1961.01	高陂村	安徽淮南	2006 年
朱江平	男	1984.05	高陂村	江苏徐州	2003 年
朱春生	男	1972.03	高陂村	四川达州	2003 年
黄 晨	男	1976.05	高陂村	辽宁抚顺	2005 年
黄 鹏	男	1978.04	高陂村	陕西安康	2009 年
宋财显	男	1985.03	高陂村	江苏徐州	2003 年
吴财星	男	1972.05	高陂村	青海西宁	2019 年
卢光辉	男	1976.05	高陂村	河北昌州	2017 年
李志斌	男	1984.09	高陂村	浙江丽水	2015 年
石九思	男	1963.05	高陂村	河南安阳	2010 年
石国平	男	1984.07	胡关村	河北邯郸	2005 年
石罗金	男	1968.05	胡关村	江西广昌	2000 年
黄细国	男	1981.09	胡关村	江西抚州	2012 年
李卫弟	男	1979.12	胡关村	山东泰安	2005 年
李美发	男	1964.03	胡关村	四川绵阳	2007 年
石长生	男	1965.01	胡关村	山东泰安	2016 年
黄书生	男	1971.07	胡关村	云南昆明	2010 年
曾 星	男	1988.02	胡关村	安徽淮南	2013 年
黄汉清	男	1966.07	胡关村	浙江义乌	2005 年
卢正忠	男	1989.05	彭山村	河南郑州	2009 年
卢 星	男	1989.10	彭山村	江西临川	2005 年
丁木水	男	1974.10	彭山村	浙江慈溪	1989 年
丁小辉	男	1977.06	彭山村	山东滨州	2003 年
卢志坚	男	1974.02	彭山村	南昌东湖	2004 年
卢 琦	男	1975.04	彭山村	山东泰安	2005 年
余国平	男	1966.12	彭山村	山东滨州	1992 年
吴子和	男	1964.02	彭山村	辽宁鞍山	1993 年
卢象星	男	1947.02	彭山村	山东肥城	1997 年

续表

姓　名	性别	出生年月	户籍	经营地点	行业时间
卢建煌	男	1974.10	彭山村	河南周口	2011年
吴德平	男	1987.06	桥湾村	天津滨海	2010年
李建华	男	1987.02	桥湾村	甘肃庆阳	2003年
吴金水	男	1962.07	桥湾村	陕西西安	2007年
刘庆红	女	1981.09	桥湾村	湖北荆州	2006年
李光明	男	1980.10	桥湾村	江西抚州	1998年
石　鹏	男	1986.04	桥湾村	甘肃兰州	2008年
刘建俊	男	1981.10	桥湾村	安徽马鞍山	2010年
吴发海	男	1975.04	桥湾村	四川大竹	1996年
洪辉明	男	1979.10	桥湾村	山东淄博	2010年
刘爱明	男	1968.10	桥湾村	宁夏银川	2009年
黄　诚	男	1996.09	三源村	宁夏银川	2017年
汪建强	男	1978.09	三源村	山东泰安	2003年
金长林	男	1977.12	三源村	江苏南京	2006年
王志祥	男	1984.07	三源村	甘肃	2012年
徐圣根	男	1976.02	三源村	江苏南京	2011年
胡　贤	男	1983.10	三源村	山西长治	2006年
周国强	男	1980.03	三源村	湖南冷水江	2007年
黄毛仔	男	1977.10	三源村	山东淄博	2002年
黄金保	男	1977.02	三源村	宁夏银川	2010年
魏国辉	男	1971.10	三源村	四川泸州	2008年
魏国庆	男	1961.08	三源村	福建泉州	2001年
石跃进	男	1972.08	云际村	山东莱芜	1999年
石泉华	男	1973.10	云际村	山东济南	1999年
樊志平	男	1976.02	云际村	山西运城	2002年
樊资平	男	1992.11	云际村	山西运城	2009年
周国林	男	1977.02	云际村	山东济南	2001年
周军林	男	1973.09	云际村	山东济南	2000年
李海金	男	1970.09	云际村	江苏徐州	2003年
樊少平	男	1990.08	云际村	江苏徐州	2015年
周建国	男	1974.05	云际村	江西萍乡	2000年

四、高田乡

姓　名	性别	出生年月	户籍	经营地点	行业时间
陈智江	男	1975	龙英村	辽宁沈阳	1996 年
刘志国	男	1977	龙英村	上海	2004 年
左国锋	男	1975	龙英村	江苏南京	2002 年
左茂辰	男	1975	龙英村	广东深圳	2003 年
郑建云	男	1972	龙英村	四川	1998 年
周　宁	男	1983	龙英村	广东广州	2005 年
石宝财	男	1971	龙英村	江苏	1999 年
郑建和	男	1980	龙英村	河南郑州	1998 年
何炎春	男	1976	龙英村	江西抚州	1998 年
吴登平	男	1974	龙英村	浙江杭州	2000 年
余连坤	男	1977.05	里木村	江苏淮安	2002 年
方卫军	男	1976.08	里木村	天津南开	2001 年
方旭平	男	1976.02	里木村	福建福州	2000 年
芦银根	男	1978.02	里木村	河南开封	2003 年
邹　勇	男	1986.09	里木村	河南焦作	2001 年
钱　坤	男	1980.10	里木村	辽宁沈阳	2003 年
方卫良	男	1981.09	里木村	天津大范	2006 年
黎加良	男	1981.09	里木村	河南商丘	2008 年
尧加喜	男	1977.05	里木村	陕西西安	2001 年
许志明	男	1979.10	黄坊村	江苏徐州	2002 年
元良才	男	1970.08	黄坊村	湖南	2001 年
黄春苟	男	1962.08	黄坊村	贵州贵阳	2000 年
程　峰	男	1977.07	黄坊村	河北邯郸	2002 年
黄文平	男	1985.07	黄坊村	江苏	2003 年
孙国仁	男	1972.10	黄坊村	河北邯郸	2009 年
黄志刚	男	1979.11	黄坊村	天津	2003 年
许金勇	男	1979.10	黄坊村	天津	2006 年
杨文潮	男	1969.08	黄坊村	湖南	2017 年
胡建荣	男	1964.12	黄坊村	安徽	2000 年
刘庆伟	男	1985.10	黄坊村	湖南株洲	2005 年
蔡长福	男	1975.10	枫林村	辽宁鞍山	2000 年
周青岐	男	1970.10	枫林村	贵州贵阳	2012 年

续表

姓　名	性别	出生年月	户籍	经营地点	行业时间
周竹芹	男	1981.12	枫林村	广东揭阳	2011 年
邵志华	男	1973.23	枫林村	江苏宿迁	2012 年
何建平	男	1960.03	枫林村	安徽安庆	1996 年
何治平	男	1973.03	枫林村	安徽安庆	1997 年
吴永友	男	1965.05	枫林村	江苏昆山	2003 年
周贤亮	男	1964.11	枫林村	广东梅州	2006 年
吴志平	男	1975.12	枫林村	浙江杭州	2010 年
周佳陵	男	1992.05	枫林村	山东济宁	2017 年
李文彪	男	1983.05	高田村	河北石家庄	2008 年
李保财	男	1967.10	高田村	山西吕梁	1998 年
李文峰	男	1981.03	高田村	河北石家庄	2007 年
方楚白	男	1944.05	高田村	江苏南京	1995 年
姜建平	男	1971.11	高田村	江苏南京	2003 年
李金生	男	1972.01	高田村	山东济南	2002 年
吴 平	男	1972.01	高田村	广东广州	1998 年
吴伟彪	男	1967.10	高田村	山东潍坊	1999 年
卢木水	男	1964.02	高田村	陕西西安	1992 年
曾齐华	男	1954.07	高田村	南昌	1994 年
吴寿卫	男	1970.10	高田村	河北石家庄	1995 年
何建福	男	1964.07	高田村	河南郑州	1993 年
郑 超	男	1979.11	城上村	湖北武汉	1999 年
何春伟	男	1976.03	城上村	浙江台州	1995 年
龚金华	男	1972.02	城上村	山东	1994 年
张宝清	男	1976.05	城上村	云南昆明	1997 年
黄春华	男	1975.02	城上村	广东梅州	2001 年
闻生华	男	1970.05	城上村	浙江宁波	1998 年
刘米福	男	1977.01	城上村	共青城	1998 年
何小明	男	1976.05	城上村	南昌	1995 年
刘国华	男	1972.09	城上村	河北保定	1999 年
刘志龙	男	1979.07	城上村	内蒙古	2003 年
万水华	男	1967.08	城上村	安徽宿松	1996 年
邵恒良	男	1969.05	许坊村	重庆	1998 年
张建平	男	1971.06	许坊村	山东济南	1999 年
徐月明	男	1983.03	许坊村	安徽合肥	2005 年

续表

姓 名	性别	出生年月	户籍	经营地点	行业时间
张建新	男	1971.02	许坊村	山东营口	2000 年
黄毛仔	男	1967.06	许坊村	江苏无锡	1997 年
徐光明	男	1970.07	许坊村	福建福州	1994 年
徐细明	男	1974.05	许坊村	山西太原	1994 年
徐永飞	男	1971.08	许坊村	山西太原	1994 年
周国元	男	1957.11	许坊村	北京香河	1994 年
张建奇	男	1973.07	许坊村	山东营口	2002 年
江国峰	男	1985.06	许坊村	河南平顶山	2006 年
余勇文	男	1965.09	翁源村	湖北麻城	1985 年
徐小龙	男	1955.03	翁源村	河南洛阳	1980 年
王新明	男	1968.08	翁源村	山西运城	1988 年
王茂芳	男	1964.02	翁源村	陕西延安	1988 年
汪卫平	男	1979.04	翁源村	云南昆明	2010 年
徐建鸣	男	1958.05	翁源村	山东济南	1983 年
胡顺和	男	1966.02	翁源村	浙江宁波	2004 年
黄海清	男	19650.4	翁源村	江苏无锡	2000 年
李清泰	男	1967.05	翁源村	河南固始	1998 年
李广泰	男	1970.06	翁源村	山西太原	1998 年

五、乌石镇

姓 名	性别	出生年月	户籍	经营地点	行业时间
魏海燕	女	1977.02	陈坊村	江苏溧阳	1993 年
魏清龙	男	1976.09	陈坊村	辽宁大连	2001 年
魏坤龙	男	1978.10	陈坊村	甘肃兰州	2001 年
魏志军	男	1977.10	陈坊村	福建泉州	2001 年
吴 建	男	1970.05	陈坊村	重庆	2007 年
叶 剑	男	1986.04	陈坊村	福建龙岩	2002 年
黄智强	男	1985.08	陈坊村	湖南株洲	2006 年
吴 杰	男	1984.08	陈坊村	湖南永州	2011 年
魏木欣	男	1971.06	陈坊村	福建光泽	2017 年
宋志良	男	1979.08	陈坊村	湖北孝感	2008 年
吴淑昌	男	1987.10	陈坊村	福建莆田	2009 年

续表

姓 名	性别	出生年月	户籍	经营地点	行业时间
彭 琦	男	1985.02	草坪村	福建泉州	2005 年
付国仁	男	1963.08	草坪村	浙江绍兴	2000 年
方惠训	男	1979.09	草坪村	四川成都	2002 年
宋发木	男	1970.10	草坪村	河北保定	2010 年
徐干平	男	1985.11	草坪村	南昌	2010 年
方 鹏	男	1987.07	草坪村	四川成都	2005 年
方凤明	男	1985.04	草坪村	湖南常德	2005 年
黄求福	男	1982.11	横山村	安徽来安	2011 年
兰志强	男	1985.02	横山村	广东连山	2019 年
黄志军	男	1983.10	横山村	常州武进	2019 年
菊全球	男	1984.12	横山村	陕西西安	2014 年
黄木华	男	1977.09	横山村	湖南衡阳	2016 年
邱梦龙	男	1982.07	乌石村	湖北廊坊	2006 年
邓小川	男	1982.11	乌石村	浙江湖州	2009 年
王国田	男	1968.07	乌石村	江苏南通	2000 年
熊福伟	男	1984.10	乌石村	江苏盐城	2015 年
徐辉英	男	1980.11	乌石村	江苏怀安	2002 年
方 军	男	1985.03	乌石村	山东青岛	2005 年
邱仙寿	男	1981.02	乌石村	浙江温州	2006 年
李建华	男	1978.05	乌石村	四川成华	2004 年
游明明	男	1985.05	长源村	安徽凤阳	2017 年
游明水	男	1980.12	长源村	资溪南城	2017 年
李云华	男	1987.01	长源村	安徽太和	2010 年
李 剑	男	1991.10	长源村	安徽颍上	2010 年
李癸彬	男	1978.01	长源村	安徽富南	2017 年
杨玉红	男	1959.06	长源村	河南洛阳	2008 年
杨玉平	男	1980.10	长源村	山东菏泽	2018 年
洪竹明	男	1969.11	长源村	江苏宜兴	1998 年
徐进夏	男	1964.09	长源村	湖南衡阳	1995 年
王明生	男	1959.09	关刀山村	浙江台州	1993 年
林青强	男	1968.05	关刀山村	浙江台州	1993 年
龚国丹	女	1988.07	关刀山村	江苏南通	2012 年

续表

姓　名	性别	出生年月	户籍	经营地点	行业时间
郑　彪	男	1986.10	关刀山村	湖南长沙	2017 年
陈小华	男	1971.07	关刀山村	河南平顶山	2013 年
洪迎生	男	1972.09	关刀山村	江西进贤	2017 年
郑　琦	男	1990.09	关刀山村	浙江杭州	2018 年
管素贞	女	1977.10	关刀山村	北京	2012 年
谢云鹏	男	1987.10	关刀山村	湖南攸县	2012 年
高福春	男	1973.05	茂林村	贵州贵阳	2008 年
陈光明	男	1975.04	茂林村	河南洛阳	2010 年
陈印林	男	1978.09	茂林村	河南郑州	2000 年
吴木华	男	1971.06	茂林村	河南洛阳	2012 年
陈郡卿	男	1977.06	茂林村	江苏昆山	1999 年
邹峰	男	1982.04	茂林村	江苏南通	2012 年
吴志强	男	1990.09	茂林村	河南洛阳	2014 年
张国忠	男	1972.01	茂林村	贵州贵阳	2012 年
王富成	男	1967.01	茂林村	甘肃兰州	2012 年
周正新	男	1972.12	桐埠村	江苏南通	2008 年
饶春云	男	1974.04	桐埠村	安徽蚌埠	2010 年
陈雪青	男	1983.10	桐埠村	浙江宁波	2012 年
郑永贵	男	1974.11	桐埠村	江西乐安	2015 年
汤小平	男	1984.10	桐埠村	江西南城	2016 年
李文华	男	1975.03	桐埠村	江西南城	2010 年
周志良	男	1982.05	桐埠村	山东青岛	2009 年
周志刚	男	1980.04	桐埠村	山东青岛	2003 年
吴涛	男	1984.07	余家边村	江苏南通	2002 年
蒋敏	男	1978.11	余家边村	浙江临海	2007 年
蔡福春	男	1964.02	余家边村	江苏南通	2008 年
胡美女	女	1966.02	余家边村	江苏南通	2008 年
蔡卫军	男	1982.08	余家边村	江苏南通	2015 年
方玉华	女	1983.12	余家边村	江苏南通	2015 年
吴义树	男	1961.08	余家边村	江苏南通	1997 年
邵东亮	男	1970.05	余家边村	广东东莞	2015 年
吴建国	男	1988.08	余家边村	贵州遵义	2018 年

六、马头山镇

姓　　名	性别	出生年月	户籍	经营地点	行业时间
程万胜	男	1980.01	杨坊村	浙江省宁波市	2002 年
张辉星	男	1973.09	杨坊村	江西省南昌市	1991 年
王飞云	男	1971.30	杨坊村	江西省宜春市	1993 年
张水华	男	1961.04	杨坊村	福建省莆田市	1992 年
张磊	男	1993.10	杨坊村	四川省简阳市	2012 年
汪荣华	男	1977.05	杨坊村	浙江省杭州市	1994 年
何永文	男	1977.09	杨坊村	四川省达州市	2018 年
何勇志	男	1981.12	杨坊村	山东省泰安市	2014 年
张涛	男	1989.08	杨坊村	福建省泉州市	2014 年
夏光明	男	1986.10	杨坊村	福建省泉州市	2005 年
张文广	男	1978.07	杨坊村	浙江省台州市	1997 年
方建林	男	1976.12	杨坊村	江苏省泰州市	2009 年
方光平	男	1986.11	杨坊村	浙江省湖州市	2006 年
方四川	男	1956.11	杨坊村	安徽省宣城市	1997 年
方小江	男	1971.05	杨坊村	浙江省嘉兴市	2009 年
方春来	男	1974.01	杨坊村	江苏省泰州市	2006 年
黄志强	男	1979.09	杨坊村	广西省柳州市	2006 年
方满江	男	1978.08	杨坊村	上海市松江区	2010 年
周龙德	男	1973.11	杨坊村	福建省漳州市	1990 年
周天德	男	1969.07	杨坊村	山东省淄博市	1990 年
胡佳	男	1985.11	港东村	江苏东台	2005 年
张荣生	男	1963.09	港东村	湖北黄冈	2000 年
何必春	男	1970.05	港东村	浙江绍兴	1998 年
何武生	男	1968.05	港东村	浙江宁波	1999 年
夏国辉	男	1976.02	港东村	安徽马鞍山	1996 年
祝国庆	男	1978.06	港东村	广东	1998 年
郑建斌	男	1979.09	港东村	浙江宁波	1999 年
黎程	男	1986.07	港东村	江苏盐城	2007 年
郑福堂	男	1968.10	港东村	浙江宁波	1998 年
张加胜	男	1970.09	港东村	广东广州	1992 年
沈福庆	男	1979.11	柏泉村	福建福清	2003 年
余有才	男	1965.01	柏泉村	浙江嘉兴	1995 年
夏志刚	男	1973.05	柏泉村	湖南株洲	1995 年
付志平	男	1984.11	柏泉村	河北保定	1996 年

续表

姓 名	性别	出生年月	户籍	经营地点	行业时间
余木根	男	1982.06	柏泉村	江西抚州	2005 年
沈志强	男	1989.06	柏泉村	福建长乐	2015 年
李长银	男	1976.11	柏泉村	江西上饶	2002 年
刘顺文	男	1988.11	柏泉村	江西东乡	2006 年
王 明	男	1987.08	柏泉村	福建福清	2012 年
张志民	男	1985.12	湖石村	江苏盐城	2006 年
张志勇	男	1984.02	湖石村	江苏盐城	2005 年
周国华	男	1981.08	湖石村	重庆	2007 年
周冬辉	男	1968.08	湖石村	浙江慈溪	1987 年
李资平	男	1968.10	湖石村	浙江慈溪	1988 年
张国卿	男	1971.04	湖石村	上海	1995 年
张庆堂	男	1970.09	湖石村	福建三明	2004 年
毛永春	男	1968.03	湖石村	湖南长沙	1989 年
江忠友	男	1965.10	湖石村	江苏镇江	1986 年
杨智林	男	1978.04	湖石村	浙江台州	2004 年
张辉标	男	1975.10	霞阳村	浙江杭州	1989 年
毛仁华	男	1973.06	霞阳村	湖南怀化	1997 年
张学高	男	1977.11	霞阳村	湖南株洲	2000 年
廖美文	男	1987.10	霞阳村	湖南湘潭	2005 年
张红葵	男	1971.03	霞阳村	湖南株洲	1991 年
范正华	男	1984.05	霞阳村	江西吉安	2004 年
魏 伟	男	1988.06	霞阳村	湖南湘潭	2005 年
黄金祥	男	1963.07	霞阳村	湖南怀化	1999 年
廖 平	男	1984.01	霞阳村	江西抚州	2002 年
王 辉	男	1981.10	霞阳村	湖南湘阴	1998 年
魏兴旺	男	1978.10	霞阳村	湖南岳阳	1993 年
王彩生	男	1973.04	永胜村	浙江临安	1994 年
吴宗南	男	1958.03	永胜村	浙江杭州	1996 年
黄海彪	男	1969.09	永胜村	湖南常德	1995 年
黄新生	男	1959.06	永胜村	四川绵阳	1990 年
宋冬前	男	1963.06	永胜村	贵州兴义	1985 年
陈 军	男	1987.08	永胜村	贵州兴义	2005 年
王丽建	男	1979.07	永胜村	上海松江	2005 年
余创周	男	1972.06	永胜村	四川简阳	2004 年
黄红阳	男	1969.09	永胜村	重庆	2002 年
周阳宏	男	1970.10	永胜村	江苏海门	2002 年

续表

姓　名	性别	出生年月	户籍	经营地点	行业时间
谢　亮	男	1981.07	永胜村	四川成都	2010 年
周文兴	男	1975.10	斗垣村	浙江乐清	2000 年
张志强	男	1985.09	斗垣村	浙江三门	2010 年
胡建华	男	1977.06	斗垣村	浙江嘉兴	2000 年
麻洪辉	男	1978.10	斗垣村	福建福清	2003 年
朱群龙	男	1973.06	斗垣村	浙江宁波	2001 年
余小平	男	1984.11	斗垣村	江西泰和	2010 年
余志平	男	1982.08	斗垣村	江西宁都	2015 年
熊　松	男	1984.11	斗垣村	江西宜丰	2016 年
汪福寿	男	1974.08	马头山村	湖南	1999 年
祝建华	男	1978.05	马头山村	广州佛山	2000 年
程华宗	男	1962.12	马头山村	浙江湖州	1997 年
程印发	男	1963.08	马头山村	贵州六盘水	1995 年
周远生	男	1977.11	马头山村	辽宁宁夏	2001 年
程小明	男	1974.09	马头山村	广东清远	2001 年
周财发	男	1961.04	马头山村	贵州六盘水	1987 年
周坤生	男	1969.05	马头山村	河北常州	1977 年
周建钢	男	1973.03	马头山村	浙江湖州	1977 年
方裕梁	男	1967.07	山岭村	江西赣州	1995 年
项红全	男	1972.01	山岭村	江苏南通	1997 年
程发兵	男	1969.05	山岭村	江苏淮阴	1993 年
胡海龙	男	1978.12	山岭村	江苏湖州	2001 年
胡美强	男	1977.06	山岭村	江苏盐城	2000 年
朱宋州	男	1970.01	山岭村	甘肃敦煌	1995 年
汪建强	男	1984.04	山岭村	黑龙江牡丹江	2005 年
程伏苟	男	1961.04	山岭村	浙江杭州	1996 年
许生清	男	1957.11	山岭村	浙江丽水	1994 年
陈建华	男	1978.11	山岭村	福建泉州	1999 年
鄢超发	男	1988.11	山岭村	江苏苏州	2008 年
刘静松	男	1985.12	梁家村	福建福清	2005 年
李勇恩	男	1972.11	梁家村	湖南邵阳	1994 年
李春恩	男	1958.05	梁家村	山东青岛	1991 年
徐高泉	男	1976.02	梁家村	南昌	1999 年
葛洪伟	男	1987.05	梁家村	福建福清	2008 年
陈红旗	男	1973.12	梁家村	浙江温州	1991 年
李冬亚	男	1968.12	梁家村	湖南	1994 年

续表

姓　名	性别	出生年月	户籍	经营地点	行业时间
朱承发	男	1973.06	梁家村	湖南	1998 年
周有义	男	1964.12	梁家村	浙江杭州	1992 年
吴一龙	男	1962.05	梁家村	湖南	1993 年
钟建华	男	1983.11	梁家村	福建福清	2002 年
朱尧清	男	1966.03	昌坪村	江苏泗洪	2005 年
占党华	男	1972.03	昌坪村	黑龙江哈尔滨	2005 年
占国华	男	1977.03	昌坪村	黑龙江哈尔滨	2005 年
周金荀	男	1962.05	昌坪村	宁夏银川	2005 年
周学荣	男	1952.12	昌坪村	吉林	2005 年
詹金堂	男	1966.11	昌坪村	辽宁本溪	2000 年
汪亮华	男	1988.04	昌坪村	湖南	2010 年
詹海宁	男	1981.06	昌坪村	贵州贵阳	2010 年
周国莹	男	1973.03	昌坪村	湖南长沙	2005 年
郑国青	男	1969.10	昌坪村	广东广州	2005 年
周年发	男	1958.12	昌坪村	湖南长沙	1997 年
文　强	男	1975.11	饶桥社区	浙江泰顺	1988.07
柴璐琦	男	1990.01	饶桥社区	浙江嵊州	2014.03
翁建波	男	1981.06	榨树村	江苏南京	2010 年
蒋福文	男	1972.10	榨树村	四川凉山	2005 年
张样华	男	1976.02	榨树村	江苏邳州	2002 年
张长财	男	1969.12	榨树村	浙江宁波	2003 年
张献忠	男	1968.08	榨树村	重庆	2006 年
翁秋光	男	1966.08	榨树村	福建福清	2008 年
尧毛毛	男	1990.11	榨树村	浙江宁波	2014 年
徐新太	男	1973.12	榨树村	四川遂州	2009 年
何志辉	男	1988.07	榨树村	江苏元阳	2015 年
邓子禄	男	1972.08	彭坊村	浙江宁波	1990 年
许志勇	男	1975.01	彭坊村	黑龙江哈尔滨	1990 年
徐志明	男	1972.10	彭坊村	黑龙江哈尔滨	1997 年
金水松	男	1963.04	彭坊村	江苏泰州	1991 年
金卫红	男	1969.10	彭坊村	上海松江	1998 年
梁宝发	男	1964.04	彭坊村	福建泉州	1991 年
金选勇	男	1979.03	彭坊村	江苏泰州	1997 年
官兴祥	男	1966.09	彭坊村	四川遂州	2002 年
张志明	男	1983.09	彭坊村	湖南湘乡	2015 年

七、石峡乡

姓　名	性别	出生年月	户籍	经营地点	行业时间
吴国林	男	1960.09	堡上村	辽宁大连	1993 年
吴国新	男	1963.01	堡上村	山东莱西	1990 年
吴新来	男	1962.04	堡上村	辽宁大连	1991 年
吴光青	男	1968.04	堡上村	山西长治	1991 年
陈建江	男	1986.10	堡上村	河南安阳	2016 年
黄长丁	男	1986.08	堡上村	河南安阳	2015 年
黄林清	男	1984.08	堡上村	辽宁大连	2015 年
陈学荣	男	1968.12	堡上村	山东烟台	1994 年
元志波	男	1990.02	堡上村	辽宁鞍山	2014 年
许卫忠	男	1978.09	堡上村	江苏南通	2000 年
陈学光	男	1975.04	堡上村	山东淄博	2014 年
李行云	男	1968.07	茶园山村	河南郑州	2013 年
官建华	男	1973.06	茶园山村	四川成都	2014 年
黄桂平	男	1982.10	茶园山村	四川宜宾	2008 年
黄桂清	男	1967.10	茶园山村	河南许昌	2006 年
黄国清	男	1964.03	茶园山村	四川成都	2015 年
黄金华	男	1975.04	茶园山村	安徽阜阳	2010 年
李初仔	男	1963.01	茶园山村	河南郑州	2012 年
李国和	男	1972.02	茶园山村	四川绵阳	2012 年
李旺兴	男	1963.07	茶园山村	江西泰和	2012 年
邱会华	男	1976.08	茶园山村	山东聊城	2004 年
上官伟	男	1989.08	茶园山村	江西上饶	2012 年
魏清建	男	1989.08	茶园山村	山东青岛	2012 年
胥任荣	男	1963.11	茶园山村	四川成都	2014 年
姚俊彪	男	1983.01	茶园山村	山东聊城	2005 年
姚铁奎	男	1978.11	茶园山村	贵州安顺	2015 年
姚新志	男	1977.08	茶园山村	山东聊城	2010 年
郑建龙	男	1979.09	后坑村	浙江温州	1998 年
邓建国	男	1974.07	后坑村	南昌	1999 年
邓荣华	男	1973.01	后坑村	广东深圳	2001 年
邓忠华	男	1972.11	后坑村	浙江温州	2001 年
练国胜	男	1966.10	后坑村	江西上饶	1990 年
王国平	男	1970.12	后坑村	浙江温州	1999 年
肖前忠	男	1975.06	后坑村	江西鹰潭	1999 年

姓　名	性别	出生年月	户籍	经营地点	行业时间
李志文	男	1971.05	石峡村	辽宁大连	2013 年
元初仔	男	1962.01	石峡村	南昌	2010 年
周丽明	男	1982.04	石峡村	辽宁鞍山	2005 年
吴长胜	男	1979.08	石峡村	福建莆田	2010 年
李长发	男	1979.07	石峡村	河南登封	2005 年
方小红	女	1981.03	石峡村	江西资溪	2000 年
付佳平	男	1990.03	双斜村	湖南珠州	2014 年
付党平	男	1982.07	双斜村	湖南珠州	2014 年
杨光辉	男	1968.11	双斜村	浙江宁波	2002 年
杨国华	男	1975.04	双斜村	浙江宁波	2010 年
杨国辉	男	1978.03	双斜村	河南巩义	2013 年
杨云辉	男	1966.08	双斜村	河南巩义	2012 年
元志军	男	1972.11	云溪村	湖南衡阳	2018 年
高新文	男	1968.03	云溪村	湖南柳州	2006 年
高晓忠	男	1971.03	云溪村	浙江宁波	2013 年
元荣金	男	1957.08	云溪村	江苏南京	2014 年
高秋平	男	1970.09	云溪村	湖南衡阳	2008 年
高春平	男	1968.07	云溪村	湖南衡阳	2010 年
元秋亮	男	1990.08	云溪村	浙江杭州	2014 年
高国荣	男	1968.07	云溪村	湖南长沙	2017 年
吕炳资	男	1968.07	云溪村	江西吉安	2014 年
元荣秀	男	1963.08	云溪村	江西进贤	2001 年

八、陈坊林场

姓　名	性别	出生年月	户籍	经营地点	行业时间
周青华	男	1971.01	陈坊林场	河南南阳	1995 年
游国盛	男	1969.04	陈坊林场	上海	1996 年
包进保	男	1969.03	陈坊林场	浙江桐庐	2000 年

九、石峡林场

姓　名	性别	出生年月	户籍	经营地点	行业时间
孙文辉	男	1974.09	石峡林场	陕西省榆林市靖边县东坑镇	2002.03
罗怀玉	男	1979.07	石峡林场	西藏昌都县	2006.06

姓　名	性别	出生年月	户籍	经营地点	行业时间
邹资清	男	1968.08	石峡林场	四川邛崃市	2014.09
陶志伟	男	1979.04	石峡林场	南昌市	2011.01
陶武生	男	1986.09	石峡林场	广东广州市	2010.05

十、马头山林场

姓　名	性别	出生年月	户籍	经营地点	行业时间
毛愈发	男	1971.11	马头山林场	福建连江	1997 年
夏国进	男	1975.01	马头山林场	浙江省杭州	1996 年
胡志刚	男	1974.04	马头山林场	辽宁大连	1995 年
胡蜡梅	女	1972.11	马头山林场	黑龙江牡丹江	2005 年
黄以宏	男	1977.06	马头山林场	海南琼海	2005 年
吴志鹏	男	1978.01	马头山林场	铅山	1995 年
周明霞	女	1980.07	马头山林场	内蒙古乌海	1998 年
孙伟财	男	1980.03	马头山林场	内蒙古乌海	1999 年
詹鸿昆	男	1976.12	马头山林场	浙江桐庐	2015 年

十一、高阜林场

姓　名	性别	出生年月	户籍	经营地点	行业时间
黄星星	男	1988.10	五里山村	江苏镇江	2004 年
黄国华	男	1964.10	五里山村	福建泉州	2007 年
黄荣生	男	1973.09	五里山村	江苏泰州	1999 年
杨　健	男	1986.06	五里山村	浙江嘉兴	2010 年
黄琴文	男	1988.03	五里山村	浙江富阳	2009 年
张　勇	男	1992.12	五里山村	福建南平	2008 年
张　诚	男	1989.07	五里山村	福建莆田	2013 年
黄贵球	男	1984.11	五里山村	辽宁鞍山	2012 年
严燕红	女	1978.07	五里山村	江苏泰州	2000 年
杨金明	男	1978.11	五里山村	浙江宁海	2010 年
陈志龙	男	1973.08	下源村	浙江杭州	1997 年
陈日平	男	1968.08	下源村	四川大竹	1996 年

姓　　名	性别	出生年月	户籍	经营地点	行业时间
叶纪勇	男	1984.08	下源村	海南三亚	2002 年
叶纪斌	男	1985.06	下源村	海南万宁	2001 年
邓德有	男	1982.05	下源村	江苏泰州	2000 年
邓火旺	男	1945.09	下源村	浙江海宁	1998 年
陈建平	男	1982.10	下源村	海南万宁	2005 年
徐国义	男	1970.01	下源村	重庆双桥	1997 年
陈港泉	男	1957.09	下源村	河北唐山	1994 年
叶纪堂	男	1973.07	下源村	海南万宁	2000 年
叶幼云	男	1960.07	下源村	浙江嘉兴	2005 年

十二、株溪林场

姓　　名	性别	出生年月	户籍	经营地点	行业时间
邵庭富	男	1958.01	下株溪村	江苏通州	1998 年
杨有鲁	男	1963.04	下株溪村	青海门源	1996 年
方忠才	男	1969.03	下株溪村	山东临沂	1999 年
方柏银	男	1963.07	下株溪村	河北	1997 年
裴克金	男	1963.01	下株溪村	天津	1998 年
叶幸福	男	1973.01	下株溪村	湖南长沙	2000 年
江荣发	男	1983.11	下株溪村	江苏海门	2010 年
杨志勇	男	1967.01	下株溪村	西宁湟源	1998 年
徐文平	男	1960.12	下株溪村	河北衡水	1997 年
裴益忠	男	1970.04	下株溪村	河北唐山	2006 年
裴宝忠	男	1974.09	下株溪村	河北唐山	2006 年
方建明	男	1965.10	下株溪村	河北唐山	2009 年
方柏松	男	1973.06	下株溪村	河北唐山	2004 年
陈　娟	女	1976.12	下株溪村	河北唐山	2008 年
杨惠芳	女	1975.08	下株溪村	河北唐山	1996 年
包志球	男	1977.07	下株溪村	江苏南通	2013 年
裴建君	男	1981.07	下株溪村	山东临沂	2014 年
裴　露	女	1997.12	下株溪村	河北唐山	2003 年
陈文峰	男	1980.01	下株溪村	河北唐山	2015 年

第九章 产品选介

资溪面包在初始阶段没有自己的研发产品，都是从师父那里学的，只有十几个品种，技术含量低、品相较差，价格实惠。为不断满足社会各界群众不同的口感，给人们提供多种选择，资溪面包从业人员不断从国外引进和尝试自创面包新品种。2005年，资溪面包种类达100余种。主要品种有：枕头面包、螺蛳面包、果酱面包、豆沙面包、鸡腿面包、贝壳面包、丹麦可松吐司、螺旋奶油面包、山型白吐司、墨西哥面包、带弯角的丹麦牛角面包、奶油餐包、红豆面包、奶油大理石面包、松子面包、奶油卷、甜心面包、奶油空心面包、五峰白吐司、布丁面包等。果蔬型面包有：橘子面包、凤梨酥、葡萄干吐司、肉桂面包、菠萝面包、马铃薯面包、沙菠萝面包、马铃薯沙拉面包、葡萄干面包、什锦杂果面

包、桂香面包、水果卷心面包、香橘面包、面包水果塔等。健康型面包有：多谷麦芬、火腿玉米面包、黑麦面包、黄豆杂粮吐司、绿豆面包、杂粮蛋糕、绿茶戚风蛋糕、杂粮面包、叉烧酥、皮蛋酥、黄金栗子、棋盘小面包、坚果斯康饼、巧克力魔球、蛋黄酥、三角松饼、奶酥面包、香酥烧饼、花生面包等。

自1987年起，资溪面包经过30多年的发展，产品达上千种，本章无法详尽介绍，每节只选取几种产品进行展示。

第一节 面包 蛋糕

资溪小餐包　由邱森茂1999年在维佳小餐包、墨西哥面包、酥粒面包等制作技术上加工改良而成。不加香精，原汁原味，口感浓香，色泽金黄、筋皮较强，外酥里嫩，独具特色风味，深受广大消费者喜爱，为官方接待和游客首选礼品。资溪人在全国各大面包店大多生产这款产品。

资溪小餐包

牛角面包

牛角面包 因外形像牛的角而得名。制作时用手揉制，中间大两头小，最后把两端弯成牛角状。色泽呈金黄色，入口奶香浓郁，香而不腻。

红枣桂圆蛋糕 精选大颗新郑红枣，研磨成细腻枣泥，加上营养丰富的桂圆肉、核桃仁，三者融于小麦粉中，经烘焙制成，营养丰富、口感绵密柔软。

红枣桂圆蛋糕

第二节 月饼 糕点

苏式黄酒月饼 由绍兴资溪面包公司于2016年中秋前夕创新研发推出，一经上市，就火爆月饼界，被浙江经视、绍兴电视台等各大媒体纷纷做专题报导，在当年度中国月饼文化节上被评为"优质月饼"。其特点：皮层酥松，馅料肥而不腻，正宗苏式月饼呈鼓凳形，周边

苏式黄酒月饼

羽白，上下虎皮黄，是苏式糕点精华。苏式月饼必须全手工制作，不使用模具，原料自拌，是真正的天然健康食品。

广式黄酒月饼 是2017年绍兴资溪面包公司在优化苏式黄酒月饼的基础上推出，在当年中国月饼文化节被评为"中国名饼"。

五仁月饼 由核桃仁、杏仁、花生仁、瓜子仁、芝麻仁五种料炒熟后去皮压成碎丁，最后加入白糖调制而成。麦香人家五仁月饼不仅

广式黄酒月饼

有传统广式月饼的香甜口味
和多种果仁香味，还新增了
火腿配料，让口感更加丰
富。该月饼获"广东省国际
月饼金奖"。

五仁月饼

肉松小贝 是2005年鲍
才胜"鲍仔西点屋"研发的
拳头产品。用鸡蛋、小麦
粉、纯牛奶、非转大豆油、
细砂糖做成的蛋饼胚，刷沙
拉酱并在外侧包裹各种口味
的肉松制作而成。"肉松小
贝"一经推出便一炮打响，
出现顾客排长队购买的壮观
景象。2013年，"鲍师傅"
的"肉松小贝"成为"北

肉松小贝

京十大排队名小吃"之一，"鲍师傅"糕点香飘京城；2014年，
"鲍师傅"糕点进驻天津市
场，被当地媒体评为"最具
特色小吃"；2016年，"鲍
师傅"糕点强势登滩上海，
声名雀起，口碑连连。现在
资溪人开的面包店，有很多
人生产肉松小贝。

新派寿桃 是资溪面包

新派寿桃

研发中心采用纯天然的食材，运用"桃中有桃、桃中有馅"的新创意、新工艺，突破传统生日蛋糕、寿桃的概念，精心研发的新产品。目前在浙江省市尚属首创。"新派百寿桃""新派八仙祝寿桃""多福多寿""十全十美"等款式，寓意祥和，适合不同的喜庆场合。产品一经面世，就受到社会各届人士的好评。

宫廷桃酥　　起源于江西，是非油炸烘焙型传统糕点，以其干、酥、脆、甜的特点闻名全国，主要成分是面粉、鸡蛋、奶油等，含有碳水化合物、蛋白质、脂肪、维生素及钙、钾、磷、钠、镁、硒等矿物质，食用

宫廷桃酥

方便，尤其是得到老年人和孩子的喜爱。桂洲村在延续使用传统桃酥配方的基础上不断升级调整桃酥配方，达到食而不觉油腻、食而不觉甚甜的口感体验。制作工艺讲究，手工揉面，一口酥到"骨子里"。匠心还原儿时沙甜酥脆的桃酥味道，一咬就碎、入口即化、甜度不高、不焦不硬。

第三节　烘焙材料

苏旺馅料　　由南京苏旺食品有限公司生产。主要品种有：（1）乳菓皮系列。主要有馅白（臻品奶黄、秘制桑葚）、馅红（蜜桃乌龙茶、豆乳芝士）、馅黄（星空咖啡、芝士蔓越莓）、

低糖南瓜馅　　　　　　　高级南瓜馅

低糖芋头馅　　　　　　　红酒蔓越莓馅

低糖紫薯馅　　　　　高级紫薯馅
苏旺馅料

馅绿（抹茶红豆、醇香芝士）四色乳菓。（2）桃山皮系列。主要有黄金、巧克力、抹茶、红酒、黑糖、牛奶、紫薯七种桃山皮。（3）流心系列。主要有芝士、巧克力、蛋黄、丹桂流心馅四种。（4）御品系列。主要有臻品奶黄馅、黑松露馅、白松露馅三种。（5）牛肉系列。主要有香辣牛肉馅、藤椒肉馅两种。（6）茶果醇香。主要有蜜桃乌龙茶馅、柑橘红茶馅、龙井茶馅、秘制桑葚馅、柠檬绿茶馅、爱文芒果馅、芝士蔓越莓馅、星雨抹茶馅、抹茶红豆馅、红酒蔓越莓馅十种。（7）精品系列。主要有苏旺紫薯馅、精品五仁馅、相思红豆馅、南岛香椰馅、荔浦香芋馅、蜜汁南瓜馅、金牌白莲馅、清香白莲蓉馅、精品黑芝麻馅九种。（8）低糖系列。主要有低糖五谷杂粮馅、低糖紫薯馅、低糖南瓜馅、低糖黑芝麻馅四种。

金澳艺发产品

金澳艺发油脂　由杭州金澳司油脂有限公司生产。有三大系列产品。（1）烘焙油脂系列：有主供饼店烘焙的金澳艺发系列甜片油、酥皮油、乳脂黄油、烤焙油、液态酥油、高级酥油、高级奶油、夹心油、雪白乳化油等；有主供工业烘焙客户的金师傅酥油、奶酥油、片油、超软面包油等，可以满足各种不同客户对烘焙专用油脂的要求（2）卡丝达酱系列：有常规的乳酪风味、酸奶风味、蛋奶风味、巧克力风味、乳酸菌风味，并可以根据客户要求定制风味，用于客户各种烘焙制品的包馅、调味等用途。（3）奶油系列：根据奶油市场的发展趋势，公司推出高端和幸系列混合脂奶油，结合了乳脂奶油的风味和植脂奶油的稳定性，具有化口性好，操作性好的特点，极具性价比，是饼店提升产品的良好伙伴，广泛用于生日蛋糕装饰，西点制作等用途。此外，根据客户的需求，还推出烘焙奶油蛋挞液、奶香液等。

巧力美巧克力　是巧力美创新科技食品企业生产。该企业下设5家公司（哈尔滨巧巧思食品有限公司、沈阳巧乐美食品有限公司、辽宁巧力美食品科技有限公司、沈阳巧力美营销中心、无锡巧力美食品科技有限公司），集巧克力设计、研发、生产、IP应用、营销、电商于一体。产品涵盖烘焙巧克力、巧克力糖果、巧克力饮品、定制化巧克力等。

巧克力产品

费歌肉松 由资溪费歌食品有限公司生产。主要有休闲肉松、烘焙肉松、素食肉松、肉脯、肉干等系列产品。

费歌肉松产品

附　录

一、1987年-2021年资溪面包业兴起、发展期间 资溪县委、县政府主要领导一览表

姓名	籍贯	任职时间	职务
魏全裕	江西东乡	续任—1989.12	县委书记
韩雨亭	江西临川	1987.09—1989.12	代县长、县长
张木清	江西金溪	1989.12—1992.10	县委书记
罗老忠	江西广昌	1989.12—1997.11	代县长、县长、县委书记
黄德宪	江西临川	1992.10—2000.02	代县长、县长、县委书记
邱火明	江西南城	1998.01—2000.03	代县长、县长
尧希平	江西临川	2000.02—2000.12	县委书记
熊云鹏	江西进贤	2000.03—2006.05	代县长、县长、县委书记
邹润发	江西南城	2001.02—2002.09	代县长、县长
傅　清	江西进贤	2002.09—2007.03	代县长、县长、县委书记
魏建新	江西宜黄	2007.04—2011.05	县委书记
徐国义	江西崇仁	2006.05—2016.08	代县长、县长、县委书记
彭映梅	江西南昌	2011.05—2014.09	代县长、县长
吴建华	江西金溪	2015.07—2019.05	代县长、县长、县委书记
黄智迅	江西临川	2016.07—2021.08	代县长、县长、县委书记
吴淑琴	江西抚州	2020.04—至今	代县长、县长、县委书记
饶源中	江西抚州	2021.08—至今	代县长、县长

二、文件辑存

中共资溪县委 资溪县人民政府
关于进一步加快面包产业发展的意见

资发〔2005〕7号

面包产业是我县独具特色的一大支柱产业，是带领全县农民致富和帮助下岗职工再就业的主渠道。做大做强资溪面包产业，对于加快农村剩余劳动力转移，促进下岗工人再就业和带动县域经济全面发展有着十分重要意义。为进一步做大产业规模、提升产业水平，增强资溪面包市场竞争力，经县委、县政府研究决定提出以下意见。

一、指导思想

坚持以市场为导向的原则，紧跟国内外烘焙市场的发展，充分发挥我县面包产业优势，以做大做强面包产业为目标，以建设面包培训基地为基础，以培育面包产业为重点，以打造面包品牌为主战略，努力延伸面包产业链，不断拓展面包产业发展空间，实现我县面包产业持续、快速健康的发展，使资溪真正成为"面包之乡"。

二、工作目标和重点

（一）工作目标：力争用3—5年的时间，把资溪建成全国最大的烘焙人才培训基地之一（年培训人员达1万人）；按"五个统一"（统一品牌、统一技术、统一标准、统一包装、统一管理）的要求推广连锁经营，使资溪面包进入全国"十佳"饼店行列；实施面包产业化经营，构建面包产业集群，使资溪成为全国最大的烘焙业生产加工基地。

（二）工作重点：

1. 建设资溪面包大厦；

2. 创立资溪面包研发中心；

3. 组建资溪面包烘焙技术学校（院）；

4. 实施品牌战略、发展连锁经营；

5. 推进面包产业化发展。

三、主要措施

（一）广泛宣传，扩大资溪面包影响

首先要充分发挥报刊、电视、互联网等新闻媒体的作用，大力宣传资溪面包，提升资溪面包在全省和全国的知名度，让更多人了解、认识资溪面包。其次是要充分发挥各级领导对资溪面包关心和重视的功效，多渠道、多形式的宣传和推介资溪面包，扩大资溪面包的影响。再次是要利用现有的"资溪面包网站"和《资溪面包报》，注重对我县面包行业的发展和资溪面包品牌的宣传，突出重点、体现特色，广泛而快捷地宣传资溪面包。同时要积极引导广大会员和面包户，增强市场意识，注重产品质量，提高经营水平，使每一家店都成为一个宣传窗口，树立资溪面包良好的市场形象。

（二）实施品牌战略，发展连锁经营

品牌是一个产业和产品的形象和生命，是应对竞争、赢得市场的重要手段，是产业发展和壮大的基础。资溪面包业要在激烈的市场中求得发展和壮大，实施品牌战略，发展连锁经营是必然的选择。要坚持以市场为导向，以市场化的思路和手段来推广、营销资溪面包品牌，以"五个统一"为要求，制定标准，严格要求，大力发展连锁经营，打造联合舰队，增强市场竞争力。要充分利用和开发好现有资源，7000多家面包店和县里两家培训基地每年不断输出的自主创业者，是最广泛的产业基础，要充分调动起他们参与开发的积极性。通过发展连锁经营加快发展步伐，提高发展水平，实现双赢和多赢。要努力探索发展连锁经营的有效途径，先从一些区域做起，通过示范带动，稳步推进。要主动向国内外知名连锁企业学习，总结经验，加快发展，力争通过3—5年的努力，使"资溪面包"成为全国知名品牌，进入全国"十佳"饼店行列。

(三)开拓创新，加快产业化发展

一是努力做大做强面包培训基地。要以现有的两家面包培训基地为依托，进一步整合资源，实现优势互补，努力加快与职业中学联合办学步伐，积极培养高素质人才；要加强与国内知名烘焙学院合作，尽快组建资溪烘焙学校(学院)，把资溪建成全国最大的烘焙人才培训基地。二是努力上争项目，支持面包产业发展。要抓住目前各级领导对我县面包产业十分关心和重视的良好时机，加大上争项目力度，尤其是县发改委、教委、科技局、劳动人事局、移民局、扶贫办等单位，要围绕面包产业发展，谋大项目、争大项目，努力争取更多的资金支持面包产业发展。三是积极招商引资，构建面包产业基地。要以实施品牌战略，发展连锁经营为基础，主动走出去、请进来，全力招商引资，积极引进一批原料加工、产品生产、产品包装、设备、工具生产等企业，建成面包产业集群。同时，要不断扩展和延伸面包产业链，进一步开发面包饰品、礼品生产，开发面包文化旅游，举办面包文化节等等，促进市场体系建设，逐步形成教、研、工、贸等为一体的大产业格局，真正使面包成为拉动县域经济发展的一大支柱产业。

(四)培育合作经济组织，大力支持农民面包合作社发展

专业合作经济组织是市场经济条件下的创新，是我国农业和农

民走向商品化、产业化和现代化的客观产物。县农民面包合作社是广大农民面包户,按照"自愿、自主、互利"的原则成立的新型农民专业经济合作组织。几年来,合作社依照"民办、民管、民受益"的原则,不断开拓创新、发展壮大,在提高社员组织化程度、增加社员收入、为社员提供产前、产中、产后服务和依法维护社员的合法权益等方面发挥了重要作用。

县委、县政府高度重视面包产业发展和农民专业经济合作组织发展,尤其是农民面包合作社的发展。县里成立了以县委书记为组长的面包产业发展领导小组,下设专职的面包产业发展办公室,负责支持和引导产业发展。对于农民面包合作社的发展,县里将进一步给予政策、资金和人力等的支持,及时出台有关政策意见,鼓励、引导和扶持合作社由小到大、由弱到强,努力实现"建一个组织、兴一项产业、活一地经济、富一方百姓"的目标。同时,合作社要严格按照章程的要求,规范管理、规范运作,切实维护和发展好社员的合法利益。使合作社不仅成为生产经营实体,而且要成为科研示范、抵御市场风险的坚强实体和组织及带领农民致富的典范。

(五)抓好党建工作,促进产业发展

坚持按照"围绕产业抓党建,抓好党建促产业"的指导思想,根据"双创五好"的工作要求,创新工作思路,改进工作方法,切实抓好党建工作,促进产业发展。一是要进一步加强流动党员的教育和管理,深入开展保持共产党员先进性的教育活动,不断增强广大流动党员的党员意识和党性原则,努力带头致富,积极带领群众致富。二是要不断壮大组织,发展党员,及时把致富带头人吸收进党组织,把面包大户培养成基层组织负责人,从而带动更多群众致富。三是要树立共产党员的示范形象，积极开展"党员示范店挂牌活动"，努力扩大党员的良好影响，充分发挥党员的先锋模范作用和带头作用。

(六)加大政策扶持力度，营造良好的发展环境

县委、县政府已将面包产业作为全县品牌战略之一，重点扶持，加快发展。现已制定了《资溪面包产业发展规划》。《规划》确定了产业发展目标和发展重点，明确了优惠措施和扶持政策，对来资溪开发面包产业的客商，除按招商引资优惠政策给予扶持外，还将在用地、征地、税费等各方面提供更优惠的政策。县里专门成立了面包产业发展办公室，该机构为引导产业发展的专职服务机构，它将为投资商提供最优质的服务，帮助投资商努力降低投资成本，提高投资回报，为广大客商投资开发资溪面包产业营造良好的发展环境，从而不断推动资溪面包产业新的、跨越式的发展。

2005年3月6日

中共资溪县委办公室　资溪县人民政府办公室
关于进一步加快面包产业发展掀起全民创业新高潮的方案

资办发〔2005〕23号

各乡（镇、场）党委、乡（镇）人民政府，各场，县委各部门，县直各单位：

省委孟书记在以"推动全民创业、建设和谐社会"为主题的全省领导干部大会上，称赞"资溪面包"为全省创造了焕发全民创业精神、脱贫致富的先进典范。要求全省上下都要向资溪县学习，进一步解放思想，采取切实有效措施，推动全民创业有序健康发展。为全面贯彻落实省、市领导干部会议精神，进一步做大做强面包产业，迅速掀起全县全民创业新高潮，实现资溪面包百尺竿头更进一步。特制定如下方案：

一、指导思想

以省、市领导干部会议精神为指导，以"推动全民创业、建设和谐社会"为中心，以做大做强面包产业为目标，抓住全省上下兴起的全民创业热潮和资溪面包产业良好的发展机遇，进一步弘扬资溪面包人的创业精神，敢于创业、艰苦创业、善于创业、奋发创业，乘势而上，再创"面包王国"的新辉煌。

二、主要任务

以市场为导向，紧跟国内外烘焙市场的发展趋势，充分发挥我县面包产业优势。以打造资溪面包品牌为主战略，把"资溪面包"培育成"全国知名品牌"以做大培训中心为重点，把我县建成全国最大的烘焙人才培训基地；以提高科技水平为动力，组建资溪面包科学技术研究院；以做强载体为基础，高标准高质量地建设资溪面包大厦；以发展产业化经营为主渠道，不断延伸产业链、拓展产业空间，构建面包产业集群，进一步做大做强面包产业，使资溪真正成为名闻全国的"面包之乡"。

三、工作要求及内容

立足当前、着眼未来；全面谋划、精心组织。在新的阶段实现"资溪面包"的新发展。做到近期有对策、中期有目标、远期有规划。同时，各阶段工作统筹安排，有序展开，狠抓落实，全面推进。

（一）近期对策（2005年8月至10月）：

1.加大宣传力度，营造良好发展势头。一是要全方位、大力度地宣传资溪面包人中的创业典型。二是要大力弘扬资溪面包人"敢闯敢冒、吃苦耐劳、自强不息、互助友爱"的创业精神，激励广大群众再创业、创大业。具体内容：

（1）召开一次研讨会，总结提炼资溪面包人的创业精神；

（2）制作一个以资溪面包创业为主题的专题片和光盘；

（3）编印一本《面包里飞出欢乐的歌》的书籍；

（4）统一宣传口径，印制资溪面包简介；

（5）编印资溪面包从业人员名册；

（6）提高质量，整合资源，办好《资溪面包》专版；

（7）加强"资溪面包"网站建设。

2.抓住发展机遇，积极争取上级支持。尽快向省科技厅申报成立资溪面包科学技术研究院。具体内容：

（1）做好前期申报材料的准备工作；

（2）积极向省市有关部门上报；

（3）做好学院的筹建工作。

3.加快培训中心扩建，做大全龙培训基地。具体内容：

（1）协会和有关单位要加强协调和支持，协助做好扩建工作；

（2）按高标准、高水平、高质量的要求搞好工程建设；

（3）要在9月底以前竣工。

4.规范行业行为，加强行业管理。

具体内容：尽快制定一个统一、规范的培训市场管理办法，促进培训市场健康、有序发展。

（二）中期目标（2005年10月至2006年12月）：

1.做强产业载体，加快面包大厦建设。一是明确投资主体、功能定位及开发形式，并于年内开工建设。二是把资溪面包大厦建设成省内领先、全国一流，集培训、科研开发、样板展示及休闲于一体的标志性建筑。

2.做大行业协会，提升协会影响力。主要是尽快落实江西省面包行业协会申报和业务主管部门工作。力争在年内办完有关手续，挂牌成立。

3.筹建一个以展示资溪面包人创业历程为主要内容的资溪面包创业展示厅。使其成为进一步弘扬资溪面包创业精神，不断激发全民创业热情的宣传和教育阵地，力争于明年上半年完成建设。

4.实施品牌战略，推广资溪面包品牌。重点是在省内做响资溪面包品牌，着力抓好在南昌、抚州等地的品牌推广工作，成立资溪面包品牌开发有限公司，实行连锁经营，力争在短期内发展资溪面包品牌连锁店100家。

5.继续加强协会党建工作，认真开展第二批保持共产党员先进性教育活动。要以此次教育活动为契机，进一步加强流动党员管理和基层组织建设。充分发挥党员的"双带"作用，促进面包产业更快更好发展。

（三）远期规划（2007年1月至2010年12月）：

1.加快烘焙人才培训基地建设。适时组建资溪烘焙学校和学院，把资溪建成全国最大的烘焙人才培训基地。

2.实施品牌战略。在全国范围内大力推广资溪面包品牌，努力把"资溪面包"培育成全国知名品牌，并进入全国"十佳"饼店行列。

3.大力发展面包产业化经营。积极招商引资，发展原料加工、产品生产、产品包装、设备生产等企业，并进一步延伸产业链，拓展产业空间，构建资溪面包产业集群，真正使面包成为拉动县域经济发展的一大支柱产业。

4.积极引导、鼓励、支持广大面包户回乡创业。要进一步激发广大群众的创业热情，引导他们围绕生态旅游这一巨大创业平台投资创业，创成业、创大业，实现资溪面包的二次创业。

5.积极开发资溪面包文化产业。深入发掘资溪面包文化根源，适时举办资溪面包文化节，通过文化搭台、经济唱戏，结合生态旅游开发，开辟资溪面包文化游，做大资溪面包文化产业。

四、具体措施

（一）高度重视，强化领导

资溪面包已成为焕发全民创业精神、脱贫致富的先进典范。面对成绩，我们要保持清醒头脑，"全省学资溪、资溪怎么办？"首先要强化认识，高度重视。要按照"五个必须更要"的要求，寻找差距，自主加压，乘势而上，加快发展。其次要切实加强领导。通过领导抓、抓领导，强化措施，落实责任，一级抓一级，层层抓落实，切实推进面包产业更快更好发展。

（二）加强建设，增强功能

协会和产业办是服务面包产业发展的专职机构，肩负着引导、服务、协调面包产业发展的重任。县委、县政府将在人力、物力、财力等方面给予大力支持，以增强实力，强化功能，充分其作用，当好决策参谋，服务好产业发展。

（三）明确职能，规范管理

按照《关于进一步加快面包产业发展的意见》（资发〔2005〕7号文件）要求，进一步明确协会职能，按照行业管理要求，严格执行行业技术标准和行业管理规定，落实实施细则。切实加强资溪面包品牌和培训市场管理，促进资溪面包健康发展。

（四）立足长远，制定规划

资溪面包已走过了近二十年的历史，成了享誉全国的"面包王国"，要实现资溪面包在新的阶段，有新的发展，任重而道远。面对激烈的市场竞争和快速发展的烘焙行业，要高瞻远瞩、紧跟市场、精心谋划，要按照"三个转变、四个基地、五个统一"的要求，全面规划资溪面包发展蓝图，要拿出五年、十年甚至更长远的规划，使资溪面包能够持续、健康、快速地发展。

（五）政策支持，再推创业

要继续依托面包产业为主体，全面贯彻落实县委、县政府《关于推动全民创业，加快富民兴县的实施意见》精神，继续在政策、法律、信息、技术、资金、后勤等方面给予支持，创造良好的创业环境，鼓励"面包军团"再创业、创大业；引导广大干部群众思创业、敢创业、苦创业、善创业、创成业，形成全民上下齐创业的新局面，再推资溪全民创业新高潮。

2005年9月9日

中共资溪县委
关于进一步创新面包行业协会党建工作创建全省
社团党建示范点的实施方案

资发〔2007〕8号

为深入贯彻中共中央关于加强党的先进性建设的重大战略部署，进一步巩固和发展先进性教育活动成果，建立健全面包行业协会党的先进性建设长效机制，按照《中共江西省委组织部关于建立基层党建工作联系点的通知》（赣组字〔2006〕109号）要求，结合协会党建工作和面包产业发展实际，制定本实施方案。

一、指导思想

坚持以邓小平理论和"三个代表"重要思想为指导，以创建省委组织部基层党建工作联系点为契机，全面贯彻落实科学发展观，以加强基层党建工作为核心，以做大做强面包产业为目标，坚持"围绕产业抓党建、抓好党建促产业"和"服务产业、服务面包户"的宗旨，进一步创新和完善党建工作机制，全面加强协会党员教育管理，不断增强协会党组织的创造力、凝聚力和战斗力，把协会党组织和协会党员队伍建设成为贯彻"三个代表"重要思想和推动面包产业科学发展、和谐发展、快速发展的组织者、推动者和实践者，为促进县域经济又好又快发展，构建和谐资溪提供坚强的组织保证。

二、总体要求

紧密结合协会党建工作和面包产业发展要求，不断创新思路、创新举措、创新业绩，全面创新和加强协会党的组织建设、思想建设、能力建设、作风建设和机制建设，力争用三年左右的时间，努力培养一支信念坚定、技术精通、善于经营、"双带"能力强的党员队伍，创建一批富有创造力、凝聚力和战斗力的基层党支部(党小组)，将"资溪面包"打造成全国农业产业化知名品牌，使全县面包产业发展跃上一个新的发展台阶。

三、主要任务

(一)基层组织建设

1. 科学设置，努力扩大党建覆盖面。根据协会党员流动性大、分布面广的特点，及时掌握党员流向，做到党员流到那里，党组织就建到那里，党组织和党员作用就发挥到那里。按照"便于联系、便于管理、便于发挥作用，能快速召集"的原则，采取"点""线""面"三种方式，科学设置基层党支部(党小组)，努力扩大基层党建覆盖面。今年要在原有流动党支部的基础上，在无锡、绵阳和兰州等地新组建4至5个流动党支部，力争到2009年流动党支部总数达40个，基本覆盖所有符合建立党支部条件的城市。

2. 分类指导，着力规范党支部建设。按照党支部建设"五好"要求，结合各地实际情况，对所有党支部进行分类，分别设置一、二、三类党支部，进行分类指导，分类管理。根据不同类别党支部的基础条件和发展要求，分别提出创建新思路，拿出创建新举措，力求取得创建新成绩。今年要着重抓好杭州、济南和大连三个党支部建设，把三个党支部建成协会党建的示范点。在此基础上，计划用两年的时间，使现有22个党支部全部达到一类党支部要求，优秀党支部数量达一半以上，新组建的党支部要有三分之一达到一类党支部要求。

3. 选强配优，扎实抓好基层班子建设。把建设一个好班子作为协会基层党组织建设的"龙头"工程来抓，坚持"思想正、作风正、人品正，致富能力强、帮带能力强、责任心强"的"三正三强"选人用人标准，选强配优各党支部书记。同时，认真做好党支部委员的培养选拔，配齐配强党支部班子，不断增强班子的凝聚力和战斗力。与党员教育培训相结合，对党支部班子成员进行重点培训，每年进行一次轮训。

4. 创新机制，狠抓工作措施的落实。积极巩固和发展先进性教育活动成果，进一步创新和完善协会党建工作运行和管理机制，落实工作措施，不断推进协会党建工作的规范化、制度化和经常化。当前的工作重点是落实"三会一课"制度和工作联系制度，做到"四个一"，即每个党支部一个月至少联系一次党员，每个党支部一个季度至少组织一次党员学习，每个党支部书记一个季度汇报一次党员教育管理情况，每半年总结一次党员教育管理工作。

(二)党员队伍建设

1. 灵活有序，规范协会党员管理。进一步建立和完善协会党员管理机制，实行"行前、行中、行后"流动全过程管理。建立健全目标管理、双向管理、跟踪管理、网络管理等四项管理制度，实行协会党员"限时定期"报告制度，及时全面掌握党员动向。每年开展一次以"党组织找党员、党员找党组织"为主要内容的"双找"活动，对协会党员进行调查摸底，全部登记造册，做到"一个不少，一个不漏"。印制和下发《协会党员活动证》，党员人手一证，持证外出，持证联系。

2. 紧扣需要，抓好党员教育培训。每年制定协会党员教育培训计划，对培训时间、培训内容、培训方式等进行有序安排，并逐一抓好落实。培训采取集中与分散相结合、理论与实践相结合、政治学习与技术培训相结合等方式，着力提高党员队伍素质。各党支部书记每年要到县委党校(或到所在地党校)和面包培训基地培训4天以上，每个党支部委员每年至少集中培训3天，每个党员每年至少集中培训2天。同时，积极组织党员面包户到国内外烘焙企业和星级饼店培训学习，提高党员的技术水平和经营能力，更好地带领广大面包户致富。

3.积极发展，壮大协会党员队伍。制定发展党员工作中长期规划和年度计划，严格按照发展党员工作"十六字"要求，及时把符合党员条件的优秀分子吸收到党员队伍中来，积极稳步地壮大协会党员队伍。加强入党积极分子队伍建设，每年选送一批入党积极分子到党校学习培训，并明确培养联系人，做好日常的培养教育工作。要重点从面包大户、致富带头人和技术能手中培养和选拔优秀青年入党，使协会党员队伍向年轻化、高素质化方向发展。今年计划发展新党员40名左右，三年内发展新党员150名左右，使协会党员总量达450人左右。

4、结合实际，发挥党员先进作用。积极开展党员活动，充分发挥党员先进性作用。在协会党员队伍中开展党员"设岗定责"活动，推行党员"公开承诺制"，进一步增强党员的党性观念和党员意识，为全体党员提供履行党员职责、发挥先进性作用的新平台。同时，各党支部要积极组织党员深入开展"一帮一"结对活动，帮助困难户改善经营，提高效益。

(三)重点创建工作

在创建全省社团类党建优质示范点中，重点要抓好"12345"工程，即"举办一次大型活动、建好两大培训基地、开展'三项服务'活动、做好四项基础工作、评选五十家示范店"。

1.举办一次技能大赛。每年在资溪举办一次在全国有一定影响力的烘焙技能大赛或烘焙产品展示会，邀请国内烘焙界知名企业、技能精英和广大面包户共同参与，交流和研讨资溪面包产业发展状况，进一步提高面包从业人员的烘焙技术，提升资溪面包产业发展水平。

2. 建好两大培训基地。对现有的全龙艺术蛋糕技术培训学校和建生艺术蛋糕技术培训学校进行完善建设，着力提升其办学水平，增强培训效果，为做大做强面包产业输送大量人才。适时组建资溪面包烘焙学校，以规范和扩大培训规模。

3. 开展"三项服务"活动。在协会党组织和全体党员中开展以"党委为各党支部服务、各支部为党员服务、党员为面包户服务"为主要内容的"三项服务"活动。重点是开展"三送"：党委为各党支部送党课、资料、报纸和免费技术培训；各党支部为党员送信息和技术；党员为面包户送技术和资金。

4. 做好四项基础工作。做好协会党组织建设的各项基础性工作，着力提高硬件建设水平，提升软件建设质量。当前要重点做好编印《党建工作简报》、拍摄党建专题片、印制新画册、建立党建荣誉室等四项基础性工作，以规范和提高协会党建软硬件建设水平。

5. 评选五十家示范店。在协会党组织和广大面包户中开展"我为党旗添光彩、争创党员示范店"活动，每年评选党员示范店50家，优秀党支部5个，星级饼店150家，并对示范店和星级饼店进行授牌，在广大面包户中树立典型。

四、工作措施

(一)提高认识，高度重视。

协会党委被定为省委组织部基层党建工作联系点，是我县党建工作和面包产业发展历程中难得的机遇，一定要在思想上高度重视，认真组织好人力、财力和物力，协调好各方力量，共同抓好各项工作措施的落实，促进协会党建工作上新台阶。要高度重视协会党员教育管理工作，提高党员的整体素质，使其成为党和政府联系、动员、组织广大面包户的桥梁和纽带，成为群众致富的带头人，帮扶解困的贴心人，大力促进面包产业又好又快发展。

(二)加强领导，落实措施。

成立资溪县"省委组织部基层党建工作联系点"工作领导小组，由县委常委、组织部长任组长，分管副部长任副组长，相关单位领导任领导小组成员。领导小组下设办公室，办公室设在协会党委，由协会党委负责人任办公室主任。协会党委增配一名专职副书记和一名专职党建工作人员，具体负责党建联系点工作。县委组织部派出专职指导员挂点协会党委，指导党建工作。同时，县财政每年安排10万元专项经费，主要用于党员教育培训、编印画册、制作专题片、党员示范店评比和表彰、荣誉室建设等党建示范点建设开支。

(三)明确责任，实行"双挂"。

根据协会党建工作开展情况，对协会基层党支部实行"双挂"机制，即协会党委班子成员挂点基层党支部、县直单位挂点协会基层党支部，帮助协会基层党组织抓好党建工作，提升党建工作水平。挂点领导和县直单位要积极帮助党支部和党员群众解决生产、经营和生活中的实际困难。挂点领导每月至少联系挂点党支部一次，每年到党建工作联系点检查指导工作不少于两次，努力把联系点建成示范点，以点上经验推动面上工作。

(四)强化考评，抓好督查。

对协会各基层党支部工作开展情况，要不定期地开展督查。督查方式采取组织人员到基层调研、召开工作例会、问卷调查、电话查询、网上交流等多种形式进行。对各党支部开展工作情况进行年度考核和评估，对工作成绩突出的先进集体和先进个人，每年进行一次表彰。对开展工作不正常、党建工作效果不明显的党支部进行组织调整。建立群众对党建工作的监督评价制度，广泛征求和听取群众意见，主动接受群众监督，不断改进和完善协会党建工作。

（五）及时总结，推广经验。

坚持继承和创新相结合，实践与总结相结合，及时总结推广党建工作中的好做法、好经验、好典型。协会党委要采取召开经验交流会、工作研讨会、现场会等形式，总结推广各党支部创造的好做法、好经验。同时，加强党建工作的信息报送工作和宣传工作，各党支部每月要向协会党委报送工作信息，协会党委定期编发《党建工作简报》，沟通信息，反映情况。注重与各级报刊、电视等新闻媒体的联系，向全社会宣传协会党建工作的绩效，努力提升协会党建的影响力和知名度，进一步促进我县面包产业的又好又快发展。

附1：县委常委班子成员基层党建工作联系点安排表

附2：县直单位挂点面包行业协会基层党支部安排表

2007年3月15日

资溪县面包产业"十三五"发展规划

前　言

资溪县位于江西东部，地处龙虎山与武夷山之间，全县人口12.6万，其中从事面包行业的有4万余人。他们把8000多家面包店开至全国各地近千个城镇，年产值50个亿，全县农民纯收入60%来自于面包行业，成为闻名全国的"面包之乡"。资溪面包产业已成为全县从业人员最多、产值最大、贡献最高的主导产业。为充分发挥资溪面包现有的资源优势、技术优势和产业优势，实施品牌推广战略，进一步扩大资溪面包的影响力和知名度，极力延伸产业链条，构筑面包产业集群，实现面包产业持续快速发展，促进县域经济快速发展，特制定本规划，以指导面包产业的发展。

一、资溪县面包产业发展现状

（一）资溪面包产业基本情况

经过近30年的快速发展，资溪面包从业人员已发展成为4万人的面包军团，占全县人口的1／3，面包产业已显然成为我县支柱产业之一，对全县的经济发展起到一个很好的推动作用，也使广大群众找到了一个快捷的致富之路，更为资溪的"生态立县、绿色发展"战略奠定了基础。据不完全统计，2014年资溪面包产业总产值50亿元，从业者中产业过百万元的有4000多户，千万元的近100户，甚至有10多户资产过亿元。

（二）资溪县面包产业发展的有利条件

1. 政府高度重视，高位推动，形成了良好的全民创业环境，积极引导支持百姓创业。

2. 资溪面包产业群体优势十分明显，一支4万余人的面包军团，渗透于烘焙行业的各个领域。

3. 资溪面包影响力不断扩大。2006年12月，资溪荣获"中国面包之乡"称号，尤其是2007年3月11日时任省委书记孟建柱作客央视畅谈资溪面包全民创业，在全国引进极大反响，也再次掀起资溪全民创业的新高潮。

4. 资溪面包产业经过近30年的发展，铸就了"敢闯天下、勤劳诚信、团结互助、勇于创新"的资溪面包创业精神，更造就了一大批懂技术、善经营、会管理、勇于拼搏敢闯市场的能人，涌现出"资溪面包""麦香人家""麦香村""麦香园""喜米璐""林家饼屋""加麦""康利来"等区域性主流品牌以及"苏旺""艺发""金奥司""海升"等生产型企业。"资溪面包"等11家企业进入全国优秀饼店行列，优秀饼店数达400余家。

5. 全民创业氛围十分浓厚。资溪人员构成多元化，思想十分活跃，积极进取，敢于外出创事业、干事业。

6. 培养了大批烘焙专业人才。基地创建以来，举办培训班200多期，培养各级烘焙人才近30000人，为产业发展提供强有力的人才支撑。

（三）资溪面包产业发展的制约因素

1. 人员素质不高，产业整体竞争力弱，理念不新。资溪面包人文化水平低，初中毕业及以下的从业人员约占75%，高中毕业以上约占25%，缺乏现代经营理念，80%以上的面包店还停留在前店后厂的传统经营模式，无法适应市场竞争，造成大部分资溪面包人被挤出城市中心，退居二、三线城市外围谋求发展的局面。

2. 协会、商会服务体系偏弱，服务手段不灵活，创新服务意识不强，影响力和凝聚力偏弱，对百姓创业在资金、技术等方面的帮扶不够大。

3. 培训基地规模不大，水平不高。基地培训内容相对单一，培训的人才大部分局限于初级技术人员，适应市场需求的复合型人才培训目前是空白。

4.品牌意识不强，运作不快。资溪人在全国各地的大小品牌上千家，良莠不齐，无法形成合力，市场竞争力不强。目前"资溪面包"品牌市场化运作、实行连锁经营还处于探索阶段，品牌推广进程缓慢，没有发挥影响和带动作用。

5.产业聚集度低，支撑不强。面包产业是一大富民产业，但县内尚无一家原材料生产包装和机械设备等与烘焙产业相关的生产企业，更没有原材料营销公司，产业聚集至今根本没有形成，造成当前资溪面包"富民，扬名，不富县"的局面。

二、资溪面包产业发展的主要目标及发展重点

（一）主要目标

1.面包产业发展目标

（1）加大宣传力度，形成浓厚的全民创业氛围，再次掀起全民创业的新高潮，争取到2020年，全县面包从业人员达到5万人，面包店增加到10000家。

（2）打造"资溪面包"强势品牌，加快品牌推广，力争2020年实现全国直营店达到400家、连锁经营1000家，跻身全国十佳饼店。

（3）围绕"生态立县，绿色发展"战略，结合资溪大生态、大旅游，融入面包文化元素，建设集产品展示、营销研发、面包历史博览、糕点制作演示为一体的资溪面包文化产业园。

（4）建设资溪面包产业基地，从事资溪面包的研发、加工、物流、管理、资本运作和技术培训等业务，形成总部经济。

（5）创新协会、商会的服务意识，建立科学有效的服务机制，提升服务水平和拓展服务功能，加强银企合作及技术交流，提供资金、技术等方面的支撑。

（6）出台一系列优惠政策，鼓励和引导面包户积极返乡创业，撬动民间资本，盘活民间资金，服务县域经济快速发展。

2.经济效益目标

争取到2018年实现面包产业总产值70亿元；2020年实现面包产业总产值80亿元。

（二）发展重点

1.打造强势品牌，加快推广步伐。整合各区域品牌资源，形成合力打造"资溪面包"强势品牌，以绍兴资溪面包有限公司为核心，以绍兴为中心点，辐射周边地区，重点负责技术研发引进和推广、品牌市场化运作，提升市场竞争力，扩大资溪面包影响力，力争跻身全国十佳饼店行列，至2020年实现全国连锁经营1000家以上。

2.扩建培训学校，提升培训水平。针对现有培训基地规模不大、水平不高的现状，充分发挥产业优势和影响力，高规格、高标准建设资溪面包培训学校，将该学校建设成集技术培训、管理培训、市场营销、技术研发等为一体的最大烘焙行业人才培训基地，开展短期技术培训和学历制职业教育，年培训人员达到15000人以上。

3.建设资溪面包产业基地，构筑产业集群。结合产业特色提供平台，建设200亩的资溪面包产业基地，组建资溪面包技术研发中心，吸引相关企业入驻，形成面包原材料加工、食品机械设备制造、食品包装、技术研发等产业链，实现产业高度聚集，使资溪成为全国烘焙产业的聚集地。

4.建设面包文化产业园。结合资溪旅游，打造集产品展示、面包历史博览、糕点制作演示为一体的资溪面包文化产业园，成为一个独具特色的旅游项目，把面包文化与资溪大旅游有机地结合起来。

5.强化商会、协会建设，提升服务职能，增强产业发展动力，搭建平台，建立健全科学机制，强化银企合作，拓展融资渠道，提供技术支撑，大力服务产业快速发展。

三、资溪面包产业发展的主要措施

（一）整合培训资源，打造职业教育。

根据烘焙市场发展形势，制定税费减免等优惠政策，进一步做大做强技术培训市场。加快资溪面包培训学校的建设进程，将该学校建设成集技术培训、管理培训、市场营销、技术研发等为一体，开展短期技术培训和学历制职业教育。规模、档次和水平要达到全国一流的最大烘焙行业人才培训基地。

（二）加快品牌推广，促进产业发展。

发挥江西省面包商会的作用，以绍兴市资溪面包有限公司为核心，具体负责"资溪面包"品牌市场化运作，实行资溪面包"五统一"模式，即：统一品牌标识、统一CI设计、统一技术标准、统一包装、统一管理程序。同时，加强对"资溪面包"品牌经营，进行严格的审定和管理，确保品牌良性运作。通过绍兴地区的示范带动，辐射周边地区，扩大资溪面包品牌效应，提升资溪面包产业的市场竞争力，促进产业健康发展。

（三）创新服务意识，拓展协会服务渠道。

一是成立面包产业信用担保机构，为实现面包产业发展壮大、金融资产安全增值、富民强县兴县的"三赢"格局打下坚实基础。在就业创业贴息贷款中，对面包大户实行优先倾斜贷款；二是由面包协会牵头，组建面包大户信用合作共同体，金融部门根据合作共同体资产进行评估授信，按照"风险共担，信用共享"的原则，对合作体成员进行贷款扶持；三是充分盘活民间资本，积极引导其进行风险投资，建立面包产业投资基金，弥补由于金融制度因素导致的信贷投入不足，拓宽面包产业发展的融资渠道，为产业发展注入活力。

（四）着力招商引资，实现产业聚集。

建立资溪面包产业基地，吸引相关企业入园或资溪面包人回乡投资发展产业集群。组建资溪面包技术研发中心，对于入驻从事面包原材料加工、机械设备制造、食品包装、技术研发等企业，政府实行政策倾斜支持，营造良好的投资环境，构筑面包产业链，实现产业高度聚集，使资溪成为全国烘焙产业的聚集地，从而逐步实现面包产业链本地化、税收本地化，把产业优势转化为经济优势，推进县域经济发展。

（五）结合生态旅游，相互促进提高。

一是进一步加强与各种新闻媒体的联系，采取文字宣传、图片宣传、电视宣传等多种方式和途径，利用现代化网络，大力宣传资溪全民创业，弘扬资溪面包创业文化；二是大规模、高规格举办中国资溪面包美食文化国际旅游节。建议放在清明前夕，办一届小型的烘焙展，推广好的面包原料、机械等。借鉴盱眙国际龙虾节的成功经验，持之以恒地在每年的某一时间节点举办中国资溪面包美食文化国际旅游节，举全县之力积极筹办，大力宣传，为资溪面包提供市场宣传、整合资源的社会平台，营造"中国面包之乡"的浓厚氛围，着力打造"资溪面包"效应，大力掀起资溪面包的"金色风暴"；三是打造资溪面包文化产业园景区，融合资溪面包创业文化元素，实现与资溪大旅游有机地结合。

2015年11月10日

中共资溪县委办公室　资溪县人民政府办公室印发《关于进一步加快面包产业发展的实施意见》的通知

资办字〔2018〕88号

各乡（镇、场）党委、乡（镇）人民政府，各场，县工业园区管委会，县委各部门，县直各单位，各人民团体：

《关于进一步加快面包产业发展的实施意见》已经县委同意，现印发给你们，请认真组织实施。

2018年11月30日

关于进一步加快面包产业发展的实施意见

为全面实施"生态立县、旅游强县、绿色发展"发展战略，突出面包产业主导优势，激发全民创业激情，促进面包产业转型升级，进一步明确面包产业发展新思路和新途径，着力打造中国烘焙行业"航空母舰"，服务县域经济发展，实现"产城景"相互融合、相互促进。现就进一步加快面包产业发展提出以下意见：

一、总体要求

认真贯彻落实十九大精神，以习近平新时代中国特色社会主义思想为指导，全力实施"生态立县、旅游强县、绿色发展"发展战略，通过实施项目引领和带动，把"资溪面包"的发展从目前为"面包行业服务"向"面包食品产业链实体化"转变，将"中国面包之乡"打造成"中国面包之都"，推动产业转型升级，实现一二三产有机融合发展，从而促进县域经济快速发展。

二、发展目标

通过5—8年的努力，"资溪面包"品牌成为中国驰名商标，力争有1家面包上市公司，孵化2-3家拟上市面包公司，实现全国"资溪面包"品牌连锁经营店1万家以上，实现产值300亿元以上，着力打造产值100亿元资溪面包食品产业城，初步建成面包特色小镇，年培训各级专业烘焙人才3000人次以上，引进烘焙行业高端人才10人以上，促进面包产业持续健康发展。

三、具体措施

（一）扩大"资溪面包"影响力

一是举办"面包文化节"。每年清明节前后举办"面包文化节"，并争取批准为例节，邀请全国一流烘焙企业乃至世界知名烘焙企业参加，提高资溪面包的知名度。二是举办资溪面包论坛峰会。每年邀请烘焙行业内的知名人士、大专院校食品专业的学者或专家举办烘焙行业发展峰会，促进产业转型升级。三是举办面包技能大赛。每年举办中国资溪面包技能大赛，争取每年承办江西省"振兴杯"焙烤职业技能竞赛和全国焙烤职业技能竞赛江西赛区选拔赛，让更多人走进资溪，了解资溪。四是创作《资溪面包之歌》。聘请国内著名作词、作曲家创作面包歌曲，请著名演唱家演唱，产生巨大的轰动效应。五是建立新闻发布制度。定期向社会发布研发的面包新产品、行业发展的新动向、行业重大活动等，常态化发布行业新趋势。〔牵头单位：面包办、人社局，责任单位：宣传部、文广新局、面包公司、面包商会（协会）〕

（二）加快品牌市场推广

一是成立面包集团公司。组建战略投资集团，充分发挥龙头企业（圣农集团）和面包商会、协会的牵头引领作用，凝聚广大面包户，进行实体化运营，力争资溪面包食品产业城产值超100亿。二是实行"五个统一"。"资溪面包"品牌实现市场化运作，以直营、加盟为主的品牌运作形式，即统一品牌标识、统一CI设计、统一技术标准、统一包装、统一管理程序，打造强势品牌并上升为行业标准。通过行业鉴定验收合格后，给予改造后的"资溪面包"品牌每家门店一次性补贴1万元。2019年安排500万元分期分批完成门店更新，改造后的经营门店将成为宣传"面包之乡、纯净资溪"的重要窗口和阵地。三是强化品牌管理。加强"资溪面包"品牌经营，制定科学的管理办法，确保品牌良性运作，通过示范带动，辐射周边地区，扩大"资溪面包"品牌效应，提升市场竞争力，力争实现全国连锁经营1万家以上。同时加大支持总部设在资溪的"资溪面包"品牌公司力度，重点扶持品牌公司成功上市。四是提升面包网覆盖面。用3—5年力争面包产业上下游企业加入平台会员突破万家，年交易额突破2亿元。牵头单位：工业园区、面包公司，责任单位：财政局、市管局、投资公司、招商局、旅发委、面包办、面包商会（协会）

（三）建立金融支持体系

一是设立绿色产业基金。政府出资5000万元设立面包产业发展基金，重点扶持面包大户的贷款贴息、过桥。二是用活创业扶持政策。充分用活就业创业扶持政策，大力扶持在县内开设面包品牌店、旗舰店的大户。三是扶持面包大户。把面包产业列入县委、县政府重点扶持产业，优先重点孵化和扶持规模在20家门店以上连锁经营的大户，扩大经营增至100家门店以上，提升品牌市场竞争力。四是成立绿色业信用担保机构。充分发挥面包商会和协会牵头作用，组建面包大户信用合作共同体，金融部门根据合作共同体资产进行评估授信，按照"风险共担、信用共享"的原则，贷款扶持合作体成员。五是盘活民间资本。积极引导其进行风险投资，弥补由于金融制度因素导致的信贷投入不足，拓宽面包产业发展的融资渠道，为产业发展注入活力。六是成立股份公司。由县投资公司和面包集团公司共同出资，成立资溪县面包产业发展有限公司，合作投资定向支持面包食品产业城内以面包食品生产为主的上下游企业，实现产业聚集。〔牵头单位：金融办、财政局，责任单位：工业园区、人社局、投资公司、中小企业局、人民银行、面包办、面包公司、面包商会（协会）〕

（四）打造产业发展平台

面包特色小镇按照5A级旅游景区的标准进行建设，着力做强资溪面包食品产业城，实现"产城景"有效融合，打造中国烘焙行业"航空母舰"，切实履行《资溪面包食品产业城项目招商引资协议》，保持产业扶持政策的连续性和稳定性，定期分析评估协议条款履行效果，保证项目顺利实施，着力构建"八个中心"：一是产品交易中心。加快资溪面包集采服务公司和面包产业网整合运营步伐，做大面包总部经济，有机整合以面包生产为主的上下游企业在互联网上进行交易。二是产品研发中心。引进面包行业中龙头企业和研发机构入驻资溪，专业研发新产品，定期向全国发布有关研发出的新产品。三是教育培训中心。从职业技术教育培训入手，瞄准全日制资溪面包商学院（中国面包大学）目标，引进管理、金融、生产技术、市场营销等高端师资人才，为各类企业发展提供智力支持。加快与省内外知名的食品技术学院合作进程，开展短期技术培训和学历制职业教育，将该学院（大学）建设成集技术培训、管理培训、市场营销、技术研发等为一体，规模、档次和水平要达到全国一流的最大烘焙行业人才培训中心，力争实现年培训各级专业烘焙人才3000人次。四是创业孵化中心。多渠道注入资金，孵化市场前景好、连锁发展速度快的面包大户，实现孵化效应。五是信用认证中心。引进信用诚信管理机构，对面包户的经营情况进行全方位跟踪，建立覆盖面包上下游产业的企业信用库。六是感受体验中心。着力打造"中国面包之都"，发展参与度、体验度高的项目和产品，着力打造全国乃至世界独特的面包感受、体验产品。七是商务会展中心。加快推进游客中心、面包会展中心项目建设，促进面包产业上下游企业云集资溪举办大型展示会，促进人流、资金流、信息流汇聚。八是原料生产中心。加快肉松厂、冷冻面包厂、馅料厂、巧克力和面包综合食品厂等建设步伐，围绕资溪面包特色产品，引进规模大、有品牌、效益好的创新型面包原辅料企业落户，生产资溪独特原辅料产品。〔牵头单位：工业园区、建设局，责任单位：国土局、教科体局、市管局、人社局、投资公司、招商局、旅发委、发改委、商管办、面包办、面包公司、面包商会（协会）〕

四、组织保障

（一）加强组织领导。

成立由县主要领导为组长，县分管领导为副组长，其他相关职能部门负责人为成员的面包产业发展领导小组，领导小组下设办公室，办公室设在县面包产业办，具体负责组织、协调相关工作。

（二）强化协会（商会）建设。

充分发挥社团组织的作用，扶持资溪面包协会和江西省面包商会的发展与壮大，激发其参与经济、社会建设发展的活力，增强面包产业发展动力，夯实发展平台，强化银企合作，拓展信息、资金、技术等多种服务渠道，推动面包产业快速发展。

（三）出台扶持政策。

动员全县加大面包产业招商力度，实行精准招商，着力引资、引智、引产品，全方位拓展市场。要明确任务，加强考核，每年分解落实面包产业招商任务。

对于入驻从事面包原材料加工、机械设备制造、食品包装、技术研发等企业，政府实行政策倾斜支持，构筑面包产业链，实现产业高度聚集，使资溪成为全国烘焙产业的聚集地。对重大项目实行"一事一议。

（四）加强宣传引导。

创业精神是资溪面包实现持续发展的不竭动力，是资溪全民创业的根本和精髓。着力筹建面包文化博物馆，充分展示资溪面包人"敢闯天下、勤劳诚信、团结互助、勇于创新"的创业精神。同时充分利用网络媒体，寻求与文化创意传媒公司合作，深层次挖掘创业文化、创业题材，做好"资溪面包创业精神"文章，适时拍摄《"资溪面包"创业文化》宣传专题片及微电影或电视剧等，展示面包发展历程和面包人的创业精神，使创业精神得以继承和弘扬，激发全民创业的热情。

关于印发《关于进一步加强面包产业党建工作的实施方案》的通知

资党建办字〔2019〕3号

各乡（镇、场）党委，县工业园区党工委，县非公有制经济组织和社会组织党工委，县委各部门，县直各单位党组织，各人民团体党组织：

《关于进一步加强面包产业党建工作的实施方案》已经县委党建工作领导小组研究同意，现印发给你们，请结合实际认真贯彻落实。

2018年11月30日

关于进一步加强面包产业党建工作的实施方案

为进一步加强面包产业党建工作，强化党组织政治核心作用，提升"资溪面包"党建品牌，引领全县面包产业健康快速发展，特制定如下实施方案：

一、指导思想

深入学习贯彻党的十九大精神，坚持以习近平新时代中国特色社会主义思想为指导，紧紧围绕"生态立县、旅游强县、绿色发展"战略，以"1+2+5+N"党建工作体系为统领，充分发挥党组织和党员作用，把党的政治优势、组织优势、群众工作优势转化为面包产业中的管理优势、竞争优势和发展优势，构建党建与面包产业互动双赢新格局，为建设秀美和谐智慧幸福的"纯净资溪"提供坚强的组织保证。

二、目标要求

结合全县面包产业党建工作实际，大力实施组织覆盖、党建活力、党建力量、基础保障"四项提升"行动，进一步创新和完善党建工作机制，不断增强面包产业党组织的创造力、凝聚力和战斗力，助推资溪面包产业升级，加速县域经济跨越式发展。

三、主要措施

（一）优化面包产业党组织设置

1. 完善面包产业党建工作领导体制。成立由县委常委、组织部长任组长，县委组织部、县委统战部分管副部长为副组长，县委各部门、县直各有关单位主要领导及各乡（镇、场）党委书记为成员的县委面包产业党建工作领导小组，领导小组下设办公室，办公室设在县委组织部，负责对全县面包产业党建工作牵头抓总。领导小组每季度至少召开一次领导小组会，对全县面包产业党建工作中的重大事项、问题进行研究分析，提出指导意见。同时，建立县级党员领导干部联系面包产业党组织工作制度，安排各成员单位分别挂点面包协会下属党支部，并从成员单位中抽调一批热心党建工作的人员，担任党建工作指导员，积极构建由县委组织部、面包协会党委、各乡（镇、场）党委和有关单位齐抓共管、各负其责的工作格局。

2. 加大面包协会党委的人员和经费保障力度。从县委组织部、县公安局、县司法局、县市管局等单位各选派1名党建工作经验丰富、责任心强的副科级领导干部和在资溪面包产业领军人物中选派2—3名党员兼任面包协会党委委员，党委下设办公室（与县面包产业发展办公室合署办公），在现有人员基础上，充实增加两名党建工作经验丰富的工作人员。办公室负责具体抓好全县面包产业党建日常工作的调度推进、综合协调、数据汇总、成效督查等。同时，县财政按照党委5万元/年、党支部4000元/年的标准落实党建工作经费，用于基层党组织活动场所规范化建设、开展组织生活、党建品牌创建等工作。对党建指导员实行每年2000元/人的工作补贴。

3.调整优化基层党支部设置。由县面包协会党委牵头，各乡（镇、场）党委配合，定期核实我县在外从事面包产业的流动党员去向情况。在流动党员较多、居住地相对固定集中的区域，由面包协会党委商流入地党组织，依托实力雄厚的资溪籍在外企业或面包商会、行业协会，成立流动党员党支部。对流动党员人数过多、区域覆盖过广、难以对党员进行有效管理的党支部，按照地域相邻、行业相近的原则，进一步优化设置，配齐配强支部班子，特别是在县内规模以上的面包产业企业，有正式党员3名以上、符合组建条件的，要单独组建党组织，开展党的工作。同时，注重从企业或行业协会管理层、业务骨干中选拔培育党支部书记，建立一支数量充足、适应面包产业党建工作需要的党务工作者队伍，切实发挥党组织在非公有制经济组织与社会组织中的政治核心作用。

（二）完善基层党组织工作机制

1.严格党内组织生活制度。紧密联系党员思想和工作实际，认真落实"三会一课"、民主评议党员、谈心谈话等制度，重点抓好江西省资溪面包科技公司党支部、面包文化园党支部等党建示范点的组织生活制度落实，将开展"党员固定活动日"与"三会一课"有效结合起来，提升党组织生活的实效，按照规定召开组织生活会，教育引导党员守纪律、讲规矩，着力增强党内政治生活的政治性、时代性、原则性。

2.规范流动党员教育管理。对在县外从事面包产业的流动党员教育管理，要完善以流入地党支部为主、流出地和流入地党组织密切配合、有机衔接、共同管理的流动党员管理机制。根据流动党员流动分散、不易集中等特点，采取"线上""线下"结合的方式，依托网络平台、QQ群、微信群及微信公众号等，开展线上学习教育和在线组织生活，着力提高流动党员教育管理的灵活性。

3. 丰富党组织活动内容方式。把党组织的活动与促进面包产业转型升级有机结合起来，立足面包产业从业人员的专业特长，积极开展"党员创业之星""党员示范店"评选系列活动。同时，整合全县旅游、竹科技、现代农业、面包产业等系列资源，把资溪旅游集散中心建设成为集党员学习、成果展示、产业宣传为一体的资溪综合产业党建服务中心，为面包产业链上的广大党员及从业人员搭建学习交流及信息互通的平台，树立社会组织党建示范新标杆。

（三）发挥党组织的政治核心作用

1. 引领资溪面包产业健康发展。对从事面包产业的党员加强社会公德、家庭美德、个人品德教育，引导党员树立行业新风尚，传播社会正能量。进而推动面包行业协会建立自律诚信机制，督促履行社会责任，引导树立资溪面包人良好形象。对于诚信经营、对当地经济社会发展做出较大贡献的优秀党员，每年由面包行业协会党委进行公开表彰或推荐到省、市、县相关部门进行表彰，鼓励党员带头创品牌、强实力、扩规模，增强资溪面包品牌的市场竞争力。

2. 服务党委政府中心工作。积极推动面包产业链上的党组织和党员主动投身经济发展、社会治理、生态文明建设等党委政府重点工作。充分发挥县外面包从业人员人缘广，关系宽，信息量大等优势，当好招商工作"信息员""推介员"和"联络员"。结合大力开展"三请三回""双返双创"等活动，引导广大面包从业人员返乡创业，鼓励党员致富能手参选"村两委委员"，积极参与"百店助百户"精准扶贫行动。通过资金、技术、就业、助学等多种形式结对帮扶，主动投身脱贫攻坚，助力乡村振兴。

3. 助推资溪面包产业升级。大力推进"党建+面包产业"，结合实际搭建"+"的平台、创新"+"的方式、丰富"+"的内容。发挥优秀党员头雁效应，引导面包产业链上的广大党员和经营户积极主动参与品牌推广、门店整合、产业招商、食品产业城建设、做大面包总部经济等工作，统筹推进面包产业快速发展，力争2019年完成门店整合500家以上，3—5年完成品牌连锁5000家以上；5年面包产业城冷冻面包、油脂、馅料、巧克力、肉松、包装等主副产业链建成；加入面包产业网交易平台，2019年完成交易额2亿元以上，3—5年超过10亿元。

四、工作步骤

（一）摸底核实阶段（2019年4月30日—6月30日）

重点对面包产业链上的党组织和党员基本情况进行实地调查核实，各地各单位按照时间、内容、标准明确的要求，制定切实可行的工作方案，进行全面部署，将调查后的第一手资料登记造册后统一报面包协会党委办公室汇总，进行梳理分析，制定下一步工作计划。

（二）规范巩固阶段（2019年7月1日—9月30日）

重点根据新形势、新部署、新要求，各基层党组织创新性地开展系列活动，进一步查找存在的问题，明确工作任务，建章立制，完善和改进。期间，领导小组将不定期召开面包产业党建工作专题推进会议，通报工作进展情况，研究解决存在的问题。

（三）总结提升阶段（2019年10月1日—12月30日）

重点是对活动开展以来的情况进行"回头看"，巩固成果，总结经验，进一步推动长效机制的完善和落实，提升我县面包产业特色党建品牌。根据工作目标，在听取汇报、查看资料、实地勘察的基础上进行评估，县委将对开展工作卓有成效的党组织和先进个人进行表彰奖励。

五、工作保障

（一）加强组织领导。

该项工作由面包产业党建工作领导小组总体负责，县委组织部统筹推进，面包协会党委作为具体工作机构做好指导和督促落实工作。各乡（镇、场）、县直挂点单位和各基层党组织具体实施。落实"双挂"（县领导、领导小组成员单位挂点面包协会党委下属党支部）制度，挂点县领导每年现场指导或调度党支部党建工作不少于1次，挂点单位负责人每年现场指导或联系挂点党支部不少于2次。党建工作指导员每月要向面包协会党委办公室报送党员动向、活动开展、党建提升等工作进展情况。

（二）加强分类指导。

各乡（镇、场）、县直挂点单位、各基层党组织要根据加强全县面包产业党建工作的内容，结合实际，制定适合本地本单位的工作重点和时间安排表，切实增强针对性和实效性。县委将加强面包产业党建工作纳入党建年度目标考核内容、基层党组织书记抓基层党建工作述职评议考核的重要内容，年底进行综合考核评比、排序通报。县级挂点领导和党建工作指导员要结合各自职能，切实履职尽责，指导抓好挂点面包产业党组织党建工作，定期听取工作汇报和意见建议，加强研究谋划，帮助挂点党组织切实解决实际问题。

（三）营造舆论氛围。

县委组织部、县委宣传部、县面包协会党委、县电视台等相关部门要利用网络、电视、信息、简报、微信等媒体，通过开设专栏、拍摄专题片等形式，宣传加强全县面包产业党建工作的经验做法，并将具有示范效应的先进典型和做法推荐到上级有关部门进行表彰，营造浓厚的舆论氛围，进一步提升示范影响力、发挥示范感染力、增强示范传播力，调动全社会力量积极参与进来，全力提升我县面包产业党建工作的整体形象。

资溪县国民经济和社会发展第十四个五年规划和 二〇三五年远景目标纲要（摘录）

第二章 打造绿色食品主导产业

打造百亿级绿色食品产业集群，建设国家级面包食品生产基地，打造中国烘焙行业"航母"，塑造县域产业发展新模板和创新创业新典范。

第一节 加快发展面包食品产业

围绕面包食品产业做实主业链、扩大副业链、健全供应链、延伸服务链，建设生产中心、研发中心、技术培训中心、原材料集采配送中心"四个中心"，同时推进省外区域生产中心和配送中心建设。筑巢引凤，建好面包食品产业城小微创业园。依托"工业大数据"手段，推动智慧化、智能化和现代化工厂建设，配套建设面包商学院、集采中心、冷链储运和集中供热、集中污水处理等基础设施，打造城北产城景融合新区。推进工业+旅游，建成资溪面包特色小镇。强化品牌市场推广，提升现代化销售手段，着力打造物流冷链仓储中心；唱响"资溪面包文化节"，做好现代媒体宣传推广，大力发展"面包＋旅游"。

专栏4：绿色食品产业设施工程

1.面包食品产业城：建设综合性物流园、停车场、标准厂房、太阳能屋顶、节能改造、环境整治、工业污水处理厂及管网等项目。

2.产城景融合发展示范区建设工程

以扩链、补链、延链、强链为目标，完善好面包大产业链，推进建成产城景融合发展示范区。

3.产业链完善工程

依托现有产业优势，完善绿色食品上游、中游和下游产业链，构建从原材料供应、产品研发、产品生产到渠道营销的面包食品全产业链。

三、省委书记孟建柱做客中央电视台
畅谈资溪面包业（相关资料）

2007年3月11日央视新闻频道
《新闻会客厅·小崔会客》"两会"特别节目

崔永元：各位朋友大家好，欢迎收看两会特别节目，我们今天请到的客人是江西省委书记孟建柱，让我们热烈欢迎他。您好。

孟建柱：您好。

崔永元：请坐。有些事儿特别奇怪，我昨天晚上做了个梦，梦见今天能采访您，正好就采访您了。您怎么解释这个梦呢？

孟建柱：你很会联想。

崔永元：我不知道孟书记有没有这个做梦的时候？

孟建柱：我也在做一个梦，我想到我年老的时候，我又回到了江西这块神奇的土地，那时全省人民都富裕了，都过上了幸福美满的日子，那个时候我们该多高兴啊！

崔永元：我现在要考孟书记了，江西有很多地方被称为什么什么之乡，看看您能说出多少个来。

孟建柱：比如我告诉你，中国面包之乡——资溪，您到过吗？又比如我再告诉你一个，中国华夏笔都。

崔永元：我当然知道了，但是我不能说，得让您说。

孟建柱：可能这我还要考考你，我是江西人，江西情况我比你清楚，我要考考你，可能回答不出来，还得我给你回答，这么多的观众在你面前，我给你留点面子。

崔永元：华夏笔都。

孟建柱：华夏笔都，江西进贤县的文港镇。还有我告诉你一个，中国四大眼镜市场，第一位在哪里？

崔永元：在哪儿呢？

孟建柱：鹰潭下面有叫余江县，余江县下面有一个叫中童镇，这个镇里面大多数人都是在外销售、生产眼镜的，所以鹰潭就变成了中国四大眼镜市场的第一位。

崔永元：您现在说了三个，六十分。再说两个就一百分。

孟建柱：我可以再告诉你一个，现在我们都鼓励农民要创业，比如说不仅鼓励农民科学种田、增加收入，还要鼓励农民闯市场、跑运输、办企业、当股东、创大业。中国的流通之乡在哪里你知道吗？

崔永元：应该是个交通枢纽的地方。

孟建柱：你想错了，你想不到我们江西省的广昌县，五万个农民在搞什么呢？在搞物流，遍布全国各地，你没想到吧？

崔永元：它叫流通之乡？

孟建柱：流通，他们专门是搞物流、搞流通。还比如，你给我一百分，两百分也可以。

崔永元：那就不考了，就让书记得八十分，让他遗憾。您第一就说的是资溪，面包之乡。我们今天也把资溪的一家人请到了现场，也想让您现场认识认识他们，做一个具体的现场调查。让我们掌声欢迎王信文一家，欢迎。

王信文：书记您好。

孟建柱：这是我们老王，王总。

王信文：做面包的王老头。

孟建柱：王老头，你看，你年龄比我小，不会比我大，五十刚过了吧？

王信文：五十多了，1954年生的。

孟建柱：刚刚五十二岁半。

王信文：我老婆老是叫我王老头，王老头，我也习惯了。

孟建柱：我比你大多了。这是小王经理吧。

王传林：是婚礼策划的。

孟建柱：他现在也是我们年轻人的现代理念，我们那时候可没有人给我们策划过。这是小王吧？

王洁妍：在广东梅州地区兴宁市。

孟建柱：做面包的，向爸爸学习。你看，他们一家是创业之家。

崔永元：请坐。按照年龄，肯定是父亲最早开始做面包的，是吧？

王信文：对。

崔永元：什么时候？

王信文：我是1990年9月份开始做。

崔永元：我听说你们那儿没有什么做面包的传统，好像以前都没有人吃面包是吧？

王信文：原来是没有，在1987年的时候，我们村里有两个人在福建当兵，他们是在部队厨房干的，在部队里面学了一套面包技术，他后来退伍回来，他们两个就带着他开始做起来了。

崔永元：家家户户都在做。

王信文：我们家家户户都做面包。

崔永元：而且你们家就是能代表你们那个地区的特点，大家实际上都没打工，全在做老板是吗？（频频点头）都在做老板。

孟建柱：你不要说他们当老板，我要给他们说句话，他们是特别能吃苦，特别有能耐，特别能创业，他们是白天当老板，晚上睡地板，是这样起来的。

王信文：确实不错，就是那样的，我们刚开始就是那样的。

崔永元：晚上睡地板是为了当老板。

王洁妍：我爸现在都落下一身毛病了，睡那个地板。

崔永元：创业的时候？

王洁妍：是。

孟建柱：是睡地板吧，我没说错吧，你看我多了解他们。

王洁妍：我那个时候小，也知道。

孟建柱：白天当老板，晚上睡地板，是吧，艰苦创业才取得这个成绩，多不容易你看他们。

崔永元：别把话题岔开，我马上就要问到关键的地方了，收入怎么样？

王信文：收入不错，那是绝对不错。因为就我那村来说，三十六户，我们虽然钱是不多，但是按照我们以前来说，现在是够多了，三十六户人家，占三十万以上的有二十四户人家。两百万也有，三百万、四百万也有。

崔永元：孟书记，您高兴吗？

孟建柱：他给我一个真理，使我懂得了，民无以不富，家无以不兴，这句话有道理吗？

王信文：是，确实有道理。

崔永元：您高兴什么呢？他比您挣得多多了。

孟建柱：刚才你不是说了吗，我们要说圆梦，全省的老百姓都过上富裕的生活了，那才是我们最大的快乐。

崔永元：我再跟您核对一个数字，这是我摸到的，不知道准确不准确，他那儿有12万人，三分之一是做面包的老板，人均存款达到了一万元，他们那儿一共有两千个百万富翁，六十个千万富翁，三个亿万富翁，就这么小一个县。

孟建柱：我去做过调查研究，有12万人，四万人从事这个面包行业。县长在下面坐着。

崔永元：刚才我说那个数字大概是准确的吗？多少个千万富翁？

傅　清：你说的千万富翁、亿万富翁那是准确的，但是至于我们有四万人在外面做面包，我们有几千家面包店，开遍了全国一千多个大中城市，是这么一个数字。

崔永元：还想问问王先生，你现在有多少家店？

王信文：我现在暂时有三家。

崔永元：三家。按说应该不止三家是吧，我听说你开面包店的时候好像敢想敢干，你甚至想到了乌鲁木齐，想到了格尔木。

王信文：对，确实我去过。

王信文：为什么？我想开辟一个新的市场，到最远的地方去看看，结果那一次去了以后没弄成。

崔永元：为什么？

王信文：找合适的房子很难找，所以就返回来了。

崔永元：那个地方有没有资溪人在做面包？

王信文：有。

崔永元：乌鲁木齐也有？

王信文：有。格尔木1998年的时候，格尔木好像很荒凉的地方，但是一看也有面包店，一问是我们老乡，后来我住了一个晚上。我赶快倒回来了，我看到那儿人员不多，好像人口不太多，那里有两家就足够了，他一天要做好多。

崔永元：你为什么不跟他们竞争呢？

王信文：老乡嘛，总有一点这个观念，因为天下这么大，我们中国这么大，还有市场，我们不一定在一个地方竞争，像其他地方。

崔永元：老王不光手艺好，人还好呢，您在其他城市也有这样的情况吗？有自己老乡的时候，就把市场主动让给他们？

王信文：有的。

崔永元：你下一个面包店只能开到罗布泊去了。

孟建柱：他们现在的面包店已经开到了哪里呢？已经开到了俄罗斯，开到了越南，开到了缅甸，东南亚都开过去了，他们也已经是走出山区，走向全国，走向世界。

崔永元：东南亚人做法国面包做得非常好。

孟建柱：我也专门请教过这类问题，我知道，越南的面包做得也是不错的，他有些技术是从法国学来的，我们自己的面包行不行？后来专门有两位同事到当地，吃到了他们的面包，我就放心了，说明他们还是站住脚的。

崔永元：您鼓励他们满世界跑？

孟建柱：当然，我们鼓励他们，不是跟你说过了，闯市场，闯市场不仅是国内的市场，而且是国际的市场，走出家门，走向世界，要有这种精神。

崔永元：干嘛不在家乡做点事儿呢？

孟建柱：市场太小了，不够，12万人，有多少市场占有率？你是很懂经济的。他的儿子为什么到南昌？因为南昌的市场就比资溪大，资溪12万人，南昌450万人，又是省会城市，因此它的婚纱设计就有市场。她为什么到广东？广东人口多，广东人富起来了，广东人喜欢吃面包，有句话叫吃在广东，当然到广东去了。

崔永元：老王一开始做面包店好像是借的钱是吧？

王信文：当时是信用社借的。

崔永元：借了多少钱？

王信文：一万块钱，信用社说你可以多借一点，我们现在政策允许，我当时还不敢借，我现在想起来有一点后悔，借起来那个利息毕竟是便宜，还划得来。

崔永元：你马上就成功了是吗？你借完贷款以后马上就成功了？

王信文：我第一次我有个信念，做面包，开始我出去就是这样一个信念，第一，要把卫生搞好，卫生第一；第二，要把面包的质量做好；第三，就是价格实惠，总会有人欣赏我的面包的。

崔永元：叫卫生、质量、实惠。

王信文：价格实惠。

崔永元：这是你的六字方针，我还听说一个事儿，就是你爱人的爸爸，你的岳父不同意你开面包店是吧？

王信文：对。

崔永元：你看我算得多准。

王信文：你太了解了。

崔永元：好像他不太同意你做这个面包店。

王信文：他确实不太同意我出去。

崔永元：为什么呢？

王信文：我也搞不清楚，他好像只考虑在家，大家都有一个互相照应吧。再一个考虑我们文化都不是那么高，文化都很少的，特别我老婆是一直（身体）不适，你们出去闯干啥，在家里有口饭吃就拉倒了。

崔永元：现在你岳父对你好吗？

王信文：现在他相信了，他说我要是年轻的话，我也跟你们出去闯。我说你现在才说这个话。

崔永元：但是有一个奇怪的事情，你儿子没有做，他没做这行是吧？你为什么不做？家里都会。

王传林：我从小的时候，十岁的时候就让父亲母亲就从山里面带到山外去了，跟这个面包感觉太熟了，感觉做面包挺累的，太熟的一个行业可能更不愿意去从事，就想去开辟另外一个行业，说不准可能又在我们资溪县带起来一个婚庆策划的头了。

崔永元：您同意他做这行吗？

王信文：我当时不太同意，后来我也理解了，他是从另外一个角度去闯一下。

崔永元：你们有争论吗经常？

王信文：这个争论，我有时候我争不过他，他比我会说，在学校毕业，比我会说，我老实讲，说的话都把我驳到一边去。

崔永元：您老爸的经营理念觉得怎么样？

王传林：他刚刚说那三个，我可能会用比他再多一个字吧，七个字，我觉得现在新的竞争理念，我觉得是宣传宣传再宣传，他就没考虑到竞争，为什么我爸转战了四五个地方，我觉得从我分析来看，就是不注重对外的一个推广和营销这块，生意就会越来越走下坡路。

崔永元：你的宣传宣传再宣传，就是不用那么在意卫生和价格？

王传林：这个不是，还主要是一个品牌的竞争，他觉得到你这个店里来买这个面包，你的宣传做得够不够到位，还有服务够不够到位，还有整个店堂是不是很漂亮，因为他要体验这个过程，买面包比较舒服一些。

崔永元：同样一个面包，有了你这份理念，价格能高一点吗？

王传林：即使说在不高的情况下，我在竞争的情况下，我也能跟别人去竞争。

崔永元：对，同样的价格买你的不买他的是吧，老爸怎么看他这套理念？宣传宣传再宣传，听着挺悬的我觉得，宣传宣传再宣传，就是炒作吧。

王传林：这也不是炒作吧。

崔永元：不是炒作也快了。

王信文：我当时也转不过弯来，那个大把的钞票拿出去要装璜，整顿，我以为总是这样，我跟女儿也说，我们只要把面包卫生搞好了，质量做好了，价格实惠了，总会有人吃的。

崔永元：面包好不怕巷子深的。

王信文：面包会有的，牛奶也会有的。

王传林：但是现在面包行也怕巷子深，你需要去吆喝。

崔永元：孟书记怎么评价？我觉得好像都没错。

孟建柱：他们说的都有一定的道理，比如王老总说的，他说的是一般的传统经济，也是对的，质量、价格、服务，这是完全对的。但是小王说的有他的道理，确实，因为现在面包是个商品，市场经济是大众经济，你这个东西是卖给人家的，因此要使人家认识你，包装、推销还是重要的，品牌意识也是非常重要的，同样一件商品，是不是品牌可能价格差别还是比较多的，所以小王有小王的道理。所以我估计他们两者结合起来，小王的观念又是他老爸观念的进一步提升，同意吗？

王信文：同意。

孟建柱：所以他们两代人这样相互交流、沟通，一定会把他们的创业做得更好。

崔永元：你看你年轻，你帮我分析一件事儿，我当时听到的时候觉得不可思议，因为资溪这个地方根本不产小麦，也就是说没有面粉，但是成了面包之乡，你分析分析这叫怎么回事呢？当时他们说让我总结一下，我觉得四个字最合适，叫无中生有。怎么回事呢？

王传林：我感觉那个时候刚好是1990年的时候，可能那时候因为大家都没有见过面包，因为像我10岁的时候去宝鸡，那个地方出面包，那个地方面包特别少，基本上处于一种不完全竞争状态，我觉得通过一段时期特殊的历史时期，才会有这么一段特殊的，全国各地都有资溪面包。

崔永元：孟书记您喜欢这个评价吗？无中生有。

孟建柱：原来资溪这个地方，因为森林覆盖率特别高，是个山区，树木特别多，农民生活靠什么呢？我把它概括下来说，叫手拿斧头，眼盯山头，砍伐木头，这种生活，因此富不起来，生活贫穷。当时1990年的时候我看了一下资料，当时他们农民的人均收入是多少？几百块，很低的水平，很穷，但另外小农经济的意识又阻碍了他们的创业，比如再跟你说句话，叫什么呢？叫"红薯干、木炭火，除了神仙就是我；守土不怕穷，小富即安，不富也安"，阻碍了农民的发展，所以这些创业先锋他们带头创业，走出家门，走出省门，走到全国31个省市开了七千家面包店，然后他们富起来了，所以他们是非常不容易的。

崔永元：小崔会客有一个环节，就是请来的客人他们交换礼物，前几期节目已经播出了，我想书记可能也看到了，您准备了礼物没有？

孟建柱：我给他们准备了一个小小礼物。

崔永元：你们准备礼物了吗？

王信文：准备了一份礼物。

崔永元：谁先把礼物拿出来呢？

王信文：这个礼物。

崔永元：面包干？

王信文：不是，秘方，是我最早开面包店的时候的秘方。

崔永元：就是怎么做面包的秘方。

王信文：面包配方，下什么原料，怎么放。

崔永元：天哪，这很珍贵。

孟建柱：能给大家看看吗？

王信文：可以，给大家看看。

孟建柱：配方，秘密配方。

崔永元：这是秘方，镜头拍一下，把这两行挡着，不让看，秘方。您给孟书记是什么意思？是让他自己看看，还是让他宣布了，让全国谁想做都学？

王信文：可以，全国人民都学那就更好了。

孟建柱：他希望我也做面包。我现在家里吃的，我自己做的面包，我就是从他们那里学来的。

崔永元：您先看看能不能看懂？

孟建柱：这个非常清楚，加多少鸡蛋，加多少奶油，加多少牛奶，加多少鲜酵母，根据温度的变化，还要调节，都很有道理。

王信文：书记确实很了解这个面包，他还没看他就知道了。

崔永元：但是你现在面包早不这么做了是吧？

王信文：还是差不多。

孟建柱：这就是说我们看一个地方的发展，不仅是要看平均数，而且要看大多数，要说大多数人富起来了，那才是真正叫共同富裕，他就是先富带后富的很好的榜样，他把这个配方交给大家，使更多的人会做面包，使更多的人通过做面包富起来，过上幸福美满的日子，这就是老王你的心愿，是吗？

王信文：对。

孟建柱：那我一定要送一个更贵重的礼品。送两样东西。这就是我们江西的产品，都是农民通过一村一品活动创业富起来的产品，一个就是一个笔筒，大家都看到，是明天会更美好，我希望我们的创业者他们明天一定会更美好，这是一层含义。另外我送这两个东西是什么道理？这是毛笔，一个笔筒，他们现在是我们创业的先锋，已经富起来了，所以我送他们一句话，富了口袋，富脑袋，口袋里的钱比过去多了，我们还要富脑袋，我们要掌握更多的先进的知识，因此送两支毛笔，可以写心得体会。另外说一个，笔筒可以放毛笔。他们两个孩子都很有前景，他讲品牌，讲营销，我希望面包要连锁，我们要有现代的营销理念，比如连锁营销理念，我们现在的面包店几千家没有连锁，有的是这三家、那五家拼起来的，今后怎么统一生产标准、统一工艺，这样一来，卫生、质量、成本就会更大地改善了，连锁的理念很重要，所以我想希望给他们送这个礼品。另外我还要帮助这两个东西推销一下，我要利用你这个舞台，小崔会客室。

崔永元：几块钱的东西赶紧给人家得了。

孟建柱：我还要告诉你一个故事，为什么？你看这个笔筒，这个笔筒现在可以卖多少呢？市场上可以卖两百块人民币。

崔永元：这是什么材料做的？

孟建柱：这是毛竹做的，我们靖安县有四千多万亩毛竹，过去农民没有创业以前，他们毛竹就是直接卖给市场，一根毛竹多少钱？十块钱。

崔永元：一整根是吧？

孟建柱：一整根大毛竹十块钱在当地价格很低，农民富不起来，农民通过创业以后，像老王这样的创业者，他们带领大家创业，就做成笔筒，一个毛竹可以做多少个笔筒呢？25个笔筒，我不要算两百块、一百块一个笔筒。我告诉你个平均价，都雕刻出来的，稍微普通一点的一百块就可以了，一根毛竹可做二十五个，2500块，原来的价是多少？原来是10块，现在是2500块，多少？你数学很好的，算不出来啦？

崔永元：都说东北人能忽悠，我觉得江西人更能忽悠。

孟建柱：2500块，去掉成本，一半成本。

崔永元：凭什么一个竹子卖那么贵？两百多。

孟建柱：一根竹子十块钱，一个笔筒为什么卖两百块？因为它是工艺品，用手工雕刻出来的，在国际上，凡是用手工做的东西是最贵，机器出来的，大规模生产的成本就很低。

崔永元：为什么我不能拿回去研究研究呢？

孟建柱：下次我送一个给你，这个就送给老王了。还有一个故事告诉你，中国华夏笔都在哪里？在我们可爱家乡江西省进贤县的文港村，到文港村去，现在60%的家庭都从事毛笔生产，他们的市场占有率，狼毫，知道吗？羊毫，知道吗？各种动物毛都有，高档、中档、低档的毛笔他们都生产，他们这个市场占有率，全中国的70%，可厉害了。

崔永元：明天网上会写的，推销书记。

孟建柱：你刚才不是说了吗，干部怎么创业？全民创业，干部就要为老百姓创业摇旗呐喊、铺平道路，帮助他们解忧排难，谢谢。

崔永元：请坐。

孟建柱：小崔一定要难倒我，我不能叫他难倒。

崔永元：起码我听得出来，我觉得孟书记对江西特别有感情，实际上您根本就不是江西人，您是上海人对不对？

孟建柱：是啊。我到了江西以后，有这么一个体会，江西是一个革命老区，历史上江西人民曾经为我们人民共和国诞生做过重要的贡献，我告诉你个故事，我到过一个兴国县，那天我感动得流泪，那天我去的时候，我看了一个历史馆，这个县最多时候人口是

23万，到解放初的时候只有8万多人，9万都不到，为什么？当年毛主席曾经把它作为创造第一等功臣的兴国县，革命战争年代，二万五千里长征，每一里路就有一位兴国县的战士倒下，到这么一块土地上，能为江西人民服务，应该说是一件非常光荣的事情。

崔永元：而且不让他们富起来，我们都说不过去。

孟建柱：是。

崔永元：我们这个小崔会客还有一个环节叫特派义工，这次的特派义工身份也很牛，他也是个亿万富翁，叫刘琦开，我们看看他在江西做特派义工做了什么。

（刘琦开到资溪体验）

崔永元：好，欢迎刘琦开。您好。

刘琦开：书记您好。

孟建柱：您是上海人？

刘琦开：我是在江西出生的，九岁全家搬到上海去了，您来江西的时候我出去读大学了。

孟建柱：是吗？是什么大学毕业的？

刘琦开：我是在重庆。

崔永元：您以前见过书记没有？

刘琦开：我初中的时候见过书记，我那个是上海数学奥林匹克组的成员，那次远远地看到书记，十几年了还是这个样子。

孟建柱：老多了吧？

刘琦开：还是风采依旧。

崔永元：我跟你说，刚才我跟孟书记在这儿说了半天了，我也说不过他，你来了就太好了。

刘琦开：我想我也说不过他。

崔永元：而且资溪你又实地去看了，你给挑挑毛病、找找问题，因为我觉得你经商的经验可能更多。

刘琦开：首先资溪这个县离繁华区交通要道比较远，所以说第一个问题就在它的交通问题，因为万物要起来，肯定首先要交通先开路，要致富先开路。第二点，就是资溪这么一个美丽的城市，没有多少人知道，在刚才其实我跟小王的意见是很相似的，当资溪过了第一批致富的时候，应该想到第二次创业，第二次创业是在第一次创业的基础之上，所以这个时候如果说再按照第一次创业的概念，那是不是等于是重复劳动了？有这个概念在里面。

崔永元：你平时吃面包吗？

刘琦开：吃了。

崔永元：吃过资溪面包吗？

刘琦开：说实话，在到资溪之前，我也许吃过资溪面包，但我不知道它叫资溪面包。

崔永元：对，咱问问老王，为什么，我也没吃过资溪面包，据说在北京有两百家店呢？它为什么不是一个资溪的连锁品牌店？

王信文：但是现在我们县政府正式把我们准备，准备把后期这个工作要赶上去，怎么把这个品牌创出来，后来我这个弯转过来了，而且也像我儿子所说的那样，来一个统一的，大家都知道了。

崔永元：你在梅州那个店叫什么店？

王洁妍：好佳利蛋糕。

崔永元：叫好佳利蛋糕，跟资溪没关系的，您的那个店叫什么店？

王信文：还有叫江浙面包房，杂七杂八的都有。

崔永元：为什么大家不用资溪这两个字呢？

王信文：现在开始用资溪了，原来总感觉我们那个地方穷，好像我们讲一个资溪面包，人家谁也不知道。

崔永元：而且人家一调查，这个地方连小麦都不产，他们可能是用毛竹做的面包。

刘琦开：我是带着这个疑问过去的，但是一路走来的时候，我这个脑子慢慢开窍了，可以说到了资溪这个县的时候，有很多个想不到，第一个想不到就是想不到它离区里比较远，为什么？离远它怎么可以发展起来呢？第二个想不到是什么？我到了现场，现场的房子跟我以前，我四年多前来过江西，到过这个县，由原来的小土房变成一栋栋小洋房，那是因为我现在生活在上海，按上海的价格，那是两千万以上的小别墅。

孟建柱：两千万以上的小别墅，上海的价格？

刘琦开：对，也就是说当地的生活条件，实际上他的生活舒适度已经接近城市了，不单纯地以价格来说，以他的生活舒适度来说，这是一个想不到的。第三个想不到的是什么呢？当地的百姓创业都到哪里去了，当地面包房并不是很多，后来我去了解了才知道，因为我去的时候正好是元宵节，元宵节大家都应该聚在一起，但是资溪的百姓都出去创业了，这个非常想不到。

崔永元：其实你评价也是非常高的，而且你实地去调查，发现确实全国各地的都在那儿学做面包。

刘琦开：是的。

崔永元：你也吃了？

刘琦开：说实话，我是因为在上海长大，上海人讲究细嚼慢咽，拿一点咬一下，我连续吃了三个。

崔永元：不要钱呗？

刘琦开：对，当时是这样想的，因为你看我比较瘦，多吃几个面包长得比较胖一点。

崔永元：主要是觉得味道特别好。

刘琦开：对。

崔永元：我想跟你探讨一个问题，你说它这个面包用不用资溪这个名字？比如全中国几百家或者上千家都统一打出资溪的牌子？

刘琦开：我可以这样理解，要把这个面包做成一个产业，包括一个产业链，它必然要统一成一个规模化操作，要规模化操作的前提就是要统一品牌，要具有一个强势的品牌，我吃这个面包的时候，不仅仅是为了满足我饥饿程度，而且能享受到一种文化，带来一种文化，所以说我觉得在现在这个基础上，作为已经有一定面包基础，已经成为面包之乡的前提之下，可以加快这个措施。

崔永元：我昨天晚上做了一个梦。

刘琦开：我也做了一个梦。

崔永元：看咱俩的梦一样不一样，我梦见有一个资溪面包店出事了，结果就把所有的资溪面包店全连累了，所有的都卖不出去了。你梦的是这个吗？

刘琦开：我梦的恰恰相反，我梦到的是什么呢？我到了这里吃的面包，一看，下面是资溪面包，但下面还有自己的个性化的，比如麦香园什么的，是这种感觉，它在一个统一的品牌之下，创出自己的特色来，我觉得这种是可以结合现在资溪面包的特色来。

崔永元：孟书记，您评价一下我们俩这个梦，或者您现在白天也做一个梦也行。

孟建柱：你利用这个梦说明一个道理，如果说它真正要变成一个大的产业的话，当然品牌连锁是非常重要的，但是这是一个历史过程，不能违反规律，我们哪个县政府领导发个文件，明天都统一起来了，那可能要犯错误的，还是要按照经济的规律办事，在自愿的基础上，大家都有这个要求，都有这个愿望，然后逐步再做，这才是可能的。我觉得这是一个比较长的时期，目前还不需要继续做，还没到这个时期，你赞成吗？

刘琦开：实际上是这样的，个体经济有个体的特色，你要一股脑地把它统一起来，肯定会受到巨大的阻碍。

崔永元：换句话来说，现在每家面包店的面包味道都不一样可能。

刘琦开：大致相同，但是也各有特色。在一个基本的条件之下，建立这样的标准，达到各种卫生标准、口味标准、加料，这个是可以做的，至于它的具体特色，我觉得把这个特色交还给创业者，发挥他再次创业的精神。

崔永元：你好像还有一些照片。

刘琦开：对，我拍了一些照片。从这个照片大家看到什么呢？

崔永元：别墅。

刘琦开：对，别墅旁边有什么呢？

崔永元：有棵树。

刘琦开：还有什么？老别墅。

崔永元：还有过去的老房子。

刘琦开：对，但这个告诉大家，是两兄弟的房子。主人就是这两个，为什么我把它拿出来呢？实际上我认为这里有一个观念的问题，这是哥哥的房子，这是弟弟的房子，我当时跟弟弟交流的时候我问他，我说看到哥哥在外面闯，你有没有也想出去闯一下，他当时支支吾吾地不说话，但我说如果现在哥哥帮助你，或者现在也有小额贷款，你会不会想？他还很不好意思地点了点头。

崔永元：咱俩真是不一样。你跟弟弟说什么？你应该跟哥哥说，弟弟住那么差房子，你好意思住这个大楼？

刘琦开：我当初也问哥哥。

崔永元：给弟弟也盖一个不就完了。

刘琦开：跟我的那个思维就相反了，为什么他会把这些钱用在这个房子上面，而不是再创业呢？这个时候我又路过，我看到一个招牌，一个很原始的宣传语，叫做读书是出路，观念改变命运，哥哥读的书要多一点，弟弟读的书要少一点。

崔永元：所以孟书记今天送笔筒，送毛笔，也是希望大家多读书，多学文化。我把那个照片再问一个问题行吗？你觉得哥哥和弟弟谁更有前途呢？

刘琦开：更有前途，从目前来说，我认为只有掌握这个敢动思维的人才会有前途，永远守住那种老观念的，他可能会受到新的挑战。

崔永元：我告诉你，弟弟更有前途，因为等这个村里家家户户全是别墅的时候，弟弟那个房子肯定是传统民居的参观点。

刘琦开：但事实就是这个村里面非常遗憾的，就只有这一个。

崔永元：所以他才值钱呢？

刘琦开：而且他也正在想着跟哥哥一起出去创业了，也准备计划把这个旧房子改成这个别墅。

孟建柱：我们政府加以政策扶持，我们财政厅厅长胡幼桃在下面，公共财政拿钱出来帮助下岗工人免费培训嘛。

胡幼桃：有创业者培训班，鼓励他们创业，我们对全民创业的小额贷款，提供担保和贴补利息，所以我们到去年小额贷款达到了21亿，占全国总量的25%。另外作为财政部门来讲，对于创业的初始阶段，我们通过财税的一些减免政策，就是按照国家的税法和有关规定给予减免，来支持和鼓励他们创业。

崔永元：孟书记有一个问题要问你，孟书记说既然你也是江西出去的，你能为家乡做点什么呢？

刘琦开：既然做到现在，我是做一个义工，我也希望今后持续我义工这个身份，我周围相对来说，因为我是在大学当老师，所以我想带动我身边那些，如果能定期对资溪或者对江西进行这方面义务的创业培训，这应该是比较美好的一件事情。

崔永元：孟书记说，你还可以去投资嘛。

刘琦开：我也想过，刚才我听小崔大哥说了一句话叫做无中生有，后来我又看到孟书记的那个笔筒，但如果按照孟书记那个概念，一个竹笔筒两百、一百，那它能生产出多少更高的附加值，我就在想这个，能不能引进对竹产品的精加工的一些企业生产基地在哪里？这就是这几天我一直在考虑的问题，也是我为什么在那里待了三天的原因。

崔永元：老王，你们的面包多少钱一个？

王信文：这个要有大有小的。

崔永元：像这个笔筒这么大的面包多少钱一个？

王信文：像笔筒这么大，大概是五元至八元。

崔永元：咱们按高了算，八块钱，我给你出个主意，孟书记，你看行不行，就是把那个面包塞笔筒里，208元一个，这样可能又卖面包又卖笔筒，把它当成它的包装。

刘琦开：对，实际上资溪它都能够无中生有，为什么不能有中生有呢？本来竹子就作为它已有的资源了。

崔永元：孟书记现在在鼓励江西全民创业，好像所有人都在创业，做农民的、做官的、做工人的、做老师的、做书记的、都在创业。

孟建柱：所谓全民创业的概念，我们江西现在还是一个不发达的地区，我们怎么能够使少数人富裕起来变为多数人都富裕起来、走共同富裕的道路，这就要全民创业，所以我们鼓励百姓创家业，会经营、懂管理的人我们称他为能人，鼓励能人办企业，因为我们要使全社会的各类创业的主体都活起来，使就业的岗位多起来，使老百姓富起来，以创业来带动就业，我们就要鼓励人人创企业。我们40多个部门出台了近百条政策，鼓励老百姓创业，比如我们的工人，鼓励他们利用国家的优惠政策，财税政策是优惠的，工商企业管理部门，我们对下岗工人创业，那怎么办？免收各类杂费。另外比如社保部门也创业，贷款五千块，贷款一万元，那就要想法贷款，贷给他，有的还不要担保。

崔永元：咱们今天谈的是资溪，都说资溪的面包好，您吃过没有？

孟建柱：我也吃过，有一次我到资溪面包，我看到农民的创业积极性那么高，面包的味道好极了，刚才小刘说一下吃了三个，你看我这么瘦，我一下子吃了四个。

崔永元：资溪要想进一步发展，就是参观的人少一点，我跟你说，那儿有三个、四个，这么会儿，七个都吃了，今天到现场的朋友我觉得也有口福，我们现场就把资溪的面包端上来，让省委书记带着我们吃面包。咱们比是谁吃得快还是第一口谁咬得大。

孟建柱：还没开始呢你看。

崔永元：是谁吃得快还是谁咬得大？

孟建柱：都比吧。

崔永元：好，谢谢孟书记，谢谢所有的客人，谢谢大家！

后 记

在借鉴原编《资溪面包史》（送审稿、精简稿）资料的基础上，经过一年左右时间的努力，《资溪面包产业发展史》终于编纂成书，即将付印出版。这是在县委、县政府正确领导下、县直相关部门单位大力支持与协助下，以及广大面包企业家积极配合下取得的可喜成果。它凝聚了县领导、广大企业家和编纂人员的心智，是集体智慧之作。

根据县委、县政府安排，县政协负责组织《资溪面包产业发展史》编纂工作。2020年9月以来，在编纂委员会具体领导下，《资溪面包产业发展史》编纂工作大致分为四步进行：一是重拟篇目。由执行主编构思拟定篇目（初稿），交全体编纂成员会上讨论征求意见，然后确定篇目。二是动员部署。11月3日，县召开《资溪面包产业发展史》编纂重启工作会，正式启动编纂工作。会议指出：编纂《资溪面包产业发展史》是一件很有意义的事，做好这项工作要增强三个意识：精品意识。要精益求精，确保质量，把书编成精品；合作意识。要通力合作，齐心协力做好编纂工作；要强调效果意识。编出来的书要体现典型性、影响性和可读性。同时会议还根据篇目，将收集资料、撰写史稿任务分解到编纂成员。三是史书总纂。2021年2月开始总纂，首先将各成员编写的初稿按篇目归类，打印成《稿件汇编》，送县政协领导阅，听取意见，对缺少文字资料的章节收集补充，与此同时对稿件进行修改，不断充实丰富内容，达到总纂质量后打印成总纂第一稿，送县政协领导听取意见，再次进行修改、补充，使之更趋完善。4月18日打印成总纂第二稿，再送领导审阅，同时送市史志办领导、专家审读。之后，全面校对文字，形成总纂正式稿。最后排版插图。5月17日，开始排版插图。经多次调整插图，达到应有的视觉效果，打印成样书，报请县主要领导和市史志办领导、专家审阅。2021年10月，《资溪面包产业发展史》定稿交付印刷。

《资溪面包产业发展史》编纂，第一章（产业起源）由陈国林完成，第二章（发展历程）由何铁春、陈国林完成，第三章（产业推进）由曾长仔、杨晓文、曾长华、邱资铭、陈国林完成，第四章（领导关怀）由曾长仔、陈国林完成，第五章（媒体关注）由李军、魏建荣、郑杨完成，第六章（行业盛会）由张银华完成，第七章（产业贡献）第一节（多重效应）、第二节（多项荣誉）由陈国林完成，第三节（创业精神）由周划完成，第八章（产业人物）由帅建忠、李明华、黄吉勇完成，第九章（产品选介）由帅建忠完成。"前言"由李明华撰稿。图片由帅建忠、吴志贵提供。

编纂《资溪面包产业发展史》，得到省、市、县领导和有关部门的关心、支持。史志办领导和专家提出很多好的意见和建议；县面包产业发展办公室、县档案局、江西面包商会、江西资溪面包科技发展股份有限公司给予有力支持；各乡、镇、场提供人物文字资料等支持；2017年9月至2020年8月期间，《资溪面包史》特邀撰稿徐恒堂（临川区文联原主席）、编辑张满满（江西省方志馆原馆长）为编纂《资溪面包史》做了大量工作，编纂的《资溪面包史》（送审稿、精简稿），为2020年9月之后的《资溪面包产业发展史》编纂起到铺垫作用；市史志办专家在繁忙工作中抽空为《资溪面包产业发展史》文字把关，付出心血。在此，一并表示衷心的谢忱。

资溪县曾编纂县志、部门志，2019年还成功编纂出版《大觉山志》，填补了资溪县山水志的空白。编纂一个产业方面的一本史书，尚属首次，没有经验可供借鉴。这次编纂，不拘泥于史的编纂体例，采用志的横分竖写，用史的叙事语言来表达，即史志结合的体例来写，作为一种尝试。由于编写所涉及面包从业人员分布全国乃至国外，资料征集工作繁杂，难度较大，加之我们的水平和经验十分有限，难以将其精华准确无误和尽悉囊括书中；难免有瑕疵和误漏之处，祈望领导、专家、学者、同仁、广大面包人士和读者不吝赐教！

执行主编（总纂）陈国林

2021年10月